Eine Art zu lesen

Eine Art zu fliegen

GOYA

Das Buch

Miryam ist dreißig Jahre alt und vor einigen Monaten Mutter geworden. Auf der Party einer alten Bekannten strahlt sie mit ihrem weißen T-Shirt um die Wette. Aber ist wirklich alles gut? Seit der Geburt ihres Kindes ist Miryam von Selbstzweifeln geplagt. Sie kann nicht stillen, leidet an postnatalen Depressionen und versucht trotzdem, alles richtig zu machen. Getrieben von der Scham über ihre Herkunftsfamilie und aus Angst, ihre gewaltvolle Kindheit zu wiederholen, tut sie alles, um so heil zu wirken wie die Mütter aus ihrem Umfeld und Instagram-Feed. Sie postet weichgefilterte Selfies von sich und ihrem Kind, informiert sich zu bedürfnisorientierter Erziehung und gesunden Beikost-Snacks. Doch in den sozialen Medien wird zwar vieles besprochen, nicht aber die eigenen Familientraumata, die möglicherweise wieder auftauchen, sobald man selbst Mutter wird.

Yasmin
Polat

Im Prinzip ist alles okay

Roman

GOYA

Das gleichnamige Hörbuch erscheint bei GOYALiT.
Dieses Buch ist auch als E-Book erhältlich.

Besuchen Sie uns im Internet: www.goyaverlag.de

Aus Verantwortung für die Umwelt hat sich der GOYA Verlag dazu entschlossen, keine Plastikfolie zum Einschweißen der Bücher sowie keinen Umschlag zu verwenden.

Alle Personen in diesem Roman sind fiktiv. Ähnlichkeiten mit lebenden oder toten Personen sind rein zufällig.

Dieses Buch enthält Beschreibungen von Depressionen, Suizidgedanken sowie Partnerschaftsgewalt, die für Leser*innen belastend wirken können. Informationen und Hilfe sind an den jeweiligen Beratungs- und Hilfsstellen verfügbar.

MIX
Papier | Fördert gute Waldnutzung
FSC® C014496

2. Auflage 2024

Umschlaggestaltung: Katrin Wahl
Umschlagabbildung: © lpictures/stock.adobe.com
Lektorat: Ingola Lammers
Satz: Pinkuin Satz und Datentechnik, Berlin
Gesetzt aus der Apollo MT Std
Printed in Germany
ISBN 978-3-8337-4563-8

Für alle ewigen Kinder

I

EIN SCHLAG INS GESICHT

Sieben Jahre Ewigkeit

August 2019, Baby 7 Monate alt

Im Prinzip ist alles okay. Die Sonne scheint durch die Bäume direkt auf meine dunklen Haare, die sich heute besonders strohig anfühlen. Ich trage ein weißes T-Shirt und einen weiten, schwarzen Seidenrock, der leicht in der Sommerbrise weht. Ich muss wie eine Göttin aussehen. Aber leider habe ich den Reißverschluss nicht mehr ganz zubekommen, das letzte Stück musste offen bleiben. Also eher eine Halbgöttin. Behelfsmäßig habe ich mein Shirt aus dem Rock gezogen und locker über das Reißverschluss-Ende gelegt. An den Reißverschluss werde ich im Laufe des heutigen Abends bestimmt noch 22 Mal denken und immer wieder zwanghaft an meinem Rücken herumnesteln. Auch dann noch, wenn ich schon drei Sekt getrunken habe. Die Kontrolle verlässt mich nie.

Hier im Park findet gleich eine Hochzeit statt, und ich habe Salat mit Buchweizen mitgebracht. Buchweizen! Wer bin ich eigentlich geworden, dass ich mit einem Getreide-Salat auf Hochzeiten antanze? Aber das Rezept habe ich in einem Ottolenghi-Kochbuch gefunden, also schmeckt der Salat nicht so freudlos, wie er erst mal klingt. Zwei Tage lang habe ich überlegt: Welcher Salat schindet Eindruck, macht aber möglichst wenig Stress? Jetzt steht er in einer schmucklosen Glasschüssel auf einem Steinvorsprung, den die anderen Gäste als Buffet auserkoren haben. Zwischen Simit-Kringeln und »ja!«-Erdnüssen aus der Dose ragt mein Meisterwerk empor: Buchweizensalat mit glasierten Möhren in einer Vinaigrette aus Himbeeressig und Bestätigungsdrang. Ich gebe es ja zu. Ich hätte einfach gern, dass jemand sagt: »Oh Gott, wer hat *den* denn gemacht?« Und dann – erst dann! – kann ich leicht die Hand heben und dabei lächelnd auf den Boden schauen. Und dann werde ich mich fragen, ob meine Dankbarkeits-Performance okay war oder ob ich das nächste Mal noch versuchen sollte zu erröten. Tja, so ist das. An so Tagen wie heute muss ich jedes Wort und jede Geste im Kopf durchspielen, bevor ich spreche oder handele. Ich gebe auf alles acht, bis zum letzten Reißverschlusszahn.

Ich setze mich auf einen Steinvorsprung, in den Wirkbereich der Salatschüssel. Wer zum Salat will, kommt somit an mir nicht vorbei. Wo ist denn Robert eigentlich? Ach, der steht da ganz hinten unter einem Baum und schaut mit gebeugtem Rücken aufs Handy. Er hält die rechte Hand über den Screen, zum Schutz vor der Sonne, und versucht, das Display zu erkennen. Wie immer hat er ein Bein über das andere gekreuzt und scrollt sich durch irgendeine Timeline, das sehe ich an seiner Daumenbewegung. Wahrscheinlich Twitter. Robert und ich sind seit ein paar Monaten Eltern. Seit sieben Monaten, um genau zu sein. Seitdem bin ich Mutter. So, wie ich es mir immer gewünscht habe.

Jemand kommt zu meinem Salat an das Steinvorsprung-Buffet gelaufen. Eine Mittzwanzigerin mit vielen Ohrringen, Netzstrümpfen und dunklem Lippenstift, der in ihre Lippenfalten gekrochen ist. Sie trägt diese Art von simpel wirkender Kleidung, die Fashion-versierte Menschen lieben. Lockeres T-Shirt als Kleid, klobige Schuhe und eine

Bauchtasche. Sie nähert sich meiner Salatschüssel und tut sich eine Kelle auf. Meine erste Kundin! Ich schaue sie, wie geplant, leicht lächelnd an und senke den Kopf dann schnell wieder. Sie lächelt zurück und setzt sich dann mit dem Pappteller ins Gras. Ich beobachte sie weiter: Ihre Plastikgabel gräbt sich in den Buchweizen, während sie einem Gespräch zweier anderer Gäste zuhört. Sie sagt nichts, sie isst einfach in Ruhe. Oh je. Ich schaue jetzt mal weg. Ich bin 30 Jahre alt, eine gestandene Frau, ich bin Mutter, mein Gott! Es kann doch nicht sein, dass ich nicht einmal einen simplen Salat zubereiten kann, ohne dafür nach Bestätigung zu gieren. In Gedanken fällt mein innerer Richterhammer krachend herunter. »Im Namen von Miryam Topal ergeht folgendes Urteil: Dieses Bedürfnis nach Bestätigung ist unangebracht. Sie muss sich unverzüglich von der Glasschüssel entfernen und darf sich dieser den Rest des Abends nicht mehr nähern.« Als ich gerade vom Steinvorsprung aufstehen will, höre ich meine Salat-Kundin sagen: »Oh my God, this is so good, who made this?« Sie deutet mit der Plastikgabel auf ihren Teller und blickt dabei suchend nach links und rechts. Das wäre *mein* Moment, das Lob zu *claimen*. Aber ich schweige. Denn irgendwie fühlt sich ihre Buchweizen-Bestätigung nun gar nicht wie ein Erfolg an, sondern eher wie eine Beruhigung: Mein Salat schmeckt. Ich habe nichts falsch gemacht. Die anderen Hochzeitsgäste haben etwas von meiner Anwesenheit, nämlich leckeres Essen.

Möglichst unauffällig versuche ich meine Unterschenkel nacheinander vom Steinvorsprung zu lösen und springe dann mit einem Satz auf die Wiese. Ich klopfe meine Hände am Rock ab und schaue zu Robert hinüber. Der hat sein

Handy wieder in der Hosentasche verstaut und blinzelt hilflos in die Menge im Park. Unser Kind krabbelt vor ihm auf der Wiese zwischen Zigarettenstummeln. Also mache ich mich auf den Weg, um es vor Roberts Achtlosigkeit zu retten. Während ich mich durch die Gäste schlängele, visiere ich mein kleines Baby an. Es gluckst vor Lachen, ich winke und lächele dabei so, dass sich meine unteren Halsmuskeln unangenehm anspannen. Ich frage mich, wer mich gerade beim Lächeln beobachtet und ob ich wohl wie eine gute Mutter wirke. Das ist mir nämlich sehr wichtig. Und dann schießt mir schon die nächste Frage durch den Kopf: Darf ich heute überhaupt hier sein, so zerfressen von Selbstzweifeln und Bestätigungsdrang, wie ich bin? Das hier ist immerhin eine Selbstliebe-Hochzeit. Assya, eine Bekannte aus Schulzeiten, heiratet sich heute nämlich selbst.

Als sie mir vor gut zwei Monaten eröffnete, sie würde heiraten, antwortete ich: »Nein wirklich? Ach toll!«, und fühlte dabei – wie so oft bei Glückwünschen – herzlich wenig. Nicht aus Neid. Bei mir kommen die Gefühle nur manchmal zeitversetzt, wenn ich vorher eine soziale Konvention zu erfüllen habe. Erst gratulieren, dann fühlen, so ungefähr. »Ja«, antwortete sie grinsend. »Ich heirate mich selbst!« Assya lachte auf, fasste mich an den rechten Oberarm, und ich lachte mit, als würde ich wissen, wovon sie sprach. Und ob sie es ernst meinte.

Sie meinte es völlig ernst, und wenn ich mich jetzt so im Park umsehe, stelle ich fest, dass das hier eine richtig gute Idee ist. Alle Anwesenden sind – wie in der Einladung von Assya gewünscht – mehr oder weniger weiß angezogen. Ich hatte zwar nur noch dieses weiße T-Shirt im

Schrank, das mir passt, aber immerhin. Aus kleinen, portablen Boxen ballert elektronische Musik aus den 2010er-Jahren durch den Park. Gerade beginnt »Deceptacon« von Le Tigre. Ach, da kommt direkt Nostalgie in mir auf. Das war *mein* Lied, bei der Abitur-Verleihung 2008. Man durfte sich damals nämlich einen Song aussuchen, der im Hintergrund lief, während man zur Bühne latschte und seinen Zettel für die Zukunft abholte. Assya hatte irgendetwas von Regina Spektor für ihren Abitur-Walk ausgewählt, meine ich. Ja, so lange kennen Assya und ich uns schon. Damals, also in der Schule, hatten wir gar nicht so viel miteinander zu tun. Kein Wunder: Sobald der Unterricht vorbei war, ging ich ja immer direkt zurück in meine Welt. Die anderen aus der Klasse haben mich aber ohnehin kaum wahrgenommen. In der achten Klasse haben Assya, ein paar andere Mädchen und ich mal einen Jungen aus der Klasse angerufen und ihn zu allen Mädchen befragt. Zu jeder von uns hatte er etwas zu sagen: Kristina fand er süß, Yulia *hot*, Lilly war für ihn die Schlaueste. Als wir bei mir ankamen, wurde es still am Telefonlautsprecher. Man konnte quasi hören, wie er grübelte, wie sich die kleinen Rädchen in seinem Hirn drehten. Was konnte er zu Miryam Topal sagen? Wir standen um das verstummte Festnetztelefon, und ich zitterte. Ich wollte so sehr, dass er etwas Nettes sagt. Meinetwegen auch etwas Gemeines. Er sollte mir einfach nur sagen, wer ich bin. Nach bestimmt zwanzig Sekunden Stille sagte er schließlich: »Miryam? Ach, die ist normal, langweilig, einfach so in Ordnung, glaube ich.« Ich fühlte mich so ungesehen. Denn weder ich noch irgendetwas an meinem Leben zu der Zeit waren in Ordnung.

Heute ist das zum Glück alles anders, heute ist alles okay. Und Assyas Setting hier im Park gleicht einer modernen Idylle. Lampions baumeln von den Bäumen, an einem weißen Plastiktisch kleben bunte Papiergirlanden. Er könnte jederzeit zusammenbrechen, so vollgestellt wie er ist. Zwei Cranberry-Saft-Tetrapaks von der teuren Marke bei Edeka stehen da. Und genau neun Rotkäppchen-Sektflaschen. Wie große, flaschengrüne Zinnsoldaten stehen sie dort. Bereit zum Einsatz, ein paar der zwanzig Gäste mit viel zu sauren Kohlensäure-Bläschen komplett zu vernichten. Ich trinke eigentlich seit Langem keinen Alkohol mehr, schon gar keinen Rotkäppchen-Sekt. Aber heute geht das schon. Heute soll alles schön sein und vor Selbstliebe sprudeln, da kann ich später ruhig ein Gläschen trinken. Die Kontrolle bleibt ja trotzdem bei mir.

Ich bin bei Robert und unserem Baby angekommen. Vorsichtig nehme ich mein Kind von der Wiese hoch und meckere Robert an, wegen der Zigarettenstummel auf dem Boden. Unser Kind sieht eigentlich sehr zufrieden aus, aber meckern ist momentan meine Muttersprache. Kann nichts anderes mehr von mir geben. Robert antwortet genervt: »Ja, is ja gut, tut mir leid«, und zieht dabei sein Telefon, sein Schutzschild vor meinen Emotionen, wieder aus der Hosentasche. »Arschloch«, denke ich. Den juckt auch gar nichts. Neulich ist mir aufgefallen, dass ich ihn in der ganzen Zeit, die ich ihn kenne, noch kein einziges Mal laut lachen gesehen habe. Also so richtig, mit sich auf die Schenkel hauen und nach Luft schnappen. Robert lächelt höchstens mal und zeigt dabei keinen einzigen Zahn. Musik hört er auch nicht, ist ihm »zu emotional«, meinte er mal zu mir. Fand ich schockierend zu hören. Aber er sagt, er liebt mich. Und alle anderen sagen das auch, wenn sie uns zusammen sehen, teils mit neidischem Blick. Robert trägt Einkaufstüten und schiebt stoisch den Kinderwagen. Er sagt wenig, aber meist das Richtige. Er wirkt introvertiert, so unauffällig achtsam. Hinzu kommt, dass er ein ganz glattes, haarloses Milchbubi-Gesicht hat. Robert ist die perfekte Projektionsfläche für die Traumvorstellungen anderer. Der Typ Unschuld in Person meets Fels in der Brandung. Ich bin die Brandung. Und doch dankbar, dass ich ihn habe.

Ich lege mein Kind über die linke Schulter und beiße sanft in die kleine Wade. Diese süßen Mini-Babybeine. Diese Beine hatte *ich* im Bauch! *Ich* habe das alles produziert und irgendwie auf diese Welt gebracht. Manchmal ist das noch total surreal.

Jemand tippt mir auf die rechte Schulter. Ich zucke zusammen, drehe mich um und schaue in ein schmales, kantiges Gesicht. Sauber gezupfte Augenbrauen, stechender Blick. »Mehdi!«, rufe ich schockiert. »Hallo«, antwortet er und lächelt breit. Seine gebleachten Zähne sind an den Rändern fast durchsichtig geworden, aber er kann es tragen. Als wäre seine markante Gesichtsform nicht genug, hat Mehdi auch noch einen perfekt platzierten Schönheitsfleck auf der rechten Wange. Er ist tiefschwarz, glatt und scheint der Welt zu sagen: »Schau mich an!« Und das macht man dann auch. Ich wünschte, *ich* hätte so einen, aber ich hab nur ein paar unordentliche Leberflecken an den Armen. Ich schaue an Mehdi herunter: In der rechten Hand hält er ein halb volles Sektglas, also ein richtiges, aus Glas. Offenbar hat er sein eigenes Sektglas auf die Hochzeit mitgebracht, damit er nicht wie wir anderen aus Plastikbechern trinken muss. Ihn mit dem Sektglas zu sehen lässt in mir kurz eine alte Sorge hochkommen, aber ich drücke sie ganz schnell wieder weg, wie einen unliebsamen Anruf auf dem Telefon. Ich habe meine Lektion gelernt. Das geht mich nichts an. Also richte ich meinen Blick vom Glas nach oben: Mehdis tiefschwarze, definierte Locken sind mit viel Gel an seinen Kopf getackert und runden sein eckiges Gesicht ideal ab. Seine Augen sind gefährlich hellgrün und durchdringen alles. Mehdi sieht ein bisschen aus wie Franz Kafka mit Locken. Also, wenn Kafka aus Berlin käme und bei Peek & Cloppenburg shoppen würde. Heute trägt er einen leichten, cremefarbenen Pullover, bestimmt aus Kaschmir, und dazu eine locker fallende, dunkle Hose. Mehdi ist die Perfektion in Person.

Ich setze mein Kind auf einem Fleck Wiese ab, auf dem keine Zigarettenstummel liegen, und versuche, möglichst unauffällig meinen Reißverschluss zu prüfen. Ja, leider immer noch offen. Ich probiere, mein T-Shirt etwas darüberzulegen. »Schön, dich zu sehen«, sage ich und schaue Mehdi an. »Finde ich auch«, antwortet er und schließt für einen kurzen Moment milde die Augen. Als er sie wieder öffnet, ist sein Blick wieder gewohnt stechend, aber auch wohlwollend. Mehdi war mein bester Freund in der Schule.

Mehdi und ich waren von dem Zeitpunkt an, als wir uns in der fünften Klasse auf dem Gymnasium kennengelernt haben, das komplette Gegenteil voneinander. Er war damals ein schlaksiger Junge im neongrünfarbenen Kapuzenpulli, der nur Einsen bekam und eine viel zu kleine, runde Brille trug, die sich in seine Pausbacken grub. Mehdi war von Anfang an zu allen aus der Klasse gemein, damit sie gar nicht erst auf die Idee kamen, ihn zu mobben. Angriff war seine beste Verteidigung. Und tatsächlich hat sich niemand mit ihm angelegt.

Ich hingegen war zu der Zeit ein dürres, unscheinbares, offenbar normal wirkendes Mädchen, das sich mit niemandem anlegte, gute Noten hatte und nie auf die Idee gekommen wäre, etwas Neonfarbenes anzuziehen. Mehdi und ich haben uns direkt am ersten Schultag Zettel geschrieben, darüber, wie komisch die neue Situation im Klassenzimmer mit all den fremden Mitschülern war. Wir wurden sofort Freunde. Ein paar Jahre später füllten wir kleine DIN-A5-Hefte, in die wir Cartoons zeichneten, die von unserem Schulalltag handelten. Mehdi konnte richtig gut zeichnen, ich leider nicht, aber er lachte trotzdem immer höflich über meine krakeligen Versuche, Frau Fontane aus dem Französisch-LK darzustellen. Die Hefte gaben wir uns übers Wochenende mit, damit wir zu Hause etwas zu lachen hatten. Mehdis Zeichnungen wurden mit der Zeit immer extremer. In einem Comic malte er mal, wie er unserem cholerischen Erdkundelehrer mit einer Bohrmaschine das linke Auge ausbohrt. Er hatte mit rotem Fineliner detailgetreu die Blutspritzer aufgezeichnet, die Adern im Augapfel. »Oha, Memo an mich: Niemals mit Mehdi streiten«, dachte ich damals halb bewundernd, halb verschreckt. Aber irgendwann, Jahre später, kam es dann doch zu einem Streit zwischen uns. Das war vor fünf Jahren. Seitdem war Funkstille. Und jetzt steht er vor mir.

»Du siehst gut aus, Miryam«, sagt Mehdi und prostet mir dabei leicht mit seinem Sektglas zu. »Du auch«, antworte ich ehrlich. Mehdi sieht gesund aus, er strahlt richtig. Ich schaue auf sein Glas, in dem der Sekt sprudelt, und versuche, dabei nicht wertend auszusehen. Mehdi bemerkt meinen Blick und sieht dann auf die Wiese hinunter zu meinem Baby: »Mensch, schon so groß geworden!« Da schwingt Anerkennung in seinen Worten mit. Ich bedanke mich und stimme zu, fasele etwas davon, dass das ja so schnell gehe, dann ist es wieder still. So ist das also nach 15 Jahren Freundschaft, einem dramatischen Kontaktabbruch und der Geburt eines Kindes: Man sieht sich auf einer Selbstliebe-Hochzeit wieder und tauscht Plattitüden aus.

Jedenfalls wurde Mehdi über die Jahre immer perfekter. Aus Neon-Kapuzenpulli und zu kleiner Brille wurden ab der zehnten Klasse Kontaktlinsen und Kaschmirpullover, Mehdi hat ein 1,0-Abitur gemacht und dann sofort Psychologie studiert. Ich hingegen wurde immer unperfekter in meiner Erscheinung, trug günstige Klamotten, die nicht zusammenpassten, und mein Abi war auch eher Durchschnitt. Mir war alles egal, ich hatte andere Sorgen. Bis heute frage ich mich aber, wie Mehdi es schaffte, seine dünnen Vogue-Zigaretten wie eine Trophäe zwischen den Fingern zu halten. Und wieso ich das mit meinen weißen Nil-Zigaretten damals nie geschafft habe. Mehdi zog nach dem Abitur in eine kleine Zweizimmer-Neubauwohnung in Charlottenburg und lud mich oft zu Häppchen ein, die er auf kleinen, weißen Porzellanlöffeln servierte. Ich kam meist mit irgendeinem Alkohol durch die Tür, Moscato von Lidl zum Beispiel, und großer H&M-Sonnenbrille auf meiner Nase und erzählte ihm den neuesten Schwank aus meinem Leben. Mehdi studierte also Psychologie und liebte es, mich zu analysieren. Er liebte es, mir zu sagen, was meine Probleme sind oder wie ich mich verhalten sollte.

Und obwohl ich immer auf der Suche nach mir war, bekam ich irgendwann den Eindruck, dass Mehdi es genoss, dass mein Leben so chaotisch war. Wenn ich mal berichtete, dass es mir gut ging, konnte er das nur schwer stehen lassen. Trotzdem habe ich nie etwas gesagt, ich wollte nicht undankbar sein. Die Freundschaft zu Mehdi war mir heilig. Unsere DIN-A5-Hefte bewahre ich immer noch auf, in einer kleinen Schachtel im Wohnzimmer.

Jetzt steht er hier vor mir unter einem Baum voller Lampions, in seiner ganzen Perfektion aus Pulli und perlweißem Lächeln. Er sieht glücklich und gesund aus, das freut mich sehr. Den Sekt hat er mittlerweile ausgetrunken. Assya und Mehdi waren auch nie wirklich eng befreundet, aber sie hat ihn trotzdem eingeladen, genau wie mich. Mehdi schaut über die Wiese. »Heftig«, sagt er und schüttelt ungläubig lächelnd den Kopf. Er dreht sich wieder zu mir: »Schau dich an, Miryam! Mutter, in einer Beziehung, Beruf hast du auch, also, na ja dann bald wieder … Schon krass. Du bist erfolgreich!« Ich lache verschämt: »Haha, ja … na ja erfolgreich … Bin ja nur ne olle Copywriterin in Elternzeit.« Er fährt fort: »Doch! Spiel das nicht runter. Dass *du* mal irgendwo festangestellt sein würdest, hätte ich nie gedacht. Du hast so oft den Job gewechselt, hattest da ja auch nie richtig Interesse oder Ambitionen. Weißt du noch, wie du mich mal auf dem Balkon gefragt hast, welcher Beruf meiner Meinung nach zu dir passen würde?«

»Ja, klar«, antworte ich. »Du hast gesagt, ich würde eine gute Mutter abgeben. Weil ich so verantwortungsbewusst bin.« Mehdi nickt anerkennend: »Damit hatte ich also recht. Toll, was aus dir geworden ist! Man sagt doch auch: ›Alle sieben Jahre erneuern sich die Zellen.‹ Kennst du den

Spruch?« Ich schüttele den Kopf und lächele höflich, dann sehe ich nach meinem Kind, das sich gerade seine eigenen Wege sucht und davonkrabbelt. Robert scheint meinen suchenden Blick zu spüren und schaut schnell vom Handy hoch. Dann setzt er sich mit genervtem Gesichtsausdruck auf die Wiese zu unserem Kind. Ich stemme die Hände in meine Seiten. Da, unter dem weichen Fettgewebe, spüre ich die Hüftknochen. Ich bin also noch da, mein Gerüst steht nach wie vor. Auch wenn sich eine Menge getan hat. Alle sieben Jahre erneuern sich die Zellen im Körper, sagt Mehdi.

Vor sieben Jahren um diese Zeit lag ich bei 34 Grad im Schatten auf der Sonnenliege eines All-Inclusive-Hotels in Hurghada, Ägypten und habe mir die Seele aus dem Leib geschwitzt.

All-you-can-cry
Rückblende: Vor sieben Jahren, 2012

Meine Beine rutschen immer wieder an den Seiten der weißen Sonnenliege hinunter, so stark schwitze ich. Sie liegen ausgestreckt vor mir, und ich sehe meine Hüftknochen wie zwei kleine, spitze Hügel hervorstehen. Immer mal wieder hebe ich meine Oberschenkel an und fasse mit der linken Hand darunter, um die Schweißtropfen auf dem Liegestuhl wegzuwischen. Ein richtiger kleiner See sammelt sich da unter meinen Kniekehlen. Ich liebe den August. Vor allem die Hitze, die meine Gedanken wegbrutzelt. Über zu viel Sonne beschweren sich *literally* nur Deutsche, glaube ich. Ich bin ja selbst zur Hälfte Deutsche, aber was meine Liebe zur gedankenzerbrutzelnden Sonne angeht, komme ich ganz nach meinem Vater. Die Sonne scheint aber schon stark auf meine Haare. Da muss ich aufpassen, dass die meine Strähnen nicht irgendwann komplett austrocknet. Na gut, ich setze lieber meinen Hut auf. Die riesige Krempe kreiert sofort einen Schatten auf meinem Gesicht. Ich bin im Divamodus.

Diesen Urlaub habe ich mir verdient. Glaube ich zumindest. Was ich verdiene und was nicht, ist mir oft unklar. Meist verdiene ich nur die schlimmen Ereignisse. Wenn mal was Gutes passiert, hab ich das Gefühl, als hätte sich jemand da oben vertan. Diego ist zum Beispiel so eine gute Sache. Keine Ahnung, womit ich ihn verdient habe. Wir haben uns vor zwei Jahren in einer Bar beim Kickern kennengelernt, und eine Woche später waren wir schon ein Paar. Diego hat mir ein neues Leben gegeben. Und das hier ist unser erster gemeinsamer Urlaub.

Wir mussten beide ein halbes Jahr sparen, um die jeweils knapp 800 Euro zusammenzubekommen für den Flug und die sechs Tage im All-Inclusive-Hotel. Auf Hurghada, auf Ägypten sind wir gekommen, weil einer von Diegos Freunden meinte, man könne hier gut surfen. Diego liebt surfen. Eigentlich alles, was ihn möglichst weit vom Boden entfernt und maximal hoch in die Luft schleudert. Radfahren, Skateboarden, Surfen, alles. Hauptsache in Bewegung. Und für all diese Hobbys muss er natürlich Zeit finden, Zeit, die mir mit ihm manchmal fehlt. Weil: Ich kann halt nicht surfen oder skaten – und ja, natürlich habe ich es ein, zwei Mal halbherzig versucht. Und bin jedes Mal dabei mit dem Gesicht auf dem Asphalt gelandet.

Das macht mich oft sauer. Denn immer dann, wenn Diego draußen einer seiner Leidenschaften nachgeht, bin ich alleine zu Hause und tue so, als würde mir das nichts ausmachen. Ich habe kein einziges Hobby. Ich liege ganz gern rum, wie hier auf der Sonnenliege, singe Lieder von Beyoncé oder schaue »King of Queens«, YouTube-Dokus oder Make-up-Tutorials. Aber Diego sagt, das sind keine Hobbys. Er macht sich oft Sorgen um mich und wünscht sich, dass ich auch etwas finde, das ich gern mache. »Ich rauche 'ne Schachtel Nil am Tag, zählt das als Hobby?«, habe ich neulich erwidert, als meine Freizeitgestaltung wieder mal Thema war. Da musste er lachen.

Diego ist eigentlich immer gut gelaunt. Er hat ein sonniges Gemüt und tut keiner Fliege was zuleide. Nein, wirklich: Er trägt die Fliegen *literally* in einem Glas aus dem

Raum und setzt sie in die Freiheit. Er kann nicht leiden, wenn man seine Privatsphäre missachtet (ich hab mal seine SMS-Nachrichten gelesen, da war er richtig sauer) oder wenn man ihn anlügt (mache ich nie). Aber im Großen und Ganzen ist Diego der Welt einfach zugetan. Das finde ich so anziehend an ihm. Er trägt sich selbst so gut, manchmal fliegt er sogar. So wie jetzt, er rauscht durch die Wellen im Meer, auf seinem Board.

Ein lächelnder, braun gebrannter Mann läuft direkt auf mich zu, und ich lüfte die Krempe von meinem überdimensionalen, schwarzen Schlapphut. Der Mann trägt ein Headset um den Kopf geschlungen. Ah, also ein Animateur, hier aus der Anlage. Oh no. Wehe, der fordert mich jetzt zu irgendeiner Aktivität auf! Ich möchte nicht sprechen, Herr Animateur. Ich möchte weiter schweigend auf meiner Liege schwitzen und auf das Meer vor mir starren, in dem mein perfekter Freund durchs Wasser rauscht. Ich winke Diego zu, aber der guckt natürlich gar nicht.

Der Animateur kommt immer näher, läuft dann aber knapp an meiner Sonnenliege vorbei und stellt sich zu seinem eingeölten Kollegen an den Swimmingpool der Hotelanlage. Glück gehabt. Dann starten sie: Wasser-Aerobic. Oh, offenbar ist also schon wieder eine volle Stunde erreicht.

»La-la-la-la«, schallt es aus den Boxen, mit schnellem Beat darunter. Bitte nicht schon wieder »Only Girl (In The World)« von Rihanna. Ich liebe Rihanna ja, so wie jeder andere Mensch. Aber jedes Mal, wenn es hier im Hotel irgendwie aktiv wird, ballern die *diesen* Song durch die Anlage. Gestern Abend lief er sogar am Buffet. »*La-la-la la* – los geht's, nehmt euch jetzt alle lauwarme Chicken Wings, ihr weißen Touristen-Arschlöcher.«

Anyway, können alle machen, wie sie wollen. »Come on ladies«, rufen die Animateure in ihre kleinen, wippenden Headsets. Wenn ich so darüber nachdenke: Bei mir läuft es richtig rund. Ich liege im Urlaub, bräune mich und trinke Mirinda aus einer Glasflasche. Meine Beine sind bestimmt schon rot, das werde ich aber ohnehin erst richtig im Schatten sehen, hat also noch Zeit. Ich glaube, ich habe noch Zeit. Ich bin ja gerade einmal 23 Jahre alt. Hier in meinem ersten Urlaub, im All-Inclusive-Paket mit meinem Diego. Mein ganzes Leben liegt noch vor mir, da kommt noch so einiges. Und bestimmt ab und an auch mal was Gutes! Ich spüre Gelassenheit in mir aufkommen. Die Sonne wirkt, meine Gedanken verbrutzeln langsam, und ich spüre so etwas wie Entspannung in meinem Körper. Ahhh, brutzel, brutzel. Weg sind die Gedanken. Was bleibt, ist hohles Sonnenmus im Kopf. Alles ist schön. Sogar ich, glaube ich.

Ich schließe die Augen und spüre die Wärme auf meinen Augenlidern auch durch den dicken Hut mit der riesigen Krempe. Als ich die Augen wieder öffne, setze ich den Hut ab, fahre mir durch die Haare und schaue hoch in den Himmel. Der Himmel hat kurz die Farbe meiner inneren Augenlider, dann springt er wieder in sein standardmäßiges Blau. Mein Bikini-umwickelter Körper liegt reglos im Sonnenlicht, ich atme ein. Beim Ausatmen hebe ich den Oberkörper und winke Diego noch einmal lächelnd zu. Der sieht mich jetzt auch endlich und winkt zurück, während er über eine weitere Welle brettert.

Noch während ich winke, tut sich in meiner Körpermitte ein kleines Loch auf. Mir ist, als würde ein Komet in meine Rippen stürzen. Der Einschlag ist geräuschlos, aber auf einmal ist alles kaputt. Ich greife mir mit der rechten Hand an den Magen und setze mich mit gekrümmtem Rücken in einen Schneidersitz. Kurz denke ich, das hier ist ein Herzinfarkt. Aber mein ganzer Oberköper – Herz, Hirn, Magen – fühlt sich eher an wie ein einziges Vakuum. Und dann werden auch noch meine Gedanken dunkel. Ein Gefühl, als würde jemand einen Vorhang in meinem Gehirn zuziehen. Ich kann mich nicht dagegen wehren, obwohl ich gern rufen würde: »Ey, lass den Vorhang gefälligst offen!« Panisch setze ich mich an den Rand der Sonnenliege, meine Füße berühren den aufgeheizten Hotel-Steinboden, und ich versuche, tief einzuatmen, was mir nicht wirklich gelingt. Der Strand, der Himmel, meine Umwelt scheinen wie hinter dunklem Milchglas. Dabei habe ich meine Sonnenbrille und den Hut doch abgesetzt. Die Hotelgäste schwingen weiter fröhlich ihre Poolnudeln zu Rihannas Partybeats, und in mir stirbt etwas.

Zum Glück kommt Diego gerade aus dem Wasser. Ich sehe ihn verschwommen in seinen roten, weiten Badeshorts mit dem Brett unter dem Arm auf mich zulaufen. Mein perfekter, netter Freund. Der weiß sicher, was jetzt zu tun ist. Gleich wird bestimmt alles wieder gut. Aber wo sonst Freude wäre, Diego zu sehen, ist jetzt nichts. Das erschreckt mich. Normalerweise fühle ich immer etwas, wenn ich ihn sehe: Zugehörigkeit, Wut, Freude, Liebe, Aufgeregtheit, Vertrautheit. Jetzt bleibt es still, in mir ist alles vakuumiert.

»Naaa?«, fragt Diego, wie immer mit breitem Lächeln, und stellt sich ans Fußende meiner Sonnenliege. »Lässt du es dir gut gehen?« Offenbar sieht man mir meinen inneren Erdrutsch und das luftleere Herz nicht an. Ich antworte irgendwas wie »Na klar«, und Diego schaut wieder aufs Meer. Er atmet zufrieden ein. »Das Wasser ist der Hammer, Miryam! Wirklich genau richtig zum Surfen!« Ich versuche zu lächeln, aber meine Seele hält mich weiter fest im eingeschweißten Nichts. Also schaue ich nur auf den terrakottafarbenen Steinboden vor mir.

»Miryam?« – »Mhh?« – »Bist du sauer oder was?« – »Nee, bin nicht sauer. Alles okay.« Diego runzelt die Augenbrauen, aber er sagt nichts weiter. Er kann das hier grad nicht einschätzen. Ich auch nicht. Ich sage ihm, dass ich mal in den Schatten, auf unser Zimmer muss, raus aus der Sonne. Er fragt, ob er mitkommen soll. »Nee, danke, Diego, wärm dich erst mal auf hier, bestell dir eine Cola, keine Ahnung. Ich leg mich mal kurz ins Bett und mach die Klimaanlage an.« Diego stimmt zögerlich zu und lässt mich ziehen.

Ich setze die Sonnenbrille wieder auf und klemme mir den Hut unter den Arm. So laufe ich barfuß durch die Hotellobby. Unter mir glänzender Steinboden, der von der Klimaanlage gekühlt wurde. Ich mache einen Schritt nach dem anderen. Jetzt muss ich nur durchhalten bis zu unserem Zimmer, ich darf mit niemandem Augenkontakt aufnehmen, sonst weine ich. Ich komme am Empfangsschalter vorbei. Bin beim Fahrstuhl. »Gleich kannst du weinen, Miryam«, denke ich. Jetzt muss ich aussteigen. Den Flur entlanglaufen. »Noch ganz kurz, Miryam, du schaffst das«, sage ich mir in Gedanken. Niemals könnte ich hier vor den anderen Anwesenden weinen. Das wäre so peinlich. So, Zimmer 243. Geschafft. Ich mache die Hotelzimmertür auf, stecke meine Karte in das Lampenschalter-Dings, womit auch gleich die Klimaanlage angeht. Zum Glück sind die

Vorhänge hier fast zu, der Raum ist halbdunkel. Durch einen dünnen Spalt der dicken Vorhänge kriecht zwar noch ein wenig grelles Sonnenlicht von draußen, aber der Streifen hört genau am Bettende auf. Ich schalte die Zimmerlampen aus und lasse mich aufs Bett fallen. Kurz habe ich Angst, dass mein frisch vakuumiertes Herz auf das dünne, weiße Laken fällt. Ich nehme mir eines der beiden viel zu weichen Kopfkissen und lege mich mit der linken Wange darauf. Ich schaue in Richtung Badezimmer. Wenn ich ausatme, fühlt es sich an, als würde meine Seele langsam aus meinem Mund aufs Kopfkissen fließen. Ich setze die Sonnenbrille ab. »Jetzt darfst du heulen«, denke ich. Aber als ich gerade anfangen will, die Tränen laufen zu lassen, spüre ich es: nichts. Da ist nichts. Nicht einmal Traurigkeit. Alles in mir ist taub und hohl. Würde ich nur ein paar Tränen aus den Augen pressen können, der dicke Vorhang vor meinem inneren Auge würde sicher verschwinden. Aber aus mir kommt nichts. Also liege ich einfach auf dem Bett und starre die Zimmerdecke an. Ich würde ja auf mein Handy schauen, aber das liegt in meiner Handtasche in der Garderobe, und ich habe keine Kraft aufzustehen. Mein Vakuum-Herz und mein Loch-Magen wollen wild in mir wabern, und ich muss mich dem fügen, wie es aussieht. Ich lege das zweite Kopfkissen zwischen meine Beine und warte darauf, dass Diego unten am Pool eventuell doch keine Cola bestellt und eventuell doch auf die Idee kommt, mich zu retten. Was ist bloß mit mir passiert?

Eine Karte klackert in der Tür. Da ist er, endlich. »Miryam?« Diego klingt besorgt. Durch den kurzen Flur kommt er ins Schlafzimmer gelaufen, wo ich immer noch auf den weißen Laken im Dunkeln liege, ein Kissen zwischen den Knien, auf dem anderen meine linke Wange mit etwas Spucke, die sich darunter gesammelt hat. Ich bin offenbar kurz eingeschlafen. Ich muss wie ein überfahrenes Bambi im Bikini aussehen. Ich schließe den Mund und schlucke. Es ist die Hölle. Ich spüre meine Spucketropfen so stark, als wäre es Säure, die ich durch die wunden Halswände schleusen muss. Meine Mandeln sind so dick wie Pflaumen, aber mit Dornen dran. Ich nicke kurz in Diegos Richtung und setze mich auf. Jetzt also auch noch eine Mandelentzündung. Und das im Urlaub. Diego setzt sich zu mir aufs Bett und schaut mich mit zusammengezogenen Augenbrauen an. »Oh je, hast du einen dicken Hals, du Arme?« Ich nicke und fasse mir an den Hals. An meinen dicken Mandeln kann ich mich jetzt zumindest festhalten – die sind meine Lizenz zum Schweigen. So *kann* ich Diegos Fragen ja gar nicht beantworten. »Scheiße«, sagt er. »Brauchst du was?« Ich schüttele den Kopf, obwohl Medikamente sicherlich gut wären. »Na gut«, sagt Diego und streichelt meinen Rücken. »Wollen wir nach unten, essen gehen?« Jetzt, wo ich aber nicht einmal Spucke schmerzfrei durch die Kehle befördern kann, bin ich mir unsicher, ob ich etwas essen sollte. »Vielleicht ist ein kühler Joghurt gut«, sagt Diego. Ich nicke ihm zu und bemerke dabei Kopfschmerzen, die hinter meinen Augen hämmern. Bis auf die Kopfschmerzen und dicken Mandeln fühle ich aber weiterhin nichts. Vielleicht kann ich das Vakuum in der Magengegend ja mit Essen stopfen. Also gehen wir zum Speisesaal, ich hake mich bei Diego unter.

Wir sitzen zu zweit an einem Vierertisch. Diego isst ein paar Beilagen, Auberginen und Couscous. Ich esse kalten Naturjoghurt, den ich mit einem Teelöffel in mich hineinbefördere. »Miryam, sag mal, was los ist«, sagt Diego und schneidet eine gebratene Auberginenscheibe klein. Ich weiß nicht, was ich ihm sagen soll. Die Wahrheit? »Ich fühle nichts mehr, wenn ich dich ansehe.« Nein, das geht nicht. Aber das ist los: Ich fühle nichts mehr. Seine krumme Nase, die ich eigentlich so liebe. Seine kleinen braunen Augen, die immer so schlau in der Gegend herumgucken. Seine dunkelbraunen, mittellangen Haare, die sich am Ende schon locken. Seine unordentlich verteilten Sommersprossen, die er bestimmt von seinem Vater hat. Macht alles nichts mehr mit mir. Es ist, als wäre ich ausgeschaltet worden. »Ich habe das Gefühl, du bist sauer auf mich«, sagt Diego verständlicherweise. Ich wünschte, er hätte recht. »Nein, bin ich echt nicht. Mir geht es irgendwie komisch.« Diego lässt nicht locker: »Okay, und was heißt das?« Ich zucke nur mit den Schultern und löffele weiter Joghurt. Der hilft meinen Mandeln übrigens kein Stück. Nach weiteren zehn Schweigeminuten hat Diego keinen Bock mehr und sagt: »Ganz ehrlich: Ich weiß, du hast Halsschmerzen, aber ich kenn dich doch, du hast irgendwas. War ich zu lange im Wasser? Dann schrei mich halt an, wie sonst auch. Aber lass mich hier nicht so dumm in der Luft hängen!«

Normalerweise würde ich jetzt mit einem Lachen alles auflösen. Aber hier spüre ich Tränen meine Augen hochkriechen. »Endlich kann ich alles rauslassen«, denke ich kurz voller Freude. Aber da kommt jetzt zu viel. Ich kann es nicht mehr stoppen und breche mit einem Mal, hier am Esstisch, in hilfloses Weinen aus. Und zwar so richtig: Mit schluchzen, schnell atmen und nicht mehr sprechen können. Dass Weinen immer so laut sein muss! Alle Buffetgäste gucken bestimmt schon zu uns herüber und denken, Diego hat mich beleidigt oder so. Der Arme. Liebe Gäste an der Chicken-Wings-Station, heute gibt es ein Special für euch im »Albatros Palace Resort« in Hurghada! Ein All-you-can-cry-Buffet von mir. Bedient euch, es wird immer wieder nachgefüllt. Meine Tränendrüsen geben alles, was sie haben! Ich stammele etwas von »Joghurt«, »Halsschmerzen«, »Loch im Bauch« und »Vakuum«. Diego setzt sich auf den Stuhl neben mir und nimmt mich in den Arm. Ich glaube, er winkt einen heraneilenden Kellner ab, zumindest sehe ich seinen Arm in die Höhe steigen und sich bewegen. In dem anderen Arm liegt mein Gesicht vergraben. Hier heule ich jetzt erst mal.

»Glaubst du, ich liebe dich noch?«, frage ich ihn nach ein paar Minuten, während ich mein Gesicht weiter in seinen Armen berge und die Augen geschlossen halte. »Was?«, fragt er verwirrt. Vielleicht hat er es akustisch nicht verstanden. »Glaubst du, ich liebe dich noch?«, nuschele ich noch mal und schaue stur durch eine Lücke in seinem Arm auf den Marmorboden des Speisesaals. Der glänzt so schön. Ich traue mich nicht hochzusehen. »Klar liebst du mich«, antwortet Diego irritiert. Da klingt keinerlei Verunsicherung in seiner Stimme an. Hoffnungsvoll hebe ich meinen Kopf aus seinem Arm: »Meinst du?« Er zieht die hellbraunen Augenbrauen zusammen und sagt: »Ey. Klar!« Das beruhigt mich. Diego wird das schon wissen, der weiß eh meist vieles besser. Der hatte auch eine gute Kindheit, der ist gesund im Kopf. Ich schnappe mir eine der vielen hauchdünnen Servietten vom Esstisch. Die muss jetzt meine Tränen und Rotze auffangen. Ich schnaube hinein und schnäuze mir im Prinzip in die eigene Hand.

Diese Dinger halten echt nichts aus. Ich pule die nassen Fetzen von meiner Hand, und Diego reicht mir zwei weitere Servietten.

Jetzt müsste es mir besser gehen. Ich habe geweint, und Diego meint, ich liebe ihn noch. Aber ich fühle mich noch genauso schlecht und leer wie vorher. Wir stehen vom Esstisch auf und gehen unter den schockierten bis mitleidigen Blicken der anderen Gäste zurück auf unser Zimmer. »Komm, Miryam«, sagt Diego, »du musst dich hinlegen.« Ich nehme seine Hand in meine. Seine Hände sind immer ein bisschen rau. Aber das liebe ich. Zumindest erinnere ich mich daran, es immer geliebt zu haben, bis vor zwei Stunden auf einmal alles weg war. Ich drücke Diegos Hand und versuche ihm damit zu signalisieren, dass ich gleich wieder funktioniere. Bei mir ist einfach irgendeine innere Lampe kaputt, aber die springt bestimmt gleich wieder an. Wir steigen in den Fahrstuhl, er drückt auf den richtigen Knopf. Diego ist alles, was ich jemals wollte. Mein letzter Freund war nicht ansatzweise so gut zu mir wie er.

Auf dem Zimmer steuere ich das Bett an, Diego begleitet mich bis dahin, sagt irgendwas und geht kurz ins Badezimmer. Ich schließe die Augen, um wie abgemacht zu schlafen. Im Gegensatz zu meinem letzten Freund ist Diego ein Heiliger.

An meiner Wange spüre ich den von der Klimaanlage gekühlten Hotelkissenbezug. Meine Wange ist warm. Plötzlich blitzt es vor meinem inneren Auge. Batsch. Mein letzter Freund hatte doch mal einen seiner Lederschuhe in die Hand genommen und mir damit quer durchs Gesicht geschlagen. Damals war meine Wange glühend heiß. Ich weiß noch: Er stand an der Wohnungstür, ich habe mit einem halben Meter Abstand im Flur geweint und geschrien. Ich glaube, ich wollte trotz allem nicht von ihm allein gelassen werden. Dann nahm er einen der beiden glänzenden, schwarzen Lederschuhe vom Regal. Die kamen nur zu besonderen Anlässen zum Einsatz. Und unser Streit im Flur war für ihn offenbar so ein besonderer Anlass. Er holte aus und zog mir die dreckige Sohle einmal quer über die rechte Gesichtshälfte. Dabei hat es richtig geklatscht. Ich erinnere mich noch genau an das laute Geräusch und das dumpfe Gefühl im Kopf beim Aufschlag. An meine heiße Wange und wie mir etwas Warmes über die Lippen lief. Alles war warm und dumpf. Wenn man geschlagen wird, ist es sehr warm – nicht kalt, obwohl man das denken würde. Die Kälte kommt erst später. Er ist dann einfach aus der Wohnungstür gegangen. Als die Tür zu war, habe ich – mit ein paar Sekunden Schock-Verzögerung – angefangen, unkontrolliert zu weinen. Mich schluchzend vom Flur ins Wohnzimmer auf die hässliche Eckcouch aus schwarzem Leder geschleppt. Komplett unlogisch eigentlich, aber in dem Moment habe ich mein kleines rotes Motorola-Klapptelefon rausgeholt und ein Foto von mir gemacht. Aus meiner Nase lief Blut. Das war das Warme. Mein rechtes Auge war geschwollen, die Wange voller roter Flecken, meine Haare standen in alle Richtungen ab. Ich sah aus, als wäre ich in einen riesigen Mülleimer gefallen und dabei an den Metallwänden aufgeschlagen. Das Gefühl kannte ich schon, es war ja nicht das erste Mal, dass er mich verprügelte. Aber da, auf dem verpixelten Selfie, habe ich mich nach langer Zeit zum ersten Mal wieder klar gesehen.

Zwei Jahre war ich da schon mit ihm zusammen. Er war mein erster richtiger Freund. Mein erstes Mal. Und ganze vierzehn Jahre älter. Ich habe ihn kennengelernt, da war ich 16 und er 30. Genauer gesagt, war es mein sechzehnter Geburtstag. Zu diesem Anlass hatte ich es geschafft, Mama aus der Bude zu kriegen und in das Restaurant bei uns um die Ecke zu schleifen. Ich war aufgeregt und freute mich schon auf das Essen. Er war dort Kellner und muss gehört haben, wie ich Mama beim Hauptgang von den Bollywood-Filmen vorschwärmte, die immer auf RTL 2 liefen. Als er das Dessert an unseren Tisch brachte, sagte er, dass er auch Bollywood-Fan sei und dass er eine ganze DVD-Sammlung zu Hause habe. Er würde mir gern ein paar ausleihen, wenn ich wiederkäme. Mama schaute ihn mit glänzenden Augen an und stupste mich ermutigend an, sie fand das wohl auch ein nettes Angebot. Von da an kam ich einmal die Woche, bald jeden Tag zu ihm ins Restaurant. Ich habe auch keine Ahnung, wie es kam, aber irgendwann fand ich mich bei ihm zu Hause wieder, in seiner Drei-Zimmer-Wohnung im siebten Stock eines Plattenbaus. Als ich mein erstes Mal mit ihm hatte, habe ich aus dem Schlafzimmerfenster geschaut und den Vollmond gesehen. Dann lief mir eine Träne die Wange herunter, was mir zu dem Zeitpunkt besonders romantisch vorkam. Dabei hat es eigentlich nur wehgetan. Zwei Monate später habe ich meiner Mutter gesagt, ich würde von nun an bei ihm wohnen, und sie hatte nichts dagegen einzuwenden. So lautlos war ich also mit sechzehn von zu Hause zu einem Dreißigjährigen in ein Hochhaus an der Busstation »Fischerinsel« gezogen.

An die Zeit habe ich nur noch lückenhaft Erinnerungen. Diese Jahre mit ihm sind für mich wie ein Traum, den ich nie träumen wollte. Aber irgendwie hat das wohl alles stattgefunden. Da er mir einen anderen Spitznamen gab, ist es noch schwieriger, all das mit der Miryam von heute zu vereinbaren. Ich war damals 16 Jahre alt und Hausfrau in einem Berliner Plattenbau. Nebenbei versuchte ich, regelmäßig zur Schule zu gehen, um das Abitur zu schaffen. Heute bin ich 23 Jahre alt, Anthropologie-Studentin, im Ägypten-Urlaub mit meinem liebevollen Freund Diego. Da liegen sieben Jahre und Welten dazwischen.

Diego kommt wieder aus dem Bad und setzt sich zu mir, an das Kopfende des Bettes. Sein muskulöser Surfer-Oberschenkel liegt jetzt neben meinem aufgequollenen, leeren Loser-Gesicht. Er streicht mir über den Kopf und schaltet den Hotelfernseher an. Er zappt sich durch und bleibt bei irgendeiner arabischen Sitcom hängen, obwohl es keine Untertitel gibt und er kein Wort versteht. Diego hat Verständnis für Dinge, die er nicht versteht.

Mein Ex-Freund war da ganz anders. Einmal hat er mich morgens vor der Schule so verprügelt, dass ich richtiggehend fühlen konnte, wie meine Seele durch die Schlafzimmertür abhaute. Ich erinnere mich noch, wie ich auf dem weißen Teppichboden lag. Alles im Schlafzimmer war weiß. Der Boden, die Wände, die Laken, die angelehnte Zimmertür. Wenn man aus dem Raum wollte, musste man die Tür mit viel Kraft zur Seite schieben, weil der Teppich so dick und flauschig war. Die Kraft hatte ich nicht. Nebenan im Wohnzimmer saß sein älterer Bruder, der gerade ein paar Monate zu Besuch war. Der muss sich gewundert haben, was das für komische Geräusche waren, die da aus dem Schlafzimmer kamen. Oder er hat sich gedacht, dass ich das hier gerade schon irgendwie verdient haben werde. Geschrien habe ich nicht, das hätte meinen Ex-Freund nur blamiert, und dann wäre es noch schlimmer für mich geworden. Ich habe leise geschluchzt und meine Wange am flauschigen Teppich gespürt, während er auf mich einprügelte. Ein, zwei, drei, vier Tritte von ihm gingen in meine Rippen, zwei trafen leicht unkoordiniert meinen linken Oberarm, und drei Mal hat er mir gegen den Kopf getreten. Und trotzdem war ich innerlich so wahnsinnig abwesend, so distanziert zu mir selbst. Während er mir gegen den Kopf trat, dachte ich: »Das ist echt nicht okay von ihm. Die Tritte gegen den Kopf sind zu viel.« Als gäbe es Spielregeln in der Gewalt. Als wären die Tritte gegen alle anderen Körperteile in Ordnung. Und dann flog meine Seele aus mir hinaus und quetschte sich durch den Türspalt aus dem Zimmer. Sobald sie aus der Tür war, wurde es erträglicher. Also schickte ich sie von da an immer öfter raus.

Und je länger wir zusammen waren, umso schneller habe ich mir eine gefangen. Die Gründe dafür variierten: Entweder ich hatte zu frech geantwortet, oder er meinte, ich hätte mit jemandem geflirtet. Oder mein Leberfleck am Brustkorb war zu sehen – der Leberfleck war seine persönliche Grenze für meinen Ausschnitt. Wenn der zu sehen war, war der Ausschnitt zu tief. Manchmal hatte er auch einfach einen schwierigen Tag gehabt. Aber ich blieb bei ihm und ging überallhin mit. Als er seinen Job als Kellner aufgab, habe ich mit ihm gemeinsam deutschen Omas hässliche Polyester-Handtaschen und Portemonnaies vor real-Supermärkten verkauft. Meine Tage sahen damals immer gleich aus: Morgens um fünf Uhr aufstehen, den Verkaufsstand mit ihm aufbauen, ein paar Stunden arbeiten und dann in die Schule. Nach der Schule zurück in den Plattenbau, Essen kochen für ihn und seine Freunde, Haushalt schmeißen, abends vor dem Fernseher Sex haben, wenn er wollte, manchmal Schläge kassieren. Es ging schon irgendwie. Meine Seele flog einfach regelmäßig aus der Schlafzimmertür.

Ich erinnere mich zwar nur noch lückenhaft, aber aus heutiger Sicht gab es zwei wichtige Ereignisse, die mir dann irgendwann den Anstoß gegeben haben zu gehen. Das war einmal der Moment im Sportunterricht, als ich Mehdi meine blauen Flecken am Arm erklären musste. Ich faselte was von irgendeiner Treppe, die ich hinuntergefallen war. Schon als ich es aussprach, war es mir peinlich: Was für ein Klischee. Die Frau, die die Treppe hinunterfiel. In dem Moment realisierte ich, dass ich *so eine* Frau geworden war. Eine, die ich nie sein wollte. Eine, die niemand jemals sein will. Und eine, die ich von zu Hause allzu gut kannte. Das zweite Ereignis war ein paar Monate später, als ich nach der Schuh-Klatsche auf das unscharfe Handyfoto von meinem Motorola-Telefon starrte und erkannte: Es war Zeit zu gehen.

Bis es so weit war, ist aber noch ein ganzes Jahr vergangen. So lange habe ich meinen Ausstieg geplant. Als es schließlich so weit war, waren wir längst nicht mehr in der kleinen Wohnung im Plattenbau. Da hatte er schon sein eigenes Restaurant in Luckenwalde eröffnet, in dem ich täglich als Kellnerin arbeitete. Jeden Nachmittag fuhr ich von der Schule mit dem Regionalzug nach Brandenburg und stand dann bis Mitternacht in dem dunklen, holzvertäfelten Restaurant. Ich räumte Tische ab, putzte und zapfte Bier für Alkoholkranke. Eines Morgens sperrte er mich nach einem Streit einen ganzen Tag in unserer

Wohnung über dem Restaurant ein. Hier oben gab es nur ein Wohnzimmer, ein Schlafzimmer und ein kleines Bad. Keinen Kühlschrank, keine Küche, die war unten im Restaurant. Ich habe »Hilfe« gerufen, als er von außen die Tür abschloss, aber ich wusste auch genau, dass mich niemand hört. Meine Mutter meldete sich nie bei mir. Ich hätte sie ja selbst anrufen können, sagte sie immer. »Aber Miryam, wenn ich nichts von dir höre, ist alles in Ordnung.« Dabei stimmt das nicht, hat es nie. Später hat sie gesagt, sie mochte meinen damaligen Freund nie. »Aber hätte ich dir das gesagt, hätte dich das nur noch weiter von mir weggetrieben«, sagt sie. Ich bin mir da nicht so sicher.

Damals gab es also niemanden, der mich aus dieser kleinen Wohnung über dem Restaurant in Luckenwalde retten konnte. An diesem Tag habe ich zwei Dinge gelernt. Erstens: Wenn man sehr viel weint, spürt man einen leeren Magen nicht mehr. Zweitens: Um abzuhauen, braucht man eine sichere, eigene Unterkunft. Ich brauchte eine eigene Wohnung. Der Abend kam, ich weinte weiter, und gegen 23 Uhr kam er wieder nach oben. Er schloss die Tür auf, nahm mich in den Arm, schwor mir seine Liebe und hatte Sex mit mir in der Dusche, er roch an mir, hielt mich fest, entschuldigte sich. Meine Seele klebte dabei irgendwo in der Ecke des fensterlosen Badezimmers und wartete, bis er fertig war. Ich hatte Hunger.

Aber irgendwann bin ich von ihm losgekommen. Ausgerechnet mithilfe meines Vaters, der mir eine Wohnung am Innsbrucker Platz beschaffte. Er muss geahnt haben, dass ich in einer miesen Situation steckte. Auch wenn er nicht wissen wollte, wo und mit wem ich bisher gelebt hatte: Es war ihm offenbar wichtig, dass ich einen Ort zum

Leben habe. Am Tag der Besichtigung trafen wir uns vor der Wohnung, die Autos fuhren hupend über die Hauptstraße. Mein Vater stand vor der Haustür und trat von einem Fuß auf den anderen. Er trug mal wieder ein Outfit, das er sich eins zu eins von Tony Soprano abgeguckt haben musste: Bundfaltenhose, ein Ledergürtel (natürlich), dazu ein wild gemustertes Shirt mit Polokragen, darüber eine schwere Lederjacke und die obligatorische Altherren-Baseball-Cap auf dem Kopf, die seine Haare im Zaum hielt. »Du bist zu spät«, fauchte er mich an, als ich zu ihm gehastet kam, und zeigte dabei mit dem Finger auf mich. »Es ist nach zehn! Du solltest zehn hier sein! Zehn!« Er lässt gern mal so Worte wie »um« weg, wenn er wütend ist. Ich entschuldigte mich leise. Zwei Minuten später kam die Hauseigentümerin dazu, und eine halbe Stunde später hatten mein Vater und ich den Mietvertrag unterschrieben. Ich hatte jetzt eine kleine, leere Wohnung am Innsbrucker Platz. Ich war fast frei.

Als wir wieder auf der Straße standen, gab mein Vater mir zum Abschied einen schnellen Kuss auf die Stirn, der sich anfühlte wie eine Kopfnuss. Nähe zu mir war ihm immer unangenehm, glaube ich. Gleichzeitig beschwert er sich oft, dass wir uns so selten sehen. Dass ich mich immer nur melde, wenn ich etwas von ihm will. Als ob ich es mir nicht anders wünschen würde. »Schönen Tag dann noch und alles Gute!«, verabschiedete sich mein Vater, als wäre ich eine Arbeitskollegin. Ich sah ihm noch kurz hinterher, wie er zurück in Richtung S-Bahn lief. Dann verstaute ich die Wohnungsschlüssel in der Reißverschluss-Innentasche meiner Handtasche, da konnten sie nicht rausfallen oder auffallen.

Meine Wangen glühten, als ich wieder in Luckenwalde im Restaurant an der Bierzapfanlage stand. Ich war aufgeregt: Mein Absprung war zum Greifen nah! Ein paar Wochen musste ich aber noch warten, bis meine neue Wohnung eingerichtet war. Das erledigten mein Vater und ich in Etappen. Immer dann, wenn ich eigentlich in der Schule sitzen würde, waren wir bei Ikea und Poco Domäne, kauften ein Sofa, ein Regal und so weiter. Die Garderobenleiste von Ikea gefiel mir besonders gut, die hatte so ein weißes Brett und Messing-Haken, die teuer aussahen. Mein Vater brachte die an, baute alle anderen Möbel auf, karrte mein altes Regal mit den Placebo-Stickern aus meiner Kindheit in die Wohnung. Er stellte keinerlei Fragen zu nichts, nicht wie es mir ging, ob ich nicht in der Schule sein müsste, was mich so bewegte, nichts. Er machte einfach, zum Glück. Und trotzdem fehlte mir etwas. Mir ist schon klar, dass ich einfach eine undankbare Person bin. Andere Kinder wären froh, wenn ihr Vater ihnen eine Wohnung einrichtet. Nur *ich* will immer noch mehr. Er hat es schon nicht leicht mit mir. Als mein Vater schließlich das WLAN in der Wohnung installierte, regte er sich über irgendetwas auf: eine Bemerkung von mir, ein Blick, ich weiß es nicht mehr. Er zerriss dabei schreiend sein weißes T-Shirt, als wäre er Hulk. Ich lief weinend aus meiner Wohnung, und nur ein paar Minuten später kam ich zitternd zurück. Ich schloss die Wohnungstür auf, blieb stumm im Türrahmen vom Wohnzimmer stehen, während mein Vater die Kabel in die Wand steckte, in einem komplett zerfetzten Shirt. Ich ging in meine neue Küche, machte ihm einen schwarzen Tee und hielt die Klappe. Kurz darauf war die Wohnung fertig eingerichtet und mein Vater wieder weg.

Dann kam der Tag, an dem sich mein Flucht-Fenster auftat. Wir saßen am Frühstückstisch. Mein Ex-Freund telefonierte, und als er auflegte, sagte er mir, er müsse kommende Woche zu seiner Familie fahren. Ich brach sofort in Tränen aus und bat ihn, nicht zu gehen. Das war nicht einmal gespielt, ich war erst einmal wirklich traurig. Denn seine Aggressionen waren mein natürlicher Aggregatzustand, das Chaos mit ihm mein Zuhause geworden. So schlecht er auch mit mir umging – ein Teil von mir war überzeugt, ihn zu brauchen. Es gab eine Art Sicherheit in seiner Gewalt für mich, die ich mir nicht erklären konnte. Als würde ich das alles kennen und mich in dem Missbrauch orientieren können. Ich vergrub mein Gesicht in seinen Armen, schaute auf den Boden und weinte. Darauf haute er mir mit der flachen Hand auf den Hinterkopf: »Hör auf, du bist doch kein Baby.«

Ein paar Tage später fuhr er mit seinem weißen Transporter um die Straßenecke und hupte zum Abschied. Ich stand auf dem Kopfsteinpflaster, auf der Schulter meine H&M-Handtasche mit Schulsachen und verstecktem Wohnungsschlüssel darin, hinter mir das noch geschlossene Restaurant. Seine Mitarbeiter würden die nächsten Wochen den Laden schmeißen. Ich sagte ihm, ich zöge für die Zeit, in der er weg war, wieder zu meiner Mutter. Das war ihm recht, er hatte ohnehin Paranoia, ich würde mit dem Küchenchef flirten. Ich war endlich frei. Und das war erst einmal beängstigend. Ich stieg in den Regionalzug nach Berlin und fühlte mich, als würde ich splitternackt in die Schule fahren. So ganz ohne die Fesseln, die ich jahrelang nicht losbekommen hatte, fühlte ich mich verloren. Ich hatte mich an die Enge gewöhnt, obwohl ich fast erstickt wäre. Kurz zweifelte ich, ob ich mein Leben frei von ihm schaffen würde. Aber als ich in den Klassenraum kam und Mehdi auf seinem Platz sitzen sah, ging es mir besser als je zuvor. Irgendwie würde es schon gehen. Ich musste jetzt nach der Schule nur noch zu meiner Wohnung gehen, statt wie sonst zum Bahnhof in die Hölle. Ich weiß noch, wie aufgeregt ich beim ersten Mal war. Ich schloss meine Wohnungstür auf, mir kam der beißende Geruch von frischer Wandfarbe entgegen. Papa hatte wohl noch mal neu gestrichen. Ich war in Sicherheit.

Mein Ex-Freund flippte nach seiner Rückkehr natürlich aus. Anfangs telefonierte ich noch mit ihm, hörte mir seine Beschimpfungen an, sein Weinen. Und es machte mich irgendwie stolz, in irgendeinem Teil meiner jugendlichen Seele war ich geschmeichelt, dass es ihm so schlecht ohne mich ging. Ja, meine Gefallsucht ging schon damals so tief, dass ich sogar Menschen, die mich fast umbrachten, wichtig sein wollte. Nach circa einer Woche nahm ich aber trotzdem nicht mehr ab, wenn er anrief. Mir ging es mit jedem Tag, an dem ich nichts von ihm hörte, besser. Es fühlte sich an, als würde ich endlich wieder zu Sinnen kommen. Ich konnte die Vögel draußen wieder zwitschern hören, endlich wieder Bücher lesen, ich konnte mich konzentrieren, und meine Umwelt nahm wieder schärfere Umrisse an. Es sei denn, ich trank, dann wurde die Umwelt wieder schwammig. Ich ging immer öfter mit Mehdi und Freundinnen in Clubs, um alles zu vergessen. Mein Ex schrieb immer wütendere SMS, die ich mir betrunken durchlas, aber nicht mehr beantwortete. Er war hilflos ohne mich, er drohte, sich oder mich umzubringen. Aber ich war jetzt außer Reichweite. Und das sollte auch so bleiben.

Eines Abends saß Mehdi auf einem Ikea-Klappstuhl in meiner Wohnung am Innsbrucker Platz. Wir tranken wie immer unseren Moscato von Lidl, und mein Handy klingelte pausenlos. SMS, Anruf, SMS, SMS, Anruf, Anruf von unbekanntem Teilnehmer, SMS. Mehdi wusste, dass ich mich getrennt hatte, allerdings nicht, was ich davor durchlebt hatte. Aber das ständige Telefonklingeln reichte ihm schon, er beschloss zu handeln. Nach dem x-ten Anruf ging er schließlich ans Telefon und drohte meinem Ex-Freund mit extra tief gestellter Stimme, er solle mich in Ruhe lassen, sonst käme er mal vorbei. Nein, mit Mehdi will man sich nicht streiten. Mehdi legte auf, mein Ex-Freund rief von da an nicht mehr an, und ich wechselte am nächsten Tag die Handynummer. Es waren noch sechs Wochen bis zu den Abiturprüfungen.

Und jetzt, Jahre später, liege ich also hier in *fucking* Hurghada, im Urlaub, bei 36 Grad, knallender Sonne, und alles in mir ist dunkel. Ich habe den besten Freund der Welt, der gerade ganz enttäuscht eine ägyptische Sitcom schaut. Armer Diego. Ich bin ein Stück Scheiße. War ich schon immer. Zwei heiße Tränen verirren sich durch meine Augen und laufen über meine Wangen. Die Wange ist jetzt kalt.

Am Tag unseres Rückflugs ist auch mein Inneres komplett erkaltet. Ich habe die letzten Tage nicht ein einziges Mal gelächelt und nur das Nötigste gesprochen. Die Animateure haben mich links liegen gelassen und seelenruhig ihre Rihanna-Aqua-Aerobic gemacht. Diego war surfen, ich habe reglos im Schatten gelegen und Ibuprofen gegen die Halsschmerzen geschluckt. Jedes bisschen Sonne blendete mich, und als Diego und ich versucht haben, miteinander zu schlafen, bin ich weinend auf ihm zusammengebrochen.

Jetzt sitzen wir wieder im Flugzeug, nach Berlin. Diego hat einen abgegriffenen Roman auf den Knien liegen und studiert die Karte mit den Sicherheitshinweisen für den Flug. Er sieht müde und braun gebrannt aus. Als das Flugzeug abhebt, schaue ich schweigend aus dem kleinen, ovalen Fenster rechts von mir. Wir fliegen jetzt durch dicke, weiße Wolken. »Irgendwo scheint immer die Sonne«, heißt es doch. Wer auch immer das gesagt hat, liegt falsch: Hier, in mir ist keine Sonne, nirgendwo. Nur Dunkelheit.

Om, Namah, Selbstliebe

August 2019, ein paar Minuten später

Damals war ich sicher, dass es niemals wieder gut werden würde in meinem Leben. Zwischen Diego und mir ging es noch eine Weile hin und her, aber meine Gefühle kamen nicht wieder. Ich musste mich endgültig trennen, obwohl ich es nicht wollte. Es war furchtbar. Ich war verzweifelt und innerlich verstorben.

Das ist jetzt sieben Jahre her. Und heute? Geht es mir fantastisch. Ich bin mittlerweile ganz woanders im Leben, da hat Mehdi schon recht. Der hat sich nach seiner Sieben-Jahre-Zellen-Weisheit kurz verabschiedet und gießt sich gerade großzügig Sekt nach. Mein schlechtes Gefühl krabbelt wieder durch die Magengegend, aber ich weiß, dass ich nichts sagen kann. Mehdi hat sein Glas randvoll gegossen. Ich schaue jetzt mal weg, am besten zu Robert. Der trägt unser Kind und scrollt sich gerade mit der noch freien Hand durchs Telefon. Mein Kind hat einen Marienkäfer an einem Baumstamm entdeckt, den es fasziniert von Roberts Arm aus beobachtet. Ja, man kann sagen: Ich habe es geschafft, meine Zellen haben die letzten sieben Jahre einiges an Arbeit geleistet. Mein Leben heute kann sich sehen lassen.

Die Trauung geht los. Aus den Mini-Boxen im Park dröhnt der Hochzeitsmarsch von Felix Mendelssohn. Es klingt durch die Boxen ziemlich blechern, aber erzeugt die richtige, notwendige Stimmung. Das hier ist immerhin eine Hochzeit! Und Assya ist jetzt auf dem Weg zu uns. Sie schreitet mit langsamen Schritten durch die Bäume auf die Wiese zu uns, alle Köpfe drehen sich zu ihr. Sie trägt einen weißen Tüllrock und ein eng anliegendes Tanktop, auf dem in Glitzersteinen »#Selflove« geschrieben steht. Ich stelle mich zu Robert und nehme ihm unser Kind ab, dann winke ich Assya lachend zu. Alle anderen Gäste stellen sich in einen Kreis und klatschen, während Assya sich und ihren voluminösen Tüllrock lachend durch die Parkbüsche schiebt. Sie hat ein kleines Blumenbouquet in der Hand, das sie jetzt jubelnd in die Höhe hält wie einen Pokal. Diese Frau hat es wirklich geschafft. Sie liebt sich selbst. Davon bin ich trotzdem, bei allem Fortschritt die letzten Jahre, noch meilenweit entfernt.

Ein vielleicht fünfzigjähriger Mann, der aussieht, als wäre sein eigentlicher Beruf Steuerberater, hat heute offenbar die Rolle des Selbstliebe-Priesters übernommen. Er empfängt Assya mit offenen Armen, während die Sonne auf seine Halbglatze scheint, die sogar ein bisschen wie eine Tonsur aussieht. Er bittet uns Gäste, unsere Plätze auf den ausgebreiteten Decken auf der Wiese einzunehmen. Mehdi und ich setzen uns gemeinsam mit meinem Baby auf eine der Decken mit Paisley-Muster. Robert bleibt ganz hinten an dem Baum stehen. Angeblich, weil er keinem den Platz wegnehmen will, wie er mir mit vielen Handbewegungen bedeutet. Ich verdrehe die Augen und wende ihm den Rücken zu. Mehdi trinkt einen großen Schluck Sekt. Die Zeremonie kann beginnen.

Assya geht verschiedene Rituale durch, in denen sie sich auf ewig Selbstliebe verspricht. Ich spüre, dass ich heute noch weinen werde. Die ganze Stimmung hier ist so rührend, es baut sich immer mehr Tränendruck in mir auf. Macht ja nichts, dann ist eben nicht nur mein Reißverschluss offen, sondern auch noch meine Tränenkanäle. Jetzt liest eine Freundin von Assya ein Gedicht vor, das sie für sie geschrieben hat, ein junger Mann mit Wuschelhaaren und offenem Leinenhemd spielt Gitarre und singt Lieder für uns. Und mir laufen dabei, wie erwartet, großzügig Tränen über die warmen Wangen, die ich immer wieder mit der Hand wegwische. Alle anderen Gäste schniefen aber auch in ihre Taschentücher. Wir alle wollen das, was Assya jetzt hat: uns selbst lieben, und das am besten für immer.

Die Rituale sind jetzt durch, am Ende der gesamten Zeremonie will der Steuerberater-Priester noch Bindis und Affirmationen zur Selbstliebe an die Gäste verteilen. Alle stellen sich nach und nach bei ihm an, um ihren Selbstliebe-Segen zu empfangen. Als ich ein Taschentuch aus meiner Handtasche fische, steht Mehdi auf und reiht sich in die Selbstliebe-Schlange ein. Er will also auch seine Hab-dich-selbst-lieb-Hostie empfangen. »Hat der doch gar nicht nötig«, denke ich und kräusele die Lippen. Mehdi betont doch immer, wie gut es ihm geht. Bei dem ist ja alles immer perfekt. Ich bemerke, wie bitter ich in Gedanken klinge. Also trockne ich meine Tränen, schnäuze mir die Nase und lächele Mehdi zu. Dann schaue ich neben mich, zu meinem Kind, das jetzt zu Robert krabbeln will. Ich lasse es ziehen und winke Robert zu, damit er es vom Boden abholt. Gott weiß ganz genau: Ich habe wirklich versucht, mich zu lieben. Aber irgendwie gelingt es mir nicht. Auch wenn es nach außen sicher anders aussieht, weil ich laut spreche und lache. Weil ich mich gern schön anziehe, schminke und über mich Witze mache. Aber die Wahrheit ist: Keine meiner Zellen liebt sich. Da können auch noch sieben weitere Jahre vergehen.

Ich löse meinen Schneidersitz sehr unelegant, meine Oberschenkel machen dabei so ein Geräusch, wie wenn man eine vakuumierte Tüte öffnet. Hat aber keiner mitbekommen. Ich schlendere möglichst unauffällig zur Selbstliebe-Schlange. Kann ja nicht schaden, so ein kleiner Selbstliebe-Boost. Robert nimmt unser Kind auf den Arm, und ich frage mich, was ich eigentlich mit meinen Armen machen soll, so ganz ohne Tasche oder Baby. Ich entscheide mich für die Variante Hinter-dem-Rücken-verschränken, stelle mich in der Schlange an und warte. Nach knapp fünf Minuten bin ich endlich dran. Der Selbstliebe-Priester klebt mir ein blau glitzerndes Bindi zwischen die Augenbrauen und sagt: »Om, Namah, Shivaya. Selbstliebe ist die Kunst, sich in allen Facetten hinnehmen zu können, mein Kind.« Wenn der wüsste. Es gibt Facetten in mir, die ich nicht mal ansehen, geschweige denn hinnehmen will. Ich bin zum Beispiel extrem undankbar. Ich kann schlecht loslassen. Und ich bin zu streng mit meinen Mitmenschen. Mir steigen wieder Tränen in die Augen, aber diesmal nicht vor Rührung, eher vor Scham. Dann drehe ich mich halb verneigend um, bedanke mich beim Priester, fasse mir dabei zur Sicherheit an den offenen Rock-Reißverschluss und lache in die wartende Schlange hinter mir. Ich lache so, als wäre ich am Ende von einem Stand-up-Programm angekommen oder als hätte ich gerade den Brautstrauß gefangen. Ich laufe auf Zehenspitzen zu der Paisley-Decke, auf der ich eben saß, und drücke mein Bindi noch mal fest auf die Stirn. Dann fasse ich an meine rechte Wange. Sie ist nicht zu warm und nicht zu kalt.

»Wie schön die Sonne scheint«, höre ich Mehdi sagen. Ich habe gar nicht gemerkt, dass er sich wieder neben mich gestellt hat. Sein rotes Bindi zwischen den Augenbrauen bewegt sich, als er in die Sonne blinzelt und mich wieder ansieht. Ich glaube, er erwartet eine Antwort von mir, zu seiner Wetter-Aussage. Mir fällt aber wirklich nichts mehr ein. »Hallo Mehdi, ich bin's, Miryam!«, möchte ich ihm zurufen. »Warum redest du mit mir über das Wetter, als wären wir hundert Jahre alt? Weil ich Mutter geworden bin? Was kann *ich* denn dafür? Wir waren so lange befreundet, wo ist das alles hin? Nur wegen dem einen Streit damals, ernsthaft? Ich hab mir doch nur Sorgen gemacht!« Aber all das sage ich nicht. Stattdessen blinzele ich auch kurz in die Sonne und drehe dann wieder meinen Kopf zu ihm: »Ja, tolles Wetter, ich liebe den August. Hast du meinen Buchweizensalat schon probiert?«

Stillschulden
August 2019, ein Tag nach Hochzeit

Irgendetwas ist laut. Irgendetwas ist ganz, ganz laut. Ein Baby schreit. Das ist mein Baby! Schnell, Augen öffnen! Es hat Hunger! Aufstehen. Aus dem Bettchen heben, über die linke Schulter legen. Es ist dunkel, auf dem Handy steht 04:32 Uhr. Links aus dem Schlafzimmer gehen. In die Küche. Fast wäre ich im Flur über einen Schuh gestolpert. Bin in der Küche angekommen. Wo ist der Portionierlöffel? Schneller! Das Weinen wird immer lauter, jetzt zählt jede Sekunde. Okay, gefunden, neben dem verkalkten Wasserkocher. Es schreit mir ins Ohr, als würde es Schmerzen haben. Oh Gott, hat es etwa Schmerzen? Wie viele Löffel noch mal? Wo ist die Packung, verdammte Scheiße? Da, neben dem dreckigen Ceranfeld. Muss ich mal wieder sauber machen. Okay, vier Löffel, nicht gehäuft. Einhändig. Los! Warum zittere ich? Eins, zwei, beim dritten Löffel geht was daneben.

Ich starre das weißgelbe Pulver auf der Arbeitsfläche an. Schon wieder gescheitert. Der Löffel fällt mir aus der Hand, und ich breche in Tränen aus. Ich hasse alles hier.

»MIRYAM!« Robert kommt aus dem Wohnzimmer in die Küche gerannt. »Was ist los mit dir, unser Kind schreit, und du heulst einfach?« Stimmt, mein Kind weint ja auch noch auf meinem Arm. Ich erinnere mich nicht mehr, wie viele Löffel ich jetzt schon in der Flasche hatte, und kippe einfach alles wieder im Spülbecken aus. Das weißgelbe Pre-Nahrungs-Pulver wird durch die verbliebenen Wassertropfen im Becken sofort zu kleinen Matschklumpen. Robert sieht fassungslos zu, wie ich schluchzend das Fläschchen ausleere.

Ich kann das leider nicht kontrollieren. Die Tränen laufen einfach, seit Monaten, bestimmt einmal am Tag. Auch die Bilder in meinem Kopf ploppen auf, wie sie wollen: *Bam*, ein Säugling an Schläuchen und einem Sauerstoffgerät, mein Baby. *Bam*, mein kleines Baby, wie es mir plötzlich aus den Armen fällt, vom Balkon stürzt, qualvoll in der Badewanne ertrinkt. *Bam*, kleine Gebeine, Baby-Gehirn auf dem Asphaltboden in unserer Straße, Blut, Geschrei, mein eigener Tod wegen Trauer und Schmerz. Diese Gedanken und Bilder kommen, wann und wo sie wollen.

Die Hebamme meinte anfangs noch, das sei vorübergehend, dieser »Baby Blues«. So heißt das wohl. »Du musst eben noch die schwierige Geburt verarbeiten, Mama-Bär«, sagte sie bei ihrem letzten Besuch vor Monaten mit säuselnder Stimme, als ich im Bett lag und meine Augenringe wieder ganz wund und klebrig waren von all den Tränen. »Du bist eine frischgebackene Mama, das ist ein Ritus im Frausein, eine Urkraft in uns, die da freigesetzt wird! Das kann einen schon mal überwältigen.« Sie schaute mich erwartungsvoll an, so von wegen: »Verstehst du?« Ich antwortete: »Ahh okay …« und lächelte höflich. Aber eigentlich dachte ich mir: Schade, dass sich dieses Frausein so beschissen anfühlt. Vielleicht bin ich ja gar keine richtige Frau. Sondern bloß ein Wesen voller Schmerz und Sorgen, und alle *denken* bloß, ich sei eine von ihnen. Eventuell klappt es ja auch deswegen mit dem Stillen nicht so gut. Mein Körper hat mich die letzten Monate mehrfach im

Stich gelassen. Und ich damit mein Baby. Die Hebamme schaute mich immer noch mit ihren großen Augen an. Ich musste reagieren. »Hallo?«, sagte ich und tippte mir auf die linke Brust: »Sind diese Brüste an? Test, eins, zwei, drei.« Die Hebamme lachte laut auf und ging beruhigt aus dem Schlafzimmer. Als sie sich die Jacke im Flur anzog, sagte sie noch einmal in den Raum zu mir hinein: »Du, das wird alles, glaub mir! Einfach weiter abpumpen, liebe Mama. Bei den Brüsten einen Mikrofon-Test machen, du bist mir eine, haha!« Sie winkte lachend ab und ging los.

Robert nimmt mir die leere Flasche und den Portionierlöffel aus der Hand. »Komm, gib her«, sagt er bestimmt. Ich gehorche und gebe ihm unser schreiendes Kind auf den Arm. Robert macht die Flasche routiniert fertig, gießt das vorbereitete, perfekt temperierte Wasser aus der Thermoskanne auf. »Mann ey«, sagt er und dreht sich zu mir um, unser Kind über der Schulter, die Flasche in der Hand: »Geht gar nicht!« Er dreht sich wieder weg und geht mit dem Baby aus der Küche. Ich höre ihn die 13 Schritte ins Wohnzimmer stampfen. Kurze Zeit später höre ich ein gieriges Nuckeln. Unser Kind nuckelt sich das, was eigentlich meine Muttermilch sein sollte, zufrieden rein. Mein Kopf dröhnt vom Rest-Sekt im Blut. Ich hasse Alkohol, es waren gestern nur zwei Becher Sekt, die Mehdi mir eingeschenkt hat. Aber ich kann das echt nicht mehr ab. Mein armes, hungriges Baby. Es hämmert in meinem Kopf, ich muss mich irgendwo hinlegen, also lege ich mich auf den Küchenboden. Den Boden haben wir erst vor ein paar Monaten neu machen lassen. »Ist so ein neuartiges PVC, was man gut abwischen kann«, meinte der Handwerker. »Wichtig mit Kindern.« Und wir sollten uns beeilen mit dem zweiten Kind, sagte er, sonst »macht man's nie mehr«. *Ich* mache das garantiert nie mehr, ich will mich nämlich nie wieder so fühlen wie die letzten Monate und jetzt gerade. Der gut abwischbare Boden ist steinhart, meine Augen sind geschwollen, und ich liege hier auf dem Fußboden wie ein Mama-Roadkill und grübele über mein körperliches Unvermögen. Würde ich stillen, könnte *ich* jetzt mit meinem Baby im Wohnzimmer sitzen. Dann hätte ich einfach meine Brust rausgeholt und wäre an keinem Portionierlöffel gescheitert. Aber es kommt so unglaublich wenig aus meinen Brüsten raus, und ich hab keine Kraft mehr, mit diesem lauten Gerät abzupumpen für schlappe, lächerliche zwei Milliliter Muttermilch. Ich fühle mich dabei immer wie eine Kuh. Andere Mütter kommen darüber natürlich hinweg für ihr Kind, sie halten aus und ihre Brust geduldig hin. Aber ich bin zu egoistisch. Ich fasse mir an die Stirn und wische den Schweiß weg, da bemerke ich eine kleine Erhöhung zwischen den Augenbrauen. Das Bindi von der Selbstliebe-Hochzeit klebt da noch. So egoistisch, undankbar und faul, wie ich bin, bräuchte ich ungefähr zwanzig Selbstliebe-Bindi-Segen. Pro Tag.

Das Nuckeln ist verstummt, dafür höre ich jetzt schwere Schritte, vom Wohnzimmer ins Schlafzimmer. Robert läuft immer so laut, dem ist völlig egal, wer ihn wahrnimmt. Der bewegt seinen 1,91 Meter großen, dünnen Körper komplett rücksichtslos durch die Welt. Das bewundere ich, weil ich immer versuche, möglichst leise, wie auf Eierschalen durch die Welt zu gehen. Das habe ich schon als Kind gelernt. Roberts Stampfer kommen näher. Ich könnte jetzt aufstehen und wieder ins Bett gehen. Nein, ich bleibe einfach liegen und warte darauf, dass Robert zu mir in die Küche kommt. Damit er auch *sieht*, wie schlecht es mir geht. Sonst versteht er das nicht. Die Schritte werden immer lauter, gleich ist er bei mir. Klebt meine Haarsträhne noch an der Lippe? Ja, tut sie, sehr gut. Das zeigt die Verzweiflung, die in mir ist. Diese Haarsträhne sagt aus: Ich habe so sehr geweint, ich kam nicht einmal dazu, mir die Haare aus dem Gesicht zu wischen. »*So* traurig bin ich, siehst du, Robert?«, sage ich in Gedanken. Plötzlich werden Roberts Stampfer wieder leiser, und ich höre das Quietschen der Badezimmertür. Toll, also kommt er doch nicht zu mir. Der Küchenboden wird langsam kalt an meinem Rücken, mein Kreuz tut weh. Mein Hintern ist so massiv seit der Schwangerschaft, ich hab ein richtiges Hohlkreuz im Liegen. Okay, ich höre Robert Hände waschen, ich muss jetzt nur noch kurz durchhalten in meiner Position, um ihm zu veranschaulichen, wie es mir geht. Sobald er mich gesehen hat, kann ich mich vom Boden kratzen.

Robert stellt sich in den Türrahmen und schaut auf mich herunter. »Warum machst du uns das Leben schwer?«, fragt er müde und fasst sich mit Zeigefinger und Daumen an die Nasenwurzel. Dann reibt er sich mit der Hand über sein bartloses Kinn. Sein Gesicht ist immer glatt. Der muss sich um nichts Sorgen machen, keine Stoppel, keine Außenwahrnehmung, weil ihn ja eh alle lieben, um nichts. Bis auf mich, vielleicht. Aber Sorgen machen ist ohnehin keine seiner Stärken. Robert gestikuliert in Richtung Pre-Nahrungspackung und sagt seufzend: »Miryam, stell doch die Sachen für die Flasche einfach neben dein Bett, dann ist es nicht so stressig, Mann.« Stimmt, das hatte ich vergessen, eventuell wegen dem Sekt-Rausch von der Hochzeit. »Ja, hättest du ja auch machen können, ihr wart doch vor mir zu Hause«, blaffe ich zurück und wische mir die Haarsträhne von der Lippe. Er bemerkt die ja offensichtlich ohnehin nicht mehr. »Miryam, ehrlich, ich hab jetzt keine Lust auf Stress«, sagt Robert. Natürlich nicht, bloß keine Emotionen, bloß kein Stress. Robert mag simple Frauen. Solche, die vorgeblich nicht viel fühlen und ihn nicht stören. Zumindest waren seine drei Ex-Freundinnen so, wenn ich seine Erzählungen richtig einordne. Das waren alles Frauen, die reiten, Radler trinken und in Einfamilienhäusern wohnen. Frauen, die nicht nachfragen und auf einer Frequenz agieren, die ich als »zufrieden abgestorben« bezeichnen würde. Vielleicht ist diese Frequenz aber auch einfach nur »zufrieden«, und ich bin eine miserable, bittere Nervkuh. Die Wahrheit ist: Diese Frauen sind meine Achillesferse. Weil ich unglaublich gern wie sie wäre. Aber ich weiß, dass das nie passieren wird. Ich trinke nicht mehr (bis auf gestern), hasse Pferde und habe weder Selbstliebe noch eine Hochzeit in Aussicht. Oder heiraten Paare, die seit Monaten keinen Sex mehr miteinander haben und in getrennten Zimmern schlafen? Weil, falls ja, dann könnte es mit Robert und mir doch noch klappen. Ich glaube aber eher nicht mehr dran.

Mir läuft eine weitere Träne die rechte Wange herunter, sein Stress-Kommentar hat mich verletzt. Ich bin für alle einfach immer nur Stress, meine Gefühle sind ja offenbar kleine Vulkanausbrüche, die mein Umfeld umschiffen muss. Sonst kann ich mir Roberts Weglaufen nicht erklären. Robert sieht die Träne und kniet sich dann doch zu mir. Er seufzt noch mal und nimmt meinen Kopf viel zu fest in seine rechte Armbeuge. »Das tut weh«, sage ich durch seinen Arm hindurch. Nichts passiert. »Robert, es tut weh!« Robert schreckt auf: »Hm? Ach so!« Er lässt wieder locker, und mein Kopf fällt fast aus seinem Griff. Als ich mein Gesicht endgültig aus Roberts Trost-Schwitzkasten löse, hinterlasse ich lange, farblose Schnodderfäden auf seinem Ärmel. Dann sehe ich in einer Falte seines Pullovers etwas glitzern. »Das ist der Ohrring einer anderen Frau, bestimmt von seiner Kollegin, dieser Clara!«, schießt es mir durch den Kopf. »Dieses Stück Scheiße hat mich betrogen!« Meine Brust schnürt sich zu, mein Kehlkopf tut sofort weh. »Bitte, jetzt keine Mandelentzündung«, denke ich. Meine Gedanken rasen: Eventuell ist das der Grund, weshalb er nicht mehr mit mir und im Wohnzimmer schläft! Weshalb er innerhalb von zweieinhalb Sekunden kommt, einfach, damit es vorbei ist. Fasst er mich deswegen seit der Geburt nicht mehr an? Ich bin gar nicht sein Typ! Außerdem bin ich Mutter geworden und »mache ihm das Leben schwer«. Klar hat er eine andere! Diese blonde Clara von seiner Arbeit, mit der er immer so viel schreibt! Oh Gott, was, wenn er mich verlässt? Wo gehe ich mit dem Baby hin? Wie finanziere ich mich? Was sage ich Mama? Die liebt Robert doch! Zitternd fasse ich in seine Pullover-Falte hinein, mein Zeigefinger und Daumen greifen vorsichtig nach dem glitzernden Gegenstand: Es ist mein Bindi von der Hochzeit gestern. Es muss mir eben beim Weinen von der Stirn gefallen sein.

»Komm, wir brauchen unseren Schlaf«, sagt Robert und gähnt. »Ich gehe jetzt wieder ins Bett.« Er nimmt mir das Bindi aus der Hand, steht auf und schmeißt es in den Mülleimer. Dann geht er wieder ins Wohnzimmer, aufs Sofa. Ich hieve mich auch vom Boden hoch, bereite noch eine weitere Flasche vor, vier Löffel, nicht gehäuft.

Dann schlurfe ich mit Flasche und Thermoskanne zurück ins Schlafzimmer, neben das Babybettchen. Ich schaue auf mein schnarchendes Baby. Es ist versorgt, wenn auch nicht von mir, aber es ist versorgt und schläft zufrieden. Ich hingegen werde gleich wieder nicht einschlafen können. Es fällt mir schwer, neben schnarchenden Menschen zu schlafen. Sogar, wenn dieser Mensch ganz klein und mein Baby ist. Die meisten Mütter brauchen die Nähe ihres Kindes, sonst *können* sie gar nicht schlafen. Und ich kann nicht neben meinem Schnarch-Baby schlafen. Ich weine täglich, stille nicht vernünftig, bin nicht dankbar genug für mein Leben als Mutter und für Robert. Ich glaube, mit mir stimmt etwas nicht. Meine Eltern wussten es damals ja nicht besser – ich hingegen habe überall Wissen zur Verfügung, auf Instagram zeigen mir ja alle Eltern, wie es auszusehen hat. Und trotzdem schlage ich mich so schlecht. Irgendwas ist da nicht in Ordnung in meinem Inneren. Nicht, dass ich schon wieder depressiv werde. Ich muss handeln. Morgen schreibe ich Herrn Kemmers.

* * *

Ein paar Stunden später fällt ein Streifen Nachmittagssonne auf die graue Couch neben mir. Mein Baby ist gerade aus dem Mittagsschlaf erwacht und liegt jetzt strampelnd vor mir auf der bunten Spieldecke. Es sieht so süß aus, mit seinen Pausbacken und den runden Augen. Es kann ja nichts dafür, dass ich seine Mutter bin. Unsere Zweizimmerwohnung kommt mir leer vor, obwohl wir hier zu zweit sind. Robert ist joggen gegangen; er sah beim Losgehen extrem erschöpft aus. Dabei ist doch heute Sonntag, der Tag, an dem alle Menschen erholt und glücklich sein sollen. Sonntag ist Familientag. Ich hatte sofort ein schlechtes Gewissen wegen gestern Nacht und habe Robert eine Club Mate aus der Speisekammer gebracht. Das ist sein Lieblingsgetränk; Club Mate ist quasi *sein* Fläschchen. Er hat die Flasche mit einem schiefen Lächeln entgegengenommen und ist dann zur Tür raus. Ich fühle mich von gestern Nacht aufgebrochen, wund und rastlos. Aber ich habe hier noch einen Job zu erledigen: »Super, wie du nach dem Quietscheball greifst, mein Schatz«, sage ich zu meinem Baby auf der Spieldecke. Es lächelt mich an und strampelt weiter. Dann klappe ich meinen Laptop auf und gehe auf das E-Mail-Symbol. Neue Mail, Betreff: »Nachfrage.« Ich fange an zu tippen:

»Hi Herr Kemmers!« – Nein, zu freundschaftlich.

»Hallo Herr Kemmers« – Ups, habe das »Dr.« vergessen.

> »Hallo Herr Dr. Christoph Kemmers, mir geht es sehr schlecht, ich bin in der Hölle und brauche *dringend* Hilfe, bitte kommen Sie *sofort* her und machen Sie meinen Kopf wieder heile. Es eilt, ich weiß nicht mehr weiter, mein Kind hat das nicht verdient. Danke und LG, hoffe, bei Ihnen ist so weit alles ok und Sie genießen den Sommer, Miryam.«

Das hätte ich gern geschrieben. Stattdessen schreibe ich aber:

> »Hallo Herr Dr. Kemmers, ich hoffe, es geht Ihnen wunderbar und Sie genießen die August-Sonne! Wir haben uns ja sehr lang nicht gehört – mir geht's gut,

ich bin sogar im Januar Mutter geworden! Das ist toll, nur ist einiges passiert, daher wollte ich fragen, ob Sie demnächst mal wieder einen Termin für mich hätten? Das wäre super. Ich meine mich zu erinnern, dass ich noch ein paar Stunden übrig hatte, falls mal was sein sollte. Sagen Sie doch gern Bescheid, wie es da in nächster Zeit bei Ihnen aussieht! Danke und beste Grüße! Ihre Miryam Topal«

Mein Herz fühlt sich an, als würde es krampfen. Ich klicke auf »Senden«, und das kleine Versende-Geräusch ertönt. *Swoosh*, jetzt ist es raus. Jetzt sieht Herr Kemmers, dass bei mir nichts perfekt ist. Oh Mann, wie peinlich ist das? Ich kann einfach nicht fassen, dass ich schon wieder an diesem Punkt bin und um Hilfe fragen muss. Als Mutter sollte man ja wohl seinen Scheiß geregelt haben und klarkommen im Leben. Während ich so über Herrn Kemmers grübele, rollt sich mein Baby von der Spieldecke und bewegt sich in Richtung meines Laptop-Ladekabels. Dann kommt mir ein weiterer Gedanke: »Hoffentlich enttäuscht Herrn Kemmers die Mail nicht!« Immerhin bin ich ja auch *sein* Therapieerfolg! Es ist nur ihm zu verdanken, dass ich jetzt jahrelang klargekommen bin. In meinem Kopf entschuldige ich mich schon mal: »Sorry, Herr Dr. Kemmers, will Sie echt nicht enttäuschen, aber an manchen Tagen würde ich mich gern mit dem Plastikschlauch der Milchpumpe strangulieren.« Mal gucken, wann er antwortet. Ich hoffe, bald.

Kurz bevor mein Kind anfängt, am Ladekabel zu knabbern, nehme ich es auf den Arm. Dann fängt es an zu weinen. In mir zieht sich wieder alles zusammen, und ich kriege Panik. Ich will sofort, dass es einfach nur aufhört.

Aber es hört nicht auf. Mein Baby weint und weint, ich tröste, rede gut zu, küsse, aber es weint einfach weiter. Immer lauter. Manchmal glaube ich, dieses kleine Wesen hasst mich. Es schaut mich nämlich nie so an, als würde es mich zum Überleben brauchen. Eher so, als würde es sagen wollen: »Ich toleriere dich gerade so, du einzige Eltern-Enttäuschung.« Dabei dachte ich, Babys sind automatisch, rein evolutionär an die Mama gebunden. Weil sie gar nicht anders können, weil es ein Instinkt ist. Warum also habe ich das Gefühl, mich täglich abstrampeln zu müssen, damit mein Kind mich mag?

Als ich den Föhn in die Steckdose einstöpsele und auf Stufe zwei stelle, hört das Weinen schlagartig auf. »Na, Süßi, geht es wieder?«, frage ich mit sanfter Stimme, während der Föhn dröhnt. Ich küsse die kleine Wange und die Stirn. Mein Kind verzieht das Gesicht, als würde es sagen: »Igitt, Mama.« Nach ungefähr drei Minuten schalte ich den Föhn aus. Mein Baby ist wieder beruhigt, wir können jetzt zurück ins Wohnzimmer. Beim Weg durch den Flur sehe ich im Spiegel eine aufgedunsene Frau vorbeihuschen. Aus den Augenwinkeln erkenne ich ein Paar Augen, eine Nase, ich bemerke dunkle, trockene Haarsträhnen, aber es wirkt alles verschwommen. Die Frau hat ein Baby auf dem Arm. Ich gehe zurück, stelle mich vor den Spiegel: Das bin dann wohl ich. Aber mit meinem Spiegelbild habe ich nichts mehr zu tun, also gehe ich weiter.

Im Wohnzimmer angekommen, entlasse ich mein Kind wieder auf die Spieldecke und greife sofort nach meinem Handy, das auf der Sofalehne liegt. Ich öffne Instagram und gehe auf das Story-Symbol, um ein Selfie von mir und meinem Kind zu machen. Keine Ahnung, ob ich zu viel am Handy bin, aber mein Smartphone-Bildschirmbericht erinnert mich jeden Montagmorgen daran, dass ich keine Minuten, sondern mehrere Stunden auf Social Media verbringe. Primär Instagram, manchmal auch Twitter, wobei mich das nur nervt und abends auch mal YouTube, ASMR-Videos zum Einschlafen, Dokus oder US-Gossip aus Hollywood. Mein Handy und ich sind eine Einheit, seit Jahren. Tagsüber, zu Hause mit meinem Kind versuche ich, es zu limitieren. Manchmal reiße ich dann die Augen auf und schaue ganz angestrengt dabei zu, wie mein Kind einfach vor sich hinlebt, die Decke anstarrt oder grinsend den Spielebogen antatscht. Aber irgendwie gibt dieses blöde Handy mir Halt. Und Ablenkung.

Ich *swipe* mich durch die verschiedenen Instagram-Filter: *Vintage Glow, summerCAM, Heart Eyes* heißen die. Einen klassischen Beauty-Filter kann ich nicht bringen, mit Kind im Bild. Die Kardashians machen manchmal Bilder von ihren Kindern mit Beauty-Filtern, und das sieht jedes Mal komisch aus. Bei Kindern darf man das nicht, finde ich. Das empfinde ich als übergriffig und gemein, meinem Kind digital eins überzuziehen, mit meiner Vorstellung von »Schönheit« und porenfreier Haut. Mein Bedürfnis nach unnatürlich verschmälerten Nasen, monströsen Lippen und verpixelten Wimpern ist nun wirklich *mein* Problem. Aber ganz ohne Filter geht auch nicht, also versuche ich jetzt einen zu finden, der meine Hauttextur kaschiert, die Augenringe minimiert und mein Doppelkinn weniger schlimm erscheinen lässt, ohne dass ich oder mein Kind entstellt wirken. Ich scrolle und finde einen Filter mit digitalem Glitzer, der durch das Bild, von oben nach unten, fällt. Den wähle ich aus und mache ein Bild, wie ich meinem Baby einen Kuss gebe. Jetzt muss ich noch irgendetwas dazu schreiben, worüber die anderen sich amüsieren können. Damit ich ein bisschen Distanz zu mir und meinem verletzlichen Glitzer-Bild bekomme. »Mama, du nervst!« in einer Sprechblase über meinem Kind, oder sowas. Ja, das ist gut. Ich bastele die Sprechblase, schreibe den Text hinein und klicke dann auf »deine Story« – das Bild ist gepostet.

Ich scrolle noch ein bisschen durch meinen Feed. Quasi jeder dritte Post ist von Eltern. Ich bin über die letzten Monate vielen Mama- und Familien-Accounts gefolgt, da ich sonst keine Eltern kenne und mir erhoffe, dort ein bisschen Abgleich und Austausch zu finden. Aber den meisten dort scheint es nicht wie mir zu gehen. Deren Kinder sind verliebt in ihre Mütter: Zwei Instagram-Mütter schreiben in der Caption zu ihren beigefarbenen Beitragsbildern, dass sie ihren »besten Freund« oder ihr »Mini-Me« in ihren Kindern gefunden haben. In ihren Augen leuchtet dabei der Heiligenschein vom Ringlicht. Schwarze Pupillen, die funkelnd in die Kamera schauen und mir direkt ins Herz stechen. Eine Mutter spricht von der »Liebe ihres Lebens« zu ihrer Tochter. Auf dem Bild gibt sie ihrer Vierjährigen einen Kuss und einen altrosafarbenen Luftballon in die kleine Hand. Ich bin neidisch. All diese Mütter lächeln so, als bekämen sie Superkräfte von der Übermüdung, während ich einfach immer schwächer werde. Diese Mütter gehen anscheinend richtig auf in ihrer Selbstaufgabe. Sie leben ihre Mutterschaft, ihre menschliche Pflicht, wie Mutter Natur es vorgesehen hat. So, wie es sein soll. So, wie es bei mir sein sollte. Mehdi hatte damals behauptet, ich würde mal eine gute Mutter werden. Ob er das wohl auch noch sagen würde, wenn er mich gerade durchs Handy scrollen sehen würde?

Mir fällt ein, dass Mehdi beim Abschied gestern noch versprochen hatte, sich zu melden. »Um mal wieder ein bisschen was zu trinken, zu quatschen, wie früher«, lallte er mir ins Ohr. »Ich meld mich gleich morgen früh!« Hat er bisher aber nicht getan. Oder? Ich öffne sicherheitshalber WhatsApp, aber nein, da ist keine Nachricht von Mehdi. Und auch sonst von niemandem. Bevor ich WhatsApp wieder schließe, klicke ich auf meine archivierten Chats: 24 sind es momentan. 24 Menschen, mit denen ich keinen Kontakt mehr habe. Manches waren Freundschaften, anderes nur lose Bekannte. Manche Kontaktabbrüche waren weniger und manche sehr schmerzhaft.

An sechster Stelle im Chat-Archiv sehe ich das Profilbild von Deniz, meinem kleinen Bruder. Ich klicke drauf, um es zu vergrößern: Er steht vor einer Felswand und schaut entschlossen in die Kamera. Keine Ahnung, wo er da auf dem Bild ist und warum. Ist das Tschechien? Oder Sachsen? Ob er jetzt wandern mag? Er steht da in einem engen, schwarzen T-Shirt, das seine Brust und den Bizeps betont. Seine welligen Haare sind an den Seiten rasiert und am Oberkopf etwas länger, sodass sie sich locken. Wahnsinn, wie groß er geworden ist. 27 Jahre alt ist er jetzt. Aber in seinem Gesicht sehe ich noch immer meinen kleinen *Brudi*, mit der Knubbelnase, dem großen Herz für Tiere und den zerknitterten Kampfjet-Postern an der Kinderzimmerwand. Der Bastian Pastewkas Sketche nachspielte und Otto Waalkes' schrullige Lieder mitsang. Der über meine Witze lachte und mich zum Lachen brachte. Mit dem ich mich um die Fernbedienung kloppte, nur um kurz darauf Arm in Arm die Sendung mit der Maus zu schauen. Den ich zu Hause und in der Welt da draußen immer beschützen wollte. Den ich über alles liebe. In meinem Herzen ist es so, als wäre Deniz noch immer zehn Jahre alt und all das nicht passiert. Als wäre er in meinem aktuellen Chat-Ordner und nicht im Archiv. Ich weigere mich, unsere Gegenwart zu akzeptieren. Widerwillig schaue ich noch mal in unseren Chat. Die letzte Nachricht ging von mir an ihn: *»Komm gut an, ich kümmere mich hier um Mama, hdgdl«*. Das war im Mai letzten Jahres. Da war ich schon drei Jahre fertig mit der Therapie.

II

NÄCHSTENWUT

Rückschläge
Rückblende: Vor sechs Jahren, 2013

Herr Kemmers schaut immer so freundlich. Er hat dieses große, helle Gesicht. Perfekt fallende, hell- und dunkelgraue Haare. Durch seine runde Brille gucken mich kleine, lustige Augen an. Er erinnert mich an einen Schauspieler aus der Lindenstraße, das habe ich manchmal mitgeguckt, wenn Mama geschaut hat. Der Lindenstraßen-Typ wirkte auf mich auch immer so aufgeräumt und *wholesome*. So, als habe er wunderschönes Porzellan zu Hause und leise Gedanken. Genau so wirkt auch Herr Kemmers auf mich. Nur, dass er viele zerbrechliche Buddhafiguren, statt Porzellan um sich herumstehen hat. Heute trägt er beigefarbene Cargoshorts und ein locker fallendes Leinenhemd. Er lächelt mich zurückhaltend, aber zuversichtlich an. Dieser Mann hat sich und seine Emotionen im Griff. Gute Voraussetzungen also, um mich in den Griff zu bekommen.

Auf der Suche nach einem Therapieplatz war ich auf seine Website gestoßen: Auf der Startseite von »Therapie Christoph Kemmers Berlin.de« prangte ein Buddha-Kopf, das hatte mich aus irgendeinem Grund angesprochen. Also überwand ich mich und sprach Herrn Kemmers auf den Anrufbeantworter: »Ja, hallo, hier ist die Miryam, äh, Topal ist mein Name. Ich äh- habe ein Problem, also ich glaube, es ist eine Depression, meinte meine Hausärztin jedenfalls. Und äh, deswegen wäre es super nett, wenn Sie sich zurückmelden könnten, wenn Sie die Zeit finden, also meine Nummer ist …« Ich weiß noch, dass ich mir Mühe gab, stark zu klingen, aber meine Stimme zitterte. Und auch Herr Kemmers hatte offenbar gehört, dass ich ein Notfall war. Er rief mich ein paar Stunden später zurück. Zufällig sei gerade ein Platz frei geworden, einer seiner Klienten war fertig mit seinen Stunden bei ihm. Ich fing sofort an zu weinen. Herr Kemmers klang so sanft und liebevoll am Telefon, und ich hatte mal Glück gehabt! Normalerweise dauert das Wochen, bei manchen sogar Monate, bis sie einen Platz bekommen. Ich bedankte mich überschwänglich, und wir machten einen Termin für die Woche darauf aus. Seitdem komme ich jeden Donnerstag in die Praxis.

Um mich herum riecht es nach Sandelholz. Macht Herr Kemmers etwa vor den Stunden Räucherstäbchen an? Räuchert er seine Klienten aus den Praxisräumen? Gut möglich, würde ich jedenfalls so machen, hier muss ja 'ne Menge Gefühlsmorast in den Wänden hängen. Allein ich lasse in den 50 Minuten jede Woche bestimmt eine Tonne emotionalen Ballast und kleine Trauma-Trümmer hier. Meine Oberschenkel kleben aneinander, ich habe mich heute mal ohne Strumpfhose rausgetraut. Dieser Mai ist schon ungewöhnlich heiß, es sind heute bestimmt fast dreißig Grad. Hoffentlich sieht Herr Kemmers meine Cellulite nicht. »Wie kann man mit 24 Jahren schon so schlechtes Bindegewebe haben?«, denke ich. »Wir haben eben Kartoffelstampfer«, höre ich meine Mutter im Kopf, das sagt sie immer. Ich löse möglichst unauffällig mein oberes Bein, um wieder ein bisschen Luft an das untere zu lassen.

Ich bin hier, weil ich depressiv bin. *Warum* ich depressiv bin, ist die große Frage. Von meiner schlimmen Beziehung und den Flashbacks in Ägypten habe ich Herrn

Kemmers schon erzählt. Und dass mein Lieblingsfilm als Kind »Matilda« war, weil die kleine Matilda es allen Erwachsenen zeigt. Herr Kemmers vermutet, dass meine Kindheit nicht so toll war. Damit hat er recht, aber ich möchte mich lieber nicht an meine Kindheit erinnern. Er aber schon: »Ich fände gut, wenn wir uns das gemeinsam anschauen könnten«, sagt Herr Kemmers und lächelt mir zu. »Sie sind damit nicht alleine, Frau Topal, ich bin ja dabei. Aber das wäre wichtig, denn man kann nicht verarbeiten, woran man sich nicht erinnert.« Er schaut mich freundlich an. Ich wollte meine Kindheit bisher immer nur loswerden und nie wieder daran denken müssen. Wie soll ich denn sonst mit Papa einmal im Monat telefonieren? Oder mir ein neues Leben weit weg von damals aufbauen?

Herr Kemmers nimmt jetzt einen Stift von seinem verzierten Beistelltisch und schaut mich ohne jegliche Erwartung an. Seine Augen sind ganz leer, aber auf gute Art. In diese Augen darf ich jetzt quasi reinschreiben, mit meiner Vergangenheit. »Also, was ist Ihre erste Erinnerung, Frau Topal? Wenn Sie ganz weit zurückgehen?« Herr Kemmers nimmt noch einen Notizblock vom Tisch und lehnt sich dann in seinem Sessel zurück. Ich schließe die Augen und fange an zu erzählen. »Ich putze mir die Zähne im Flur, vor der Badezimmertür. Es ist laut. Meine Mutter weint und schreit. Mein Vater brüllt irgendetwas. Er hat ihr die Brille vom Gesicht geschlagen, und jetzt sucht meine Mutter weinend nach der Brille, auf allen vieren. Sie kriecht über den grauen Wohnzimmerteppich. Mein Vater sitzt auf ihrem Rücken und reitet sie. Er treibt sie mit Gejohle und Beschimpfungen an. Er tritt und schlägt ihr in die Seiten, als wäre sie ein Pferd.«

»Und weiter?«

»Hm … Deniz, also mein Bruder, steht neben mir und weint. Ich will ihn vor dem Anblick schützen, also ziehe ich ihn zu mir, hinter meinen Rücken und stelle mich vor ihn.«

Ich öffne die Augen: Der freundliche Blick von Herrn Kemmers wird leicht glasig. Er blinzelt und schluckt.

»Wie alt waren Sie da ungefähr?«

»Keine Ahnung. Sechs vielleicht? Fünf? Ich habe keine Ahnung.«

Neben mir liegt eine Packung Taschentücher. Neben den Taschentüchern liegen verschiedene Karten mit motivierenden Sprüchen, und überall im Raum sind wunderschön geschnitzte buddhistische Symbole aus Holz. In diesem Raum, bei Herrn Kemmers lässt man all seine Lebensgeheimnisse.

»Frau Topal, wie sind Sie mit dieser Situation umgegangen?«

»Na ja, ich habe gedacht, ich dürfe nie wieder meine Zähne putzen. Weil meine Eltern sich immer gestritten haben, wenn ich meine Zähne putzte.« Er zieht die Augenbrauen hoch und notiert sich etwas. Dann antwortet Herr Kemmers: »Das finde ich spannend. Was hat Ihnen diese Erkenntnis gegeben?«

»Hm, Sicherheit? Keine Ahnung. Ich weiß nur noch, dass ich trotzdem jeden Abend meine Zähne putzen *musste*, egal wie sehr ich es verweigert habe. Und meine Eltern haben sich weiterhin jeden Abend gestritten. Aber das lag wahrscheinlich einfach daran, dass Papa abends zu Hause war.«

»Ja, das klingt plausibel. Aber Sie haben gedacht, Sie

könnten das beeinflussen oder auf Ihre Eltern einwirken, indem Sie bestimmte Dinge machen oder lassen?«

»Ja, klar«, antworte ich.

»Wieso ist das klar?«, fragt Herr Kemmers zurück. »Jetzt wird er wohl frech«, schießt es mir durch den Kopf. Er lächelt mich auffordernd an. Na gut, ich überlege. Wieso ist das eigentlich klar? Mir fällt nichts ein, ich zucke mit den Schultern.

»Frau Topal, so etwas nennen wir ›magisches Denken‹. Sagt Ihnen der Begriff etwas?« Ich verneine. Herr Kemmers fragt nach weiteren Annahmen von mir, wie der zum Zähneputzen in meinem Leben. Ich frage, ob er meint, dass ich mir bestimmte Gedanken verbiete, weil sie sonst Wirklichkeit werden? Und wenn ich sie dann doch habe, ich daraufhin wochenlang Angst habe? Oder meint er nur so kleine Sachen, wie dass ich an manchen Tagen nur mit dem rechten Fuß aus dem Bett aufstehen darf, weil sonst jemand stirbt?

»Zum Beispiel«, antwortet er nickend und notiert sich dabei schnell etwas. Ich rutsche auf meinem Sessel herum und fummele an dem Taschentuch in meiner Hand. Ich fange an, kleine Streifen von dem Taschentuch abzureißen und zu Kugeln zu formen. Herr Kemmers schaut von seinen Notizen auf und legt den Stift auf dem Beistelltisch ab: »Frau Topal, wie sicher fühlen Sie sich in der Welt um Sie herum?«

Ich muss lachen und schüttele den Kopf. Ich kann mich an keinen Tag meiner Kindheit erinnern, an dem ich mich in Sicherheit gefühlt habe. Das heißt nicht, dass ich mich rund um die Uhr unter der Bettdecke oder in der Zimmerecke versteckt habe. Ich war unterwegs, ich habe gelacht, gescherzt, geschrien, gesungen, gelesen, gegessen, getanzt – nur eben immer unter einem unsichtbaren Damoklesschwert, mit einer latenten Angst in der Brust. Denn das Wohnzimmer, in dem ich gerade tanzte, sang oder lachte, konnte innerhalb weniger Sekunden zum Kriegsschauplatz von Mama und Papa werden. Und dann hieß es: in Deckung gehen, leise sein, einschreiten, wenn nötig. Die Gewalt war immer mit dabei.

Herr Kemmers beantwortet mein lachendes Kopfschütteln mit einem sorgenvollen Blick und betont, wie sehr er es bewundert, dass ich eine Überlebensstrategie für mich gefunden habe: »Magisches Denken erfüllt immer auch eine Funktion, Frau Topal«, sagt er. »Die Frage ist nur, ob sie irgendwann zu viel Platz einnimmt in unserem Leben. Ob sie zu einem Zwang wird.«

Darüber habe ich noch nie nachgedacht. Nehmen meine Gedanken zu viel Platz in meinem Leben ein? Sind sie zwanghaft? Jetzt, wo ich so darüber nachdenke: Sie quälen mich eigentlich immer, ich habe mich nur daran gewöhnt. Kann man das therapieren? »Ich dachte, Zwänge haben bedeutet, dass man sich 40 Mal am Tag die Hände wäscht«, antworte ich und schaue Herrn Kemmers hoffnungsvoll an. »Nein, das ist nur ein ganz spezifischer Ausdruck einer sehr viel größeren Krankheit«, antwortet er. »Verrückt«, antworte ich. Habe ich etwa noch weitere psychische Krankheiten? Womöglich lag echt schon einiges im Argen, lange bevor die Depression auf der Sonnenliege in mich gekracht ist.

»Unsere Zeit für heute ist um, aber ich freue mich auf nächste Woche«, sagt Herr Kemmers und führt die Geste mit dem Arm aus, mit der er mir immer bedeutet, zur

Tür zu laufen. Im Kopf schalte ich sofort um, ich strecke meinen Oberkörper, knülle die Taschentuch-Kügelchen in der linken Hand zusammen und nehme mit der anderen meine Handtasche vom Boden. Ab jetzt bin ich wieder ganz die Alte: Lächelnd wünsche ich Herrn Kemmers noch eine stressfreie Woche, gehe winkend aus der Tür und lächele, bis ich unten am Treppenabsatz angekommen bin. Auf dem Gehweg falle ich wieder in mir zusammen, lasse die Schultern hängen und die Papierkügelchen in meine Handtasche rieseln. Dann steige ich auf mein Fahrrad und fahre zurück nach Hause. Der warme Maiwind weht mir ins Gesicht, Autos fahren an mir vorbei, ich bin ganz im Moment und bei mir. Regelmäßig Herrn Kemmers zu sehen hat mir schon so gut geholfen, dass ich wieder im Alltag funktionieren kann. Ich gehe wieder duschen, kann Rad fahren und essen. Mittlerweile gehe ich sogar manchmal wieder in die Uni, in einige Seminare. Auch wenn die mich nach wie vor nicht interessieren. Ich weiß nicht einmal so richtig, was ich später mit einem Bachelor in Sozial- und Kulturanthropologie Berufliches machen kann. Wenn ich ehrlich bin, studiere ich vorrangig, um jeden Tag etwas zu tun zu haben und weil ich Menschen ganz spannend finde. Und damit Papa zufrieden ist und mir die Miete weiter überweist.

Zu Hause angekommen, schüttele ich meine Oberschenkel aus und lege meinen Schlüssel auf das Holzregal im Flur. Das Regal habe ich noch aus meiner Kindheit. Es ist ganz abgegriffen, und eine Seite ist voller *random* Formen, die ich mal mit Window Color gemacht habe: Ein Stern, eine Sonne, ein Herz. Außerdem habe ich vor vielen Jahren ein paar Sticker von der Band Placebo raufgeklebt. Die könnte ich jetzt eigentlich mal abmachen, ich höre ja kein Placebo mehr. Mach ich die Tage mal, jetzt habe ich erst einmal Durst. Ich latsche in die kleine Küche und gieße mir ein Glas Mineralwasser aus einer zerbeulten 1,5-Liter-Plastikflasche ein. Vor meinem Fenster rauschen die Autos und die S-Bahn. Der Innsbrucker Platz ist ganz schön laut, aber für mich klingt es einfach wie Meeresrauschen, so dankbar bin ich für meine eigene Anderthalb-Zimmer-Wohnung. Als ich das Glas ausgetrunken habe, tippele ich auf Zehenspitzen ins Wohnzimmer und lasse mich auf meine graue, durchgesessene Ikea-Couch fallen. Ich schaue geradeaus, auf den silbernen No-Name-Flachbildfernseher von Papa, das Billy-Regal in der Ecke und auf den kleinen, weißen Schreibtisch, auf dem mein Make-up verteilt liegt. Die Wände sind auch nicht mehr so weiß, wie sie noch beim Einzug waren. Aber gut, das kommt davon, wenn ich jahrelang in der Wohnung rauche. Ich habe noch ein ganz kleines Zimmer, darin liegt meine Matratze. Ein richtiges Bett passt nicht rein. Trotz all ihrer Mängel ist meine kleine Wohnung mein Safe Space. Und das, obwohl ausgerechnet mein Vater mir jeden Monat die Miete dafür überweist.

Mein Blick fällt wieder auf das Billy-Regal und bleibt dort hängen: In dem Regal stehen ein paar Bücher und eingestaubter Krimskrams. Im untersten Fach steht eine weiße, verbeulte Box, auch von Ikea, aus der ein paar Fotos herausschauen. In dieser Box liegt meine gesamte Kindheit. Mama hatte es geliebt, Fotos und Videos von uns Kindern zu machen. Sie selbst ist aber auf den Aufnahmen fast nie zu sehen, sie tritt kaum in Erscheinung, obwohl sie immer bei uns war. Wann immer ich die Kraft aufbrachte, mir die Videos und Fotos von damals anzusehen, wirkte es auf mich, als sei Mama unsere persönliche Dokumentarfilmerin und kein Teil der Familie. Auf jeglichem Material ruft sie niemals rein, sie interagiert nicht mit uns. Sie hält einfach drauf. Mein Bruder und ich haben Mama oft »Foto-Freak« genannt. Wir hatten nie Spaß daran, von ihr gefilmt oder fotografiert zu werden. Vielleicht auch, weil Mama jedes Mal gänzlich hinter der Kamera verschwand und so gar nicht mehr greifbar für uns war. »Später freut ihr euch mal darüber«, sagte sie immer.

Ich hieve mich von der grauen Couch und knie mich vor das unterste Regalfach, vor die weiße Box. Ich wollte all das hier vergessen und neu starten, mit Diego. Aber dann habe ich mir diese Depression eingefangen, und jetzt gehe ich zu Herrn Kemmers. Und der will, dass ich noch mal hinschaue. Also öffne ich den Deckel der Box und wühle mit einer Hand durch die vielen Fotos, als wäre es eine Tombola. Aber eben eine, bei der man nur Nieten ziehen kann. Ab und an nehme ich ein Foto hoch: Jedes Mal sehe ich darauf ein kleines Mädchen, das lächelt, aber traurig guckt. Das bin ich. Schon mit sechs Jahren sah ich so erschöpft aus, als hätte ich schon drei Leben gelebt. »Alte Seele« nannten mich alle Erwachsenen damals immer. Auf dem Foto meiner Einschulung zum Beispiel stehe ich ganz steif in der Bildmitte und umklammere meine mit Disney's Jasmin und Aladdin bedruckte Schultüte. Meine Haare sind lang und glänzen gesund, ich schaue direkt in die Kamera und lächele gekonnt. Neben mir steht mein Vater in einem offenen Satinhemd, aus dem sein Brusthaar fast schon herausspringen will. Er trägt ein dünnes Goldkettchen, seine schmalen Lippen lächeln zusammengepresst, seine Augen schauen suchend. Er war schon damals der Tony Soprano aus Wilmersdorf. Mama hingegen überragt uns beide und schaut durch ihre dicken Brillengläser ernst in die Kamera. Sie trägt eine weite, dunkelblaue Satinhose, ein pink-gelb-grün-blau gemustertes Seidenhemd und eine Dauerwelle, ganz im Frühe-Neunzigerjahre-Stil. Unter ihrem rechten Arm drückt sich der kleine Deniz in ihre Seite. Mama sieht trotz ihrer Körpergröße zusammengestaucht aus. Ich kann sehen, wie unwohl sie sich in ihrem hohen, breiten Körper und kleinen, engen Leben fühlt.

Ich finde ein weiteres Foto, von meinem vierten Geburtstag. Auf dem Küchentisch mit der blau-gelb gepunkteten Wachsdecke stehen vier rote Kerzen und ganze acht Geschenke. Meine Mutter hatte einen Kuchen in Mickey-Mouse-Form gebacken. In dieser Küche, in der meine Mutter Mickey-Mouse-Kuchen backte und für uns Kinder Sternchennudelsuppe mit einem Spritzer Ketchup kochte, musste ich regelmäßig mit ansehen, wie sie von meinem Vater misshandelt wurde.

Einmal hatte er sie in der Küche eingesperrt, ich weiß nicht mehr, wie lange. Ich hatte alles versucht, meine Mutter rauszuholen, aber nichts funktionierte. Sie saß hinter der Milchglasscheibe und weinte. Es war schon spät, ich sollte eigentlich zur Schule, aber meine Mutter war ja in der Küche eingesperrt und hatte Angst um uns und sich. Also klebte ich an der Milchglasscheibe und redete ihr gut zu. Mein Vater war zur Arbeit gegangen. Deniz spielte im Nebenzimmer, ich ging ab und zu nach ihm schauen und dann wieder zu meiner Mutter hinter dem Milchglas. Wie lange das so ging, weiß ich nicht mehr. Ich weiß aber noch, dass wir dann abends ganz normal mit meinem Vater am Küchentisch Abendessen aßen. So war das immer, egal wie schlimm es war.

Diese Normalität in der Krise ist vielleicht *das* Gefühl meiner Kindheit. Und das dauert bis heute an. Manchmal frage ich mich, ob ich mich so sehr an das Damoklesschwert über dem Kopf gewöhnt habe, dass ich – sobald ich alleine wohnte und sicher und glücklich mit Diego im Urlaub war – in mich zusammengefallen bin. Wenn man damit aufwächst, dass jederzeit Gewalt passieren kann, wird der Ausnahmezustand zum Normalzustand. Mein Vater hatte die Macht, uns jederzeit alles zu versauen; die schönsten Sachen konnten innerhalb von Sekunden zum Horrortrip werden. Ein Zoobesuch oder eine Geburtstagsparty bei Freunden aus dem Kindergarten: Die Angst war immer mit dabei, im Kofferraum sozusagen. Einmal saßen wir in unserem grauen VW Passat auf dem Weg zu unserer Stamm-Eisdiele. Meine Mutter parkte, und ein Fahrrad, das an der Laterne nebenan angeschlossen war, kippte um. Keine Ahnung, ob meine Mutter das Fahrrad überhaupt berührt hatte. Als wir ausstiegen und nachsahen, war es jedenfalls noch intakt. Mein Vater beugte sich zum Rad hinunter, ließ es dann aber liegen. Er schnaubte, schob seine unteren Zähne nach vorn und biss auf seine Oberlippe. Das war immer das Zeichen für mich, dass er gleich ausrastet. Er hielt sich aber noch zurück. Ich weiß nicht, warum ihn das mit dem Fahrrad ärgerte, ich habe nie verstanden, warum er tut, was er tut. Wir liefen zur Eisdiele und bestellten nacheinander: Schokolade, Pistazie mit Sahne, Haselnuss, jeweils im Becher. Meine Stimme zitterte, als ich als Letzte »eine Kugel Schlumpfeis, bitte« sagte und die freundliche Eisverkäuferin eindringlich anschaute. Ich versuchte ihr mit meinem Blick mitzuteilen: »Bitte retten Sie mich! Papa hat die unteren Zähne vorgeschoben, der rastet in ungefähr fünf bis zehn Minuten aus! Kennen Sie vielleicht eine andere Familie, in die mein Bruder Deniz und ich können? Ich bin hier falsch!« Aber die freundliche Eisverkäuferin stellte einfach unsere vier Eisbecher auf einem Pappteller auf und deckte sie mit dünnem Papier ab. Sie wünschte uns viel Spaß und guten Appetit. Klar, wir sahen ja auch aus wie jede andere Familie, die hier ihr Eis holte. Aber das waren wir nicht. Und das konnte ich niemandem deutlich machen. Niemand sah meine Blicke.

Wir liefen wieder zum Auto, um nach Hause zu fahren, Mama wollte, dass wir das Eis bei uns auf dem Balkon essen. Deniz meldete an, dass er auch etwas von meinem Schlumpfeis haben wollte, ich willigte ein. Beim Einsteigen gab meine Mutter mir die Eisbecher auf den Rücksitz, ich sollte sie ganz gerade auf den Knien halten, damit nichts umkippt, vor allem ihre Sahne obendrauf. Sie setzte sich ans Steuer, mein Vater setzte sich auf den Beifahrersitz, ich hievte meinen Bruder in seinen Autositz, und wir fuhren los. Nach circa drei Minuten Fahrt kamen wir an einer roten Ampel zum Stehen. Ich hielt die Eisbecher fest umklammert und schaute aus dem Fenster, als sich plötzlich mein Vater zu mir umdrehte, mir das Pappteller-Tablett mit dem Eis aus den Händen riss und es meiner Mutter mit voller Wucht ins Gesicht schmiss. Ich sah mein blaues Schlumpfeis an ihr heruntertropfen; sie wischte sich die Sahne weinend aus dem Gesicht, um noch den Verkehr vor ihr sehen zu können. Sonst sagte sie nichts, sie kommentierte das Verhalten meines Vaters nicht einmal mehr. Und wir auch nicht. »Ciao Schlumpfeis«, dachte ich. Der Ausnahmezustand war der Normalzustand. Ich schaltete um im Kopf und sagte meiner Mutter, wo sie wann abbiegen musste, da ihre Sicht noch von der Sahne beeinträchtigt war. Deniz saß verschreckt neben mir, mein Vater lachte wie ein Irrer auf dem Beifahrersitz. Nach fünf Minuten und einer gefühlten Ewigkeit kamen wir vor dem Haus mit der Nummer 1 zum Stehen. Willkommen bei Familie Topal.

Ich lege den Deckel wieder auf die verbeulte weiße Box und setze mich auf mein Sofa. Dann zünde ich mir eine Nil-Zigarette an und fühle – so wie immer die letzte Zeit – nichts. In meinem Kopf ist Vakuum, ich starre einfach in den Raum, ohne ihn richtig wahrzunehmen. Dieses Vakuum in mir, das sich seit dem Tag auf der Sonnenliege in mir befindet, ist schon etwas kleiner geworden. Aber die Tage sind nach wie vor lang. Obwohl ich versuche, sie in unterschiedliche Abschnitte einzuteilen, damit sie schneller vergehen. Nachts schlafen klappt auch nicht so gut, ich liege auf meiner lattenrostlosen Matratze und grübele über mich, Diego, mein Leben nach. Und heute Abend dann bestimmt auch über meine Kindheit. Aber es muss wohl sein, und wenn Herr Kemmers sagt, das hilft, dann ist das auch so. Nur wegen Herrn Kemmers komme ich überhaupt wieder halbwegs klar mit meinem Leben.

Ich asche in meinen Aschenbecher und klappe den Laptop auf. Das Surren der Belüftung springt sofort an, und das Gerät läuft innerhalb von zehn Sekunden heiß. Ich brauche dringend einen neuen Laptop. Aber ich habe grad echt keine Nerven, mich darum zu kümmern. Oder Papa zu treffen. Ich klicke auf YouTube und gebe »Paz« von Troubleman und Nina Miranda in die Suchleiste. Sobald die ersten Töne erklingen, fühle ich mich, als wäre ich in einem Film, wie so oft. Ich ziehe melodramatisch an meiner Zigarette, als würde jemand zusehen. Wäre mein Leben ein Film, wäre ein Happy End jetzt überfällig. Die Leute haben schon so lange zugeschaut und mit mir durch alle möglichen Situationen mitgefiebert, jetzt muss das Drama mal zum Ende kommen. Wäre mein Leben ein Film, hätte ich jetzt reich geheiratet und würde in einem gemütlichen Häuschen den ultrareichen Cottage-Core-Traum leben. Ich würde endlich alles haben, was ich verdiene, teure Armbänder und so. Oder ich hätte dermaßen Karriere gemacht, dass alle nur noch mit offenem Mund dabei zuschauen könnten, wie ich mein Leben als Weltstar führe. Ich wäre unantastbar. Und ich wäre frei; ich wäre aus meinem Kindheitsknast entkommen. Diese Unfreiheit, die ich als Kind gespürt habe, war überbordend. Das Gefühl, nicht weg zu können. Und das war ja auch Realität: Als Kind *ist* man ja abhängig von seiner Umgebung, man kann nicht aus der Tür stolzieren und mal eine Nacht im Hotel verbringen. Ich *musste* in unser Auto steigen, obwohl ich wusste, dass mein Vater gleich ausflippen wird. Ich *musste* ihn danach umarmen oder ihm seine Kaffeetasse bringen. Ich *musste* Mama sagen, dass alles okay ist und wir Kinder auf sie aufpassen. Sonntage und Feiertage waren am schlimmsten, da waren alle zu Hause. Und es gab keinen Ausweg für mich, außer abzuwarten, auszuhalten und erwachsen zu werden. Dieses Knast-Gefühl will ich nie wieder erleben. Oder schlimmer noch: eines Tages an mein Kind weitergeben. Niemals.

Mein Handy vibriert: Mehdi hat mir ein Meme geschickt, von 9Gag. Darauf ist eine Figur aus der Zeichentrickserie SpongeBob Schwammkopf abgebildet, sie reißt sich die Augen aus. Sie sieht ein bisschen so aus wie eine der Zeichnungen von Mehdi damals in der Schule. Ich antworte mit einem Messer-Emoji, dem Zigaretten-Emoji und einem lachenden Smiley und schreibe danach: *»Hatte gerade Therapie.«* Mehdi antwortet mit dem Herzaugen-Emoji und schreibt: *»Gei-el! Therapie rasiert.«* Ich schreibe zurück: *»Auf jeden Fall, es ist heftig!«* Mehdi antwortet: *»Tiefenpsychologie ist die ultimative Rasur. Da wird ALLES angeguckt. Wenn dir das nicht hilft, ist aus die Maus. Also guck hin, und dann gehen wir bald was trinken.«* Dazu schickt er noch ein Sektglas-Emoji, ein Hammer-Emoji und ein Herz aus einer Drei und dem Kleiner-Zeichen. Mehdi und Herr Kemmers haben recht: Für mein Happy End muss ich hingucken und nicht mehr vermeiden. Damit ich später mal alles anders machen kann. Und damit Mehdi und ich ganz bald wieder Moscato trinken können.

* * *

»Hat Ihr Vater häufig mit Gegenständen geworfen?«

Auch diese Woche schauen mich wieder die freundlichen Augen durch die runde Brille an. Heute sehen sie fast besorgt aus. Draußen weht ein böiger Wind, die Bäume vor den Fenstern biegen sich. Fahrradfahren geht heute nicht, ich werde nach der Stunde bei Herrn Kemmers nach Hause laufen müssen.

»Ja, das war immer die erste Stufe von allem«, antworte ich. Heute riecht es hier mal nicht nach Sandelholz. Die Taschentücher und Lebenskarten liegen wieder neben mir, meine Oberschenkel sind in Hosenbeinen verpackt.

Ich ziehe ein Taschentuch aus der Packung und zerknülle es in meiner rechten Hand. Mir der linken Hand streiche ich nervös über meinen linken Oberschenkel, während ich versuche, mich zu erinnern.

»Er hat beispielsweise gern Kaffeetassen an die Wand geschmissen … Natürlich noch mit Kaffee drin!« Den letzten Satz betone ich, als wäre es die witzige Pointe einer Filmgala-Moderation. Ich zwinkere dabei sogar. Aber Herr Kemmers lacht nicht. Also spreche ich weiter: »Mein Bruder und ich haben dann immer versucht, die Kaffeeflecken von der Wand zu bekommen. War gar nicht so einfach, aber wir hatten so unsere Tricks. Spülmittel hilft zum Beispiel sehr gut, weiß nicht, ob Sie das wussten. Falls Sie es mal brauchen. Wobei Sie ja bestimmt keine Tassen schmeißen. Na ja.«

Herr Kemmers macht einen Gesichtsausdruck, als wollte er sagen: »Du arme, arme Sau.« Darf er aber natürlich nicht.

»Es wurde irgendwann so heftig, dass mein Bruder sich bei Streitigkeiten meiner Eltern als Erstes prinzipiell vor die Messerschublade gesetzt hat. Einmal saß er den ganzen Nachmittag davor und wollte sich partout nicht bewegen, nicht mal, um auf die Toilette zu gehen«, erinnere ich mich.

»Oh. Wie haben Ihre Eltern da reagiert?«

»Die haben ihn ausgelacht und gesagt, sie würden sich doch gar nicht streiten, nur diskutieren. Irgendwann haben sie ihn dann unter Protest von Deniz vom Stuhl gezerrt.«

»Haben Sie versucht, sich Hilfe zu holen? Haben Sie mit Menschen aus Ihrem Umfeld darüber gesprochen, was zu Hause passierte?«

»Klar, Herr Kemmers«, antworte ich und schließe die Augen. Oh, Mist, möglicherweise kam das etwas zu entnervt rüber. Ich gucke vorsichtig hoch. Er sieht noch genauso freundlich aus. »Bei wem denn?«, fragt er lächelnd. »Und wie haben die reagiert?« Er ist einfach nicht aus der Ruhe zu bringen! Wie angenehm.

»Na ja, so bei einzelnen Freundinnen aus der Schule. Aber die konnten das nicht glauben. Als ich einmal davon erzählt habe, meinten sie, ich würde lügen, weil mein Vater doch so ein Netter sei. Mein Vater wirkte auf Außenstehende immer lustig und nett, alle fanden ihn charmant. Ich ja auch, wenn wir draußen unterwegs waren. Wenn man ihn so kennenlernt, glaubt man nicht, dass dieser charmante Mann seine Frau zu Hause so lange würgt, bis sie blau anläuft.« Herr Kemmers nickt langsam und schließt dabei leicht die Augen. »Ich hab es dann nicht mehr versucht, bis ich in der Schule Mehdi kennengelernt habe. Der weiß einiges, aber längst nicht alles. Meine Kindheit ist jetzt auch nichts, womit ich hausieren gehe.«

»Schämen Sie sich für Ihre Kindheit, Frau Topal?«

»Ja, natürlich, zu Recht.«

»Verstehe.« Herr Kemmers legt den Kopf zur Seite: »Wie war es sonst für Sie in der Schule?«

»Ich hatte nur Einsen auf dem Zeugnis, war fleißig, außerdem beim Ballettunterricht, habe Geige gespielt. Meine Eltern haben richtig gerne mit mir angegeben. Im Freundeskreis, auf Festen, auf der Arbeit. Ich hab dabei nicht viel gefühlt, außer der Beruhigung, dass ich wohl irgendwas richtig gemacht habe und zu einem Moment kurzen Familienfrieden beigetragen habe. Mir war eigentlich immer nur wichtig, schnellstmöglich vom Ballettunterricht, der Schule oder wo ich sonst war, nach Hause zu kommen. Um sicherzugehen, dass alles okay war. Um nach meiner Mutter zu sehen. Lange konnte ich die ja nicht alleine lassen.«

»Klingt nach einem anstrengenden Job«, sagt Herr Kemmers. Für einen kurzen Moment sage ich nichts. Dann sage ich: »Stimmt, eigentlich war es genau so. Ich habe mich zu Hause immer eher wie eine Angestellte gefühlt, die rund um die Uhr dafür zuständig war, dass alle am Leben bleiben. Und es gab viele Nachtschichten.« Eine dieser Nächte schießt mir gerade durch den Kopf. Die ist lange her, da waren Deniz und ich vielleicht acht und elf Jahre alt.

»Pssst, leg dich wieder hin, *ich* bin dran«, flüsterte ich Deniz im Hochbett zu. Er hatte sich aufgesetzt, seine Haare standen vom Hinterkopf ab. »Aber ich hab *auch* grad was gehört«, zischte er mir wütend zu. Ich legte meinen Zeigefinger auf die Lippen und drückte ihn sanft an der rechten Schulter wieder aufs Kissen. »Ich habe heute Schicht, Dudu, chill mal, schlaf einfach«, sagte ich. »Okay, wenn du meinst«, antwortete er schulterzuckend. »Aber dann ist es nicht meine Schuld, Mimi!« Ich schüttelte beruhigend den Kopf, und mein Bruder schlief wieder ein. Ich saß mit den Knien am Holzrahmen des Hochbettes und starrte in den dunklen Raum, bemerkte, wie gut ich im Dunkeln hören konnte. Jedes einzelne Flirren, jedes Knacken der Holzschränke ließ mich zusammenzucken. Mein gutes Gehör war auch nötig, denn wir lebten jetzt nicht mehr in der kleinen Dreizimmerwohnung in Wilmersdorf, sondern hatten vier Zimmer und viele Quadratmeter. Deniz' Zimmer war genau 16 Ausfallschritte vom Wohnzimmer entfernt, umgerechnet waren das circa neun Sekunden Weg. Wenn der Streit zwischen Mama und Papa also eskalieren würde, wäre ich in neun Sekunden da. Eventuell elf, wenn mir die Hochbett-Treppe Probleme machte. Bisher stritten die beiden normal, hier und da ein Schimpfwort. Das Gezeter kam sehr gedämpft bei uns im Zimmer an, ich konnte die Beleidigungen nicht im Wortlaut verstehen. Deniz und ich schliefen damals oft beieinander, obwohl wir eigene Zimmer hatten. Das gab uns Halt. Ich zog die Beine an den Körper und sah den kleinen Deniz an: Er hielt ein Kissen umklammert, etwas Speichel lief ihm aus dem Mund. Und irgendwie machte es mich glücklich, ihn so entspannt zu sehen. Ich drehte mich wieder um und starrte eine Weile in die Dunkelheit.

Plötzlich hörte ich meine Mutter schreien: Der Notfall war eingetreten! Ich schwang die Treppe hinunter: Eins, zwei, drei, vier, fünf, sechs Schritte, ich war in der Küche. Sieben, acht, neun, zehn, elf, zwölf Schritte über die Küchenboden-Kacheln. Dreizehn, vierzehn, fünfzehn, sechzehn, ich war vor der Wohnzimmertür angekommen. Mit der rechten Hand stieß ich die quietschende Altbautür auf und sah meinen Vater, wie er mit einem dampfenden Bügeleisen über dem Gesicht meiner Mutter stand. »Er will sie brandmarken«, dachte ich. Und ich schrie: »Papa, bitte, hör auf!« Im Hintergrund lief »Friesenjung« von Otto, warum auch immer. Das war doch eigentlich Deniz' Lieblingslied. Als würden sie das Ganze hier zelebrieren. Sie bemerkten mich erst nicht, und ich sah, wie meine Mutter versuchte, meinen Vater von sich fernzuhalten. Sie drückte ihn mit aller Kraft von sich weg. Mein Vater beugte sich immer weiter vor zu ihr auf die Couch. Es war ein Kräftemessen. Ich flehte meinen Vater an, von ihr abzulassen. Dann bemerkte er mich schließlich und schob seinen Unterkiefer vor. Er zischte in meine Richtung: »Geh sofort ins Bett!« Von hinten kam Deniz zu mir gelaufen, ich nahm ihn an die Hand. Und dann, als er meinen Bruder sah, löste mein Vater seinen Griff vom Bügeleisen und stellte es wieder auf dem Bügelbrett ab. Wir alle atmeten schwer aus, Mama keuchte eher. »Kinder, ihr sollt doch schlafen«, sagte sie und zupfte sich ihr mintgrünes Langarmshirt zurecht. »Miss Independent« stand da vorne drauf, in so Schnörkelschrift. Mama sagte das in einem Tonfall, der so klang wie: »Ihr sollt mir doch nichts schenken.« Sie nahm meinen Bruder und mich an die Hand und steckte uns in Deniz' Bett. Dann saß sie noch lange in der Dunkelheit bei uns und strich über unsere Bettdecken, bis wir wieder eingeschlafen waren.

Herr Kemmers reißt mich aus der Erinnerung: »Frau Topal, leider ist unsere Zeit schon wieder um. Sind Sie okay? Es ist ja doch eine ganze Menge aufgekommen.«

»Klar, alles okay«, antworte ich lächelnd. Jetzt bloß keine Schwäche zeigen und dankbar bleiben. »Danke Ihnen für den Input, hab wieder 'ne Menge gelernt!« Mir ist schwindelig beim Aufstehen. »Haben Sie noch 'ne gute Woche und bis zum nächsten Mal, Herr Kemmers!« Ich torkele leicht, als ich aus der Tür ins Treppenhaus gehe. Ich schiebe mein Fahrrad heute nach Hause. Nach ungefähr zehn Metern laufen mir unangenehm heiße Tränen über das Gesicht. Endlich, da sind sie wieder. Ich kann wieder weinen.

* * *

»Narzissmus«, sagt Mehdi und ascht seine Vogue-Zigarette ab. Sie riecht nach Menthol. Wir sitzen auf seinem Balkon an einem kleinen Holztisch und trinken Moscato, wie immer. Aus irgendeinem Grund ist genau dieser Septemberabend so lau, als wäre es noch Spätsommer. Zwischen uns stehen drei Schokomuffins, die Mehdi selbst gebacken hat. »*I'm telling you* … Ich hab da gerade 'ne Menge zu gelesen in der Uni«, fährt Mehdi fort und schiebt mir die Schokomuffins hin. Er sieht wie immer perfekt aus, sogar zu Hause sitzen seine Locken bombenfest. »Narzissmus ist echt einfach nur krass, es ist wirklich überall, Miryam!« Mehdi reißt die Augen auf, das Grün in seinen Augen ist sogar hier im Halbdunkel draußen sichtbar. Ich zünde mir eine neue Nil-Zigarette an.

»Was ist das denn genau? Ich kenne nur Narziss, der in sein Spiegelbild verliebt ist und dann tragisch abkratzt.«

»Jaja, das ist so das mythologische Bild, quasi. Aber nee, Narzissmus in der Psychologie ist eine Persönlichkeitsstörung, und die kommt in vielen Formen und Abstufungen.« Mehdi sieht meinen fragenden Blick, also fährt er fort: »Okay, grob gesagt: Wir sind alle irgendwie narzisstisch, DU bist auch 'ne kleine Narzisstin.« Mehdi zeigt auf mich mit seiner dünnen Menthol-Zigarette und lächelt dabei etwas hämisch. Ich rutsche nervös auf dem kleinen Balkonstuhl herum und drücke hektisch meine Zigarette in Mehdis Kristall-Aschenbecher aus. »Aha, echt, ja?«, sage ich möglichst unbeteiligt, aber man hört die Angst in meiner Stimme, glaube ich. Also Mehdi hört sie ganz bestimmt.

»Ja, aber mach dir keinen Kopf, DU bist vor allem einfach ne kleine *Biatch*.« Wir lachen. Dann fährt Mehdi fort:

»Nee, also wir können das alle irgendwo sein, aber manche Menschen – Auge an deine Eltern – sind quasi pathologisch. Hopfen und Malz verloren, Miryam. Cheers!« Er prostet mir zu.

Mehdi weiß von meiner Kindheit, wenn auch nicht alles. Wir scherzen oft über unser beider Aufwachsen und lachen über fliegende Teller (bei mir) oder Strafen vom Vater (bei Mehdi), als wären das schrullige, kultige Eigenarten unser Eltern. Dass es wehgetan hat, sagen wir selten, auch wenn es uns beiden klar ist. Auch Mehdi hatte keine einfache Zeit als Kind. Aber ich glaube, sein Vater hat niemanden von denen geschlagen. Zumindest hat Mehdi nie von so etwas erzählt. Mehdis Zuhause bei seinen Eltern fand ich immer schön: die schöne goldfarbene Klingel, auf der »Ben Salem / Mariani« eingraviert war. Die weiß lackierten Möbel im Wohnzimmer, die teuren Küchenmaschinen und Parfümflaschen, der riesige, glänzend schwarze Flachbildfernseher. Bei Mehdis Eltern wirkte es immer friedlich und fast klinisch sauber, vor allem im Gegensatz zu meinem Zuhause damals. Und trotzdem war alles immer warm und herzlich. Mehdis Mama trug meistens weiße Caprihosen und schicke, bunte Seidenblusen, war immer stark geschminkt und hat uns ihr italienisches Essen gebracht und von den Rezepten ihrer Vorfahren geschwärmt. Als Mehdi und ich angefangen hatten zu rauchen, kam sie oft zu uns auf den Balkon und hat sich auch eine Marlboro Light zwischen den rot lackierten Fingernägeln angesteckt. Bei Mehdis Mama musste man sich nicht verstecken. Mehdis Vater habe ich in all den Jahren noch nie gesehen.

Ich glaube, Mehdi hat seine Kindheit komplett verarbeitet, er war auch schon zweimal in Therapie. »Natürlich nicht, weil ich es so dringend brauche«, meinte er mal, als wir drüber sprachen. »Ich will ja aber schon wissen, was ich da studiere.« Er wirkt immer aufgeräumt und so, als habe er die komplette Kontrolle über sein Erlebtes und sein Innenleben. *Wenn* er mal etwas Emotionales erzählt, wie dass sein Vater ihm zur Strafe an den Haaren gezogen hat, wenn er eine Schulaufgabe nicht richtig gemacht hatte, und er deswegen seine Locken mit Gel unbeweglich macht, dann als abgeschlossene Geschichte. So, dass klar ist: Er braucht jetzt keinerlei Bewertung oder Rat von mir dazu. Wenn Mehdi erzählt, ist es schon eine Anekdote, keine Akutsituation mehr. Mein Handy vibriert auf dem kleinen Balkontisch. »Papa Handy« steht auf dem Screen. Mein Herz rast. »Warte mal, Mehdi«, sage ich, »wo man gerade vom Teufel spricht.« Ich halte mein Handy hoch und zeige auf den Screen: »Er schreibt mir grad.« Ich öffne die SMS und lese:

»Mein schlankes Reh, kuzum benim, Augen so schwarz wie die Nacht, Haare braun wie eine Eiche, die sich im Winde des Septembers wiegt ... O – wann kann ich wieder in deine Augen sehen? Vergib mir, yavrum benim, vergib, dass dein Vater dich liebt wie ein störrischer Esel ... Ruf mal an oder ist unsere einzige Verbindung die Kontoverbindung??? Die 100 Euro für die Zahnreinigung inkl. Miete f. Oktober habe ich dir heute geschickt. VG, dein VATER.«

Ich habe zwar grünbraune Augen, aber trotzdem fühle ich mich von seinen Worten angesprochen und angegriffen.

Und irgendwie angewidert. Mehdi schaut mich mit seinem stechenden Blick an und fragt, was in der SMS steht. Ich lege das Handy kopfschüttelnd weg. »Ach, ich glaube, der ist betrunken«, antworte ich. »Seit der Scheidung trinkt der ab und an mal was, und dann schickt er mir entweder Gedichte oder diesen Songtext von İbrahim Tatlıses, wo der singt, dass man seine Tochter an den Haaren zu ihm ans Krankenbett ziehen soll. Oder er beschimpft mich als Hure, die nur sein Geld will. Manchmal auch alles gleichzeitig, haha!« Ich trinke mein Glas leer und stelle es auf den Balkontisch.

»Narzissmus«, sagt Mehdi und zuckt mit den Schultern. »Apropos trinken, ich hol mal Nachschub«, sagt er und geht rein, um noch eine Flasche Moscato aus seinem Kühlschrank zu holen. Dabei ist die hier auf dem Tisch erst halb leer. Ich bleibe auf dem Balkon sitzen und starre auf mein Handy auf dem Tisch. Papas Gewaltausbrüche damals waren komplett nüchtern, er hat zu der Zeit ja nicht getrunken. Die Gewalt war einfach Teil seiner Persönlichkeit. Am liebsten würde ich ihm nicht auf seine SMS antworten, aber ich habe auch Angst, dass er dann wütend wird. Ich tue also das, was ich immer tue, und schreibe schnell irgendetwas zurück. Einfach, damit ich reagiert habe:

»Hi Papa, ne güzel, schönes Gedicht :-) Mir geht's gut, grad nur viel zu tun. Rufe an, wenn ich kann. Danke für das Geld! HDL, Miryam.«

Ich drücke auf »Senden«, und mein Hals beginnt zu stechen. In meinem Brustkorb breitet sich eine dicke, zähflüssige Traurigkeit aus, die mir in alle Gliedmaßen läuft. Ich wollte ihm eigentlich nicht antworten, ich wollte nicht einmal seine SMS lesen, wenn ich ehrlich bin. Aber ich habe meine Pflicht als Tochter erfüllt und auf »Senden« gedrückt. Ich greife mir an den Hals: Es fühlt sich an, als würde er zuschwellen. Bitte jetzt keine Mandelentzündung. Davon muss ich nächste Woche Herrn Kemmers erzählen. Der kann mir bestimmt wieder helfen.

Mamikry

August 2019, drei Tage nach der Hochzeit

Ich glaube, Herr Kemmers hat mir das Leben gerettet. Ohne ihn wäre ich wahrscheinlich schon von irgendeiner Brücke gesprungen oder in der nächsten Gewaltbeziehung gelandet. Aber obwohl ich damals bei ihm so viel gelernt habe, spüre ich jetzt meine alten Denkmuster und Probleme wieder in mir aufflammen. Ich beschimpfe mich wieder öfter im Kopf, ich bin streng mit mir, ich habe Angstvorstellungen. Jetzt mit Baby habe ich sogar richtig Futter für meine Paranoia bekommen. Was davor diffuse Ängste waren, manchmal sogar einfach nur das Gefühl von Angst, ohne einen Gedanken dazu, sind jetzt ausgewachsene Katastrophenszenarien, mit meinem Baby und mir in der Hauptrolle. Obwohl ich jetzt – als frischgebackene Mutter – glücklich sein sollte, scheint die Depression von damals wieder ganz nah. Auch, wenn ich dieses Mal viel mehr weine. Damals war Weinen ein Luxusgut, ich habe ja nach Hurghada erst mal lange gar nichts gespürt, auch keine Traurigkeit. Da hat Herr Kemmers mich überhaupt hingebracht, auch mal wieder traurig sein zu können, zu weinen. Und jetzt sind die Tränen im Überfluss da. Also bin ich vielleicht gar nicht wieder depressiv. Die Hebamme sagt ja auch, das Weinen sei normal. Trotzdem, irgendwas in mir sagt mir, dass ich Hilfe brauche.

Eine rote Eins erscheint auf dem weiß-blauen Mail-Symbol. Bestimmt ist das nur die Bestätigung meiner

Rücksendung oder irgendein nerviger Newsletter. Mein Kind macht gerade Mittagsschlaf im Beistellbett, und ich liege, umringt von Kissen mit dem warmen Laptop auf dem Bauch, im großen Bett. Auf dem Bildschirm sind vier Tabs offen, in jedem davon suche ich nach irgendetwas: einem Kleid, das meiner neuen Figur schmeicheln könnte, einer Mutter auf Instagram, der es ähnlich geht, und Ablenkung in VLOGs von reichen YouTube-Stars. Das vierte Tab ist noch leer, da wollte ich gerade etwas googeln. Aber jetzt ist da diese rote Eins in meinen Mails, die muss ich erst mal wegarbeiten. Ich klicke drauf. »C. Kemmers-Therapie-Berlin.de« steht oben als Absender. Sofort setze ich mich auf, meine Atmung wird schneller, und mein Bauch springt kurz vor Aufregung. Er hat schon geantwortet! Jetzt wird alles gut, jetzt wird mir geholfen! Ich öffne hastig die Mail. Da steht:

> »Liebe Frau Topal, ich gratuliere zur Mutterschaft! Leider habe ich aktuell keine freien Stunden, halte das aber auch für nicht nötig, da ich Sie auf einem guten Weg sehe. Alles Beste, C. Kemmers.«

Diese drei sehr netten Sätze versetzen mir einen Schlag in die Magengrube. Ich lese die Mail ein zweites Mal, aber da steht noch immer derselbe Text. Herr Kemmers hat mich sitzen gelassen. In einer Art Übersprungshandlung lösche ich seine Antwort und meine Mail aus dem Gesendet-Ordner. Ich klappe den Laptop zu und schaue nach meinem Kind, das ganz erschöpft schläft, den kleinen Po in die Höhe gereckt, die winzigen Wangen sind rot. Ich stehe auf, gehe die fünf Schritte zur Schlafzimmertür auf Zehenspitzen und mit Herzrasen in der Brust und schließe die Tür leise hinter mir. Herr Kemmers sieht mich auf einem *»guten Weg«*. Heißt: Er sieht mich nicht mehr. Sieht er denn nicht, dass ich ihn noch brauche? Warum liest sich das für mich wie eine Schlussmach-Mail? Auf dem Weg durch den Flur sehe ich mich noch mal im Spiegel vorbeihuschen. Aus den Augenwinkeln erkenne ich eine alte Frau, die leicht nach vorn gebeugt läuft. Na toll. Ich sehe aus wie ein Geier im Sinkflug, aber Herr Kemmers sieht mich auf einem »guten Weg«. Unglaublich. Ich fühle ein Stechen in meinem Hals und gehe in die Küche und mache mir vorsorglich einen Salbeitee. Der schmeckt immer furchtbar, aber hilft manchmal bei Mandelentzündungen. Nachdem ich das Wasser in den Becher gegossen habe, schlurfe ich wieder möglichst leise ins Wohnzimmer; den Tee vergesse ich wie immer in der Küche.

Unser Wohnzimmer ist ein dunkler Raum, mit verdrecktem Dielenboden und schiefen Ikea-Regalen. In jedem Regal fehlen ein bis drei Schrauben, sodass die Möbelstücke zwar stehen, aber man spürt trotzdem, dass etwas fehlt. Auf dem hellen Dielenboden liegt eine bunte Spieldecke für mein Kind, die ich vor Kurzem bei Amazon bestellt habe. Die Farben sind extrem bunt, nicht pastellfarben, wie aus einem der kleinen Läden hier aus der Ecke. In diesen kleinen Läden und auf Instagram sind alle Spielzeuge beige, sandfarben, taupe-kotze-farben. Gedeckt und depressiv. Diese Spieldecke hier ist bunt, grell und anmaßend. Die Spielelemente wurden lieblos draufgeklebt und sind aus billigem Plüsch. Sie ist nicht durchdacht, und sie erfüllt ihren Zweck – aber wirklich schön ist sie nicht. Insofern passt die Spieldecke zu uns. Ich sage Robert so oft, dass ich es hasse, wie unsere Wohnung aussieht, aber tue absolut nichts dagegen und schaue dann einfach nicht mehr so genau hin. Ich vermeide also noch immer gerne. Jetzt kommen wieder die Gedanken: Herr Kemmers hat Schluss mit mir gemacht. Wie konnte er mir das antun? Was, wenn *ich* mir etwas antue? Ich sehe vor meinem inneren Auge, wie ich mir die Pulsadern aufschneide (das muss man längs machen, nicht horizontal), dann, wie ich eine ganze Packung Tabletten nehme (reichen Schmerztabletten?), und dann, wie ich mir einen Schraubenzieher durch den Kopf drehe. Eigentlich will ich das alles gar nicht, ich will leben und gesund sein, aber diese Gedanken und Bilder kommen einfach. Manchmal fühle ich mich von meinen eigenen Gedanken fast vergewaltigt, sie dringen in mich ein, nehmen mich in einen Würgegriff, und nur mit ganz viel Ablenkung durch YouTube oder so was werden sie dann wieder leiser. Also, eigentlich habe ich eine Menge Baustellen, aber eine weitere Therapiestunde bei Herrn Kemmers gibt es für mich nicht. Ich bin offenbar auf »einem guten Weg«. Und damit muss ich jetzt klarkommen.

Ich will in meine Ecke vom Sofa, wo ich mich anlehnen kann. Als ich mich auf die Sitzfläche fallen lasse, knistert und raschelt es unter meinem Hintern. Das sind die drei Bestellungen, die ich noch auspacken muss. Eine braune Papiertüte ist von »& other stories«, die anderen Pakete sind neue Kopfhörer von Amazon und langärmelige Bodys für mein Baby. Ich ziehe die Bestellungen unter meinem Hintern hervor und schiebe sie mit dem rechten Fuß von mir weg. Darum kümmere ich mich später. Ich sehe mich im Raum um: Alles ist da, wenn auch nicht schön. Die

Möbel, das Leben, mein Baby im Nebenraum, ich. Möglicherweise hat Herr Kemmers recht. Vielleicht sehe ich alles falsch, und ich *bin* auf einem sehr guten Weg. Herr Kemmers hatte immerhin auch sonst immer mit allem recht. Und mir ist ja sowieso nicht zu trauen. Mein Blick fällt auf das Paket von »& other stories«, das öffne ich jetzt doch sofort. Ich greife danach und ziehe möglichst leise den Trennstreifen ab, damit mein Baby im Raum nebenan nicht aufwacht – aber so ist es nur noch lauter. Das ist, als wenn man versucht, eine Packung Chips im Kino möglichst lautlos zu öffnen: mit einem Mal ist es das lauteste Geräusch auf dem Planeten. Puh, wie lange war ich nicht mehr im Kino? Ah, ich habe es geschafft, die Papiertüte ist offen. In dieser Tüte liegt wieder einmal ein Stück Hoffnung von mir, die Alte zu werden. Ein oder mehrere Kleidungsstücke zu finden, die mich wieder wie ein Mensch ohne Funktion fühlen lassen. Jetzt muss nur noch irgendetwas davon passen. Mein Körper sieht nämlich nicht mehr aus wie vorher. Da ist jetzt irgendwie an so einigen Stellen mehr, und ich habe keine Ahnung, wie ich wieder weniger werden soll. Trotzdem spüre ich beim Anblick der Tüte einen kleinen Rausch in mir aufkommen: Das Paket wird mich jetzt um die zwölf Minuten lang ablenken und Freude spüren lassen. Ich packe aus: Ein Rock in Größe 42, ein Pullover in Größe M, eine Wickelbluse mit Blumenmuster in Größe 40. Alles eine bis zwei Nummern größer als vor der Schwangerschaft. Das ist noch keine Katastrophe. Ich glaube, ich gelte in der Gesellschaft weiterhin als passabel, wenn auch an der Schwelle zum »Pummelchen«. Ein furchtbares Wort, ich weiß. Es klingt so ekelhaft. Pummelchen. Pummelchen! Als wäre man ein kleiner, menschlicher Ball, der zerquetscht werden, auf dem man herumtrampeln darf. Wer auch immer das Wort benutzt, will sein Gegenüber zu einer schwammigen Masse degradieren. Nicht mit mir! Hoffe ich. Das werde ich jetzt gleich beim Anprobieren sehen. Ich steige in den neuen Rock und schließe den Reißverschluss, ohne das Etikett zu beschädigen. Er passt. Der Rock reicht bis zu den Knöcheln, somit verdeckt er also auch meine knubbeligen Knie und vor allem die Kartoffelstampfer-Waden. Mama hat früher alles versucht, um dünn zu werden, wie die Frauen im Fernsehen: Brigitte-Diäten, Kohlsuppen-Wochen, bei denen die Wohnung tagelang gestunken hat, nur noch Naturjoghurt für sie zum Abendessen. Das Schönheitsideal damals war *heroin chic*, und Mama hatte natürlich kein Heroin im Haus, also hat sie sich mit Kohlsuppen gequält. Mit mäßigem Erfolg: Manchmal wurde sie weniger, aber dann ein paar Monate später wieder mehr. Und für meinen Vater war sie immer zu viel. Dieses Schicksal teile ich jetzt mit Mama: Ich bin viel zu viel für die Menschen um mich herum. Mein Geist, meine Seele ist quasi eine Zumutung. Und dann bin ich auch noch Mutter geworden. Ich habe wirklich Glück, dass Robert mich aushält. Es nervt mich zwar oft, aber es ist eigentlich von Vorteil, dass so wenig Emotionen in ihm kochen. So kann ihn nichts von mir umhauen. Von anderen Männern werde ich gar nicht mehr wahrgenommen. Klar, ab und an schaut ein Mann erst in mein Gesicht, dann keimt kurz so etwas wie ein bewundernder Blick auf, bis die Augen zu dem Kinderwagen an meinen Händen wandern. Das war's dann, und mit einem Mal bin ich nur noch ein Geist oder eine Art menschlicher Laternenpfahl, dem der jeweilige Mann auf dem Gehweg ausweichen muss. Wieso juckt mich das eigentlich? Ich, eine okay-junge Mutter, will von wildfremden Männern auf der Straße wahrgenommen werden. Was soll das denn? Als hätte ich keine anderen Sorgen, echt peinlich. Aber was soll ich sagen? Es fehlt mir, weil ich bisher immer wahrgenommen wurde. Sogar dann, wenn ich das *nicht* wollte. Am meisten haben Männer ihre Hälse nach mir verrenkt, als ich gerade einmal fünfzehn Jahre alt war. Und nur ein Jahr später, an meinem sechzehnten Geburtstag, lief ich schnurstracks in die Arme von genau so einem Mann. Man würde also meinen, dass ich daraus gelernt habe und nicht mehr nach der Aufmerksamkeit fremder Männer lechze. Aber wenn ich ehrlich bin, geht es dabei nicht nur um Männer. Es geht um alle Menschen: Ich suche mich seit Jahren in den Blicken der anderen. Egal, ob diese Blicke mir wohlgesinnt oder feindlich sind. Hauptsache, es gibt da einen Spiegel, der meine Existenz bescheinigt. Und jetzt, wo das weg ist, scheint es mir, als wäre *ich* weg.

Ich schaue an mir herunter: Der Rock passt zwar, aber er betont meinen Bauch, also ziehe ich ihn wieder aus und lege ihn zur Seite. Ich hab ja noch den anderen, bei dem der Reißverschluss nicht ganz zugeht, im Schrank. Oder? Ich laufe zum Schrank und schaue noch mal nach: Ja, da liegt er noch. Ich habe ihn nach Assyas Hochzeit einfach wieder in den Schrank gelegt. Eigentlich sollte ich den mal waschen. Aber vielleicht geht der Reißverschluss dann nie wieder zu. Ich lasse kurz den Blick durch den Kleiderschrank schweifen: Das hier ist ein chaotisches Sammelsurium: verkorkste Businesslooks, verwaschene Blumenkleider, ein Blazer, den ich nie anziehe. Nicht mal meine Klamotten wissen, wer ich bin. Und ich kaufe und bestelle trotzdem immer weiter. Mama hat sich quasi nie neue Kleidung gegönnt. Sie hatte ihre Klamotten einfach jahrzehntelang, und immer, wenn ich sie darauf angesprochen habe, dass sie sich doch auch mal etwas Neues kaufen soll, sagte sie nur: »Ach, ich brauch doch nix.« Das wollte ich anders machen, ich wollte mir gönnen, mich immer wieder neu erfinden, und jetzt habe ich einen vollgestopften Kleiderschrank, ohne Konzept und Kohärenz. Dabei sollte ich mir mal dringend Gedanken über meine Garderobe machen und darüber, welche *brand*, also welche Marke ich im Leben vertrete. Alles wird doch vermarktet: Geld, Schmerz, schöne Gesichtszüge, markante Gesichtszüge, Kinder, Haustiere, Probleme. Für alles gibt es einen Markt. Und trotzdem – in all diesen Möglichkeiten – habe ich mich noch nicht gefunden. Als Mutter habe ich momentan die Wahl zwischen den folgenden Schubladen der männlichen Wahrnehmung: Matrone oder Milf. Beides erfüllt einen Zweck und eine Fantasie. Eine *Mom I'd Like To Fuck* oder eine Würde ausstrahlende, untersetzte Frau, quasi. Ich bin keine von beiden. Ich *wäre* gern eine Milf, bin aber bisher nur eine verwirrte Mutter. Matrone bin ich auch nicht, dafür fülle ich die Glückliche-Mutter-Marke nur unzureichend aus, auch an der Würde hapert es noch. *»I'm not a milf, not yet a matron«*, singe ich leise, während ich die Wickelbluse mit Blumenmuster aus der Papiertüte ziehe. Die Melodie kommt von dem alten Britney-Spears-Song, in dem sie von ihrer Schwelle zum Frauwerden singt. Ich hingegen bin an keiner Schwelle, sondern einfach eine einzige Schwellung. Alles an mir sieht aus wie geschwollen, auch noch acht Monate nach der Entbindung. Ich ziehe die Blumenbluse über die Arme und schnüre sie so eng, wie es nur geht. Die Wickelbluse spannt an den Oberarmen. Keine Ahnung, warum sich mein Körperfett jetzt in meine Arme verlagert hat. Das hat mein Körperfett ganz autark entschieden, ich hatte doch bisher immer schlanke Arme. Meine jetzige Erscheinung erinnert mich an all meine Vorfahren. An die teyzes, halas, yenges, die ich bewunderte und gleichzeitig mit einer Art ehrfürchtigem Abscheu betrachtete. Die ich trotzdem nie sein wollte. Deren Hände rot und aufgedunsen waren, von dem vielen Putzen, Wasser, Kolonya, Lebensmittelwaschen, Schneiden, Kindereincremen, Ackern. Deren Wohnungen kleiner waren und doch sauberer und aufgeräumter als meine. Aber ich bin eine von ihnen. Meine aktuelle Erscheinung erinnert auch an meine Tanten, Omas, Schwägerinnen, die Vaseline auf dem Nachttisch stehen hatten, die Supermarkt-Prospekte durchblätterten, die bügelten, Wäsche machten, Dosenerbsen auf Vorrat kauften. Sie erinnert an all die Frauen, die so leben, dass andere davon einen Vorteil haben, dass sie anderen Vorrang eingestehen mussten. Die ihrer Umwelt dienen. Auch meine Hände haben eine neue, trockenere Textur, meine Finger sind wurstiger und rot. Aber ich lackiere meine Nägel weiterhin regelmäßig. Damit vertusche ich das, was mir ohnehin droht, was mein restlicher, geschwollener Körper schon andeutet: Meine Essenz wird jeden Tag unter immer mehr Schichten Körper vergraben. Ich werfe den Pulli über, der mühelos über meine Arme gleitet. Der Pulli passt! Ich sehe furchtbar darin aus.

Es ist schon kurz nach zwei, falls mein Kind nicht gleich von selbst aufwacht, muss ich es wecken. Sonst schläft es heute Abend nicht ein. Die Klamotten aus dem »& other stories«-Paket liegen auf dem Wohnzimmerboden verteilt, wie ein kleiner ritueller Kreis um mich herum. Ich ziehe Bilanz: Der Rock steht mir nicht, die Bluse ist zu klein, der Pulli genau richtig, sieht aber trotzdem furchtbar an mir aus. Also geht alles zurück. Ich kreuze die jeweiligen Artikel auf dem Rücksendeschein an und trage dreimal die Nummer 13 in die freien Felder ein. »Passt nicht wie erwartet«, steht dazu oben in der Legende. Ich klebe die Papiertüte wieder zu und stelle sie in den Flur, damit ich daran denke, sie zur Post zu bringen.

Ja, jetzt mit so ein paar Minuten Abstand glaube ich, Herr Kemmers hat vielleicht recht. Natürlich bin ich auf einem guten Weg! Immerhin habe ich eine Familie und eine Wohnung mit Dielenboden. Bei uns gibt es zwar Streit, aber keine Gewalt. Viel besser sind andere Familien und Beziehungen ja auch nicht. Oder? Sogar Assya hat Robert, unser Baby und mich auf ihrer Selbstliebe-Hochzeit angesehen, als wären wir drei ihre Wunschvorstellung im Leben. Sie hat *uns* zu unserem Familienleben gratuliert, obwohl es *ihre* Hochzeit war. Mein Kindheitstraum ist doch wahr geworden: Ich wollte immer eine Familie, in der ich es besser mache als meine Eltern. Warum also weine ich seit Monaten?

Ich höre mein Baby im Nebenraum schmatzen. Das macht es immer, wenn es wach wird. Es schmatzt und macht eben so Babylaute. Ich sprinte ins Schlafzimmer, stoße mir dabei den Zeh an der Schwelle der Wohnzimmertür, stöhne kurz auf, aber laufe weiter, bis ich am Bettchen angekommen bin. »Guten Morgen, mein Engelchen«, sage ich mit liebevoller Stimme. Mein Kind schaut mich generervt an. »Na, hattest du einen guten Mittagsschlaf?« Es deutet ein Lächeln an, streckt seine Beinchen und Arme in alle Richtungen und gähnt noch einmal. Na dann. Jetzt beginnt der zweite Slot des Tages.

Seit der Geburt und seitdem ich in Elternzeit bin, unterteile ich den Tag in drei Teile, in Slots: Der erste Slot geht vom Morgen bis zum Mittagsschlaf, dann kommt der Nachmittag bis zum Abendessen, und der dritte Slot beginnt beim Abendessen. Der läuft dann, bis mein Baby schläft. Ich denke nur noch in diesen Slots, das hilft mir, den Tag rumzukriegen. Im Nachmittagsslot gehe ich gern raus, was einkaufen, Dinge erledigen. Manchmal würde ich gern beim Laufen Musik hören, aber das traue ich mich nicht. Zum einen, weil ich Angst habe, mein Kind dann nicht sofort zu hören (was unwahrscheinlich ist, es klebt in der Trage ja förmlich an meiner Brust) – zum anderen glaube ich, dass man das einfach nicht macht. Noch nie habe ich eine Mutter gesehen, die beim Spazieren einfach mal Kopfhörer aufhat und ihr Kind in der Trage oder im Wagen vor sich. Nebenbei Musik hören demonstriert ja auch komplettes Desinteresse an seinem Kind. Das ist sicher sehr schlimm für die Mutter-Kind-Bindung. Und die will ich mir ja nicht noch mehr versauen. Das mit dem Stillen ist schon *Strike One*. Außerdem, die Blicke der vorbeilaufenden Menschen könnte ich nur schwer ertragen. Aber mit Musik auf den Ohren könnte ich zumindest keine dummen Kommentare hören.

»So Schätzelchen, wir gehen jetzt mal raus! Ich wickele dich noch kurz, dann gehst du mit Mama zur Post und was einkaufen«, sage ich in Richtung Babybett und visiere dabei schon die Wickelkommode an. Ich klatsche kurz in die Hände, als würde ich eine Ansage in der Chefetage eines mittelgroßen Büros machen. Kurzer Check ins Lager: Es sind noch genug Windeln da, Tücher auch. Wie geht's meinem Lieblings-Angestellten? Ich hebe mein Baby aus dem Bett und schaue es an: Mein Kind sieht vergnügt aus, Gott sei Dank. Dann kann es ja losgehen. Vorsichtig lege ich es auf die Wickelkommode. Alte Windel aus, neue Windel an. Wickeln kann ich. Das habe ich mir, bevor ich Mutter wurde, schwieriger vorgestellt. Alles andere dafür leichter.

So, Baby ist in der Trage, Snacks und Notfall-Milchflasche sind im Edeka-Leinenbeutel dabei, Spucktuch und Windeln auch. Ah, meine Retoure nicht vergessen, ich schnappe mir die braune Papiertüte, die Hausschlüssel, und dann laufen wir aus dem Haus, durch die Straßen Berlins. Die Trage wippt, ich halte meine rechte Hand an den Rücken meines Kindes, in der linken die Papiertüte mit den Klamotten, die ich jetzt zurückschicken muss. Sobald wir aus dem Hausflur sind, spüre ich wieder die Blicke von den umstehenden Menschen. Von dem jungen Pärchen da, die beim Bäcker ihren Maschinenkaffee trinken. Sie schauen auf meine wippende Trage, auf meine streichelnde Hand, auf die Schweißperlen, die meine Stirn hinunterlaufen. Und der Handwerker da hinten, der gerade über den Zebrastreifen laufen will, sieht sicher den Fleck am Kinn meines Babys. Ich wische den Fleck schnell mit ein bisschen Spucke von mir weg. Die Verkäuferin, die gerade vor dem Buchladen eine Zigarette raucht, schaut mir extrem lange hinterher. Die Hundebesitzerin da vorn ahnt sicherlich, dass in meinem Edeka-Leinenbeutel eine Flasche mit Pre-Nahrung ist. Dass ich nicht stillen kann.

Ich fange an, unnatürlich zu laufen, weil ich plötzlich nicht mehr weiß, wie man selbstsicher läuft. Jedes verdammte Mal dieser Druck, wahrgenommen zu werden. Es ist ironisch: Obwohl mich kein Mann mehr als Frau wahrnimmt, beobachten Millionen Augen ganz genau, was ich als Mutter mache. Schon seit der Schwangerschaft und besonders jetzt kommt es mir so vor, als wären die Köpfe der Menschen um mich herum durch Überwachungskameras ersetzt worden, die sich immer neu ausrichten. Egal, wo ich hingehe, was ich tue: Sie folgen mir. Die langen, faltigen Hälse mit den mahnenden, knochigen Zeigefingern, die anderen, guten Mütter mit Trage und dem Lächeln auf den Lippen, der Kassierer im Supermarkt, der Autofahrer, der uns über den Zebrastreifen lässt. Sie alle beobachten mich und mein Kind und scheinen zu bewerten, ob es bei mir gut aufgehoben ist. Ich reagiere dann immer sofort: Ich zupfe am Sonnenhut, prüfe, ob die kleinen Arme vor der Sonne geschützt sind, ob die Socken noch hoch genug sitzen, ob es gerade unbemerkt erstickt und so weiter. Ich glaube, alle da draußen warten nur auf einen Fehler von mir, etwas, das ich nicht in der universellen Eltern-Bibel gelesen habe, um mir das Kind aus der Hand zu reißen und das Jugendamt zu rufen. Als wäre ich als Mutter das Eigentum der Welt. Dazu kommen die ständigen Kommentare von Vorbeilaufenden wie »Ach Gott, nur am Handy!«, so wie neulich, als ich es gewagt hatte, Robert eine Nachricht schreiben und dabei mein Kind im Kinderwagen zu schieben. Wenn Robert mit Handy und Kind unterwegs ist, bemerkt er keinen dieser Blicke, sagt er. Und entweder er schaut nicht hin, weil er nur am Handy ist. Oder sie gucken wirklich nicht so bei ihm. Erst vor ein paar

Tagen hatte sich ein Rentner mit rasselndem Atem vor mir aufgebaut und geschimpft, dass ich die Zeit mit meinem Kind doch *genießen* und nicht immer nur an dem »Ding da daddeln« solle. Ich habe beschämt genickt, weil ich mir so ertappt vorkam. Der alte Knacker hatte mir angesehen, dass ich das hier alles gerade nicht genieße. Dabei ist das doch die schönste Zeit, sagen alle. Noch nie habe ich mich so zerbrechlich gefühlt wie unterwegs mit Kind, in dieser Welt. »Bitte nicht schubsen, ich hab ein Baby im Rucksack« müsste auf meinem Trenchcoat hinten draufstehen. Das wäre die für meine Situation passende Referenz zu dem Spruch mit dem Joghurt. Ich muss schmunzeln. Immerhin, ich bringe mich ab und an selbst zum Lachen, in Gedanken. Aber die Welt um mich herum hört diesen lustigen Gedanken mit dem Schubsen und dem Baby im Rucksack nicht, sie lacht auch nicht. Alle schauen nur, und ich schiebe mich nervös durch die Straßen. Mein Baby in der Trage und meine Ängste im Nacken.

Ich bekomme eine WhatsApp-Nachricht von Robert, in der Vorschau sehe ich den Link zu irgendeinem Tweet. Ich klicke nicht drauf. Er spricht immer davon, wie beschäftigt er in seinem Job ist, aber Zeit für Twitter scheint ja zu bleiben. Zu dem Link hat Robert den weinenden Emoji geschickt, der steht für Lachen. Da merkt man wieder, dass er drei Jahre jünger als ich ist. Die coolen Kids von heute schicken sich nämlich weinende Emojis, um zu signalisieren, dass sie lachen. Ich bin uncool und schicke noch den Tränen lachenden Smiley, mir doch egal. Robert hat vielleicht eine große Palette an Emojis, aber ironischerweise nicht so viele Emotionen. Zumindest keine, die er zeigt.

Bevor wir in die Post-Filiale eintreten, wage ich einen

Blick in die Trage: Die Babyaugen schauen mich vergnügt an. »Möchtest du einen Keks?«, frage ich mein Kind und fummele dabei schon einen aus der Verpackung. »Da, bitte mein Schatz, halt den mal fest«, sage ich und lege den Keks in die Mini-Hand. Mein Kind fängt an, daran zu nuckeln. Bravo. Was für eine Mutter! Hat das jemand gesehen, wie gut ich das gemacht habe? In Gedanken stelle ich mich in die Mitte des Gehweges und breite die Hände aus, als wären all die Passanten mein Publikum. Na, was sagt ihr dazu, liebe Mitmenschen? Bin ich die Mutter des Jahres, *or what*? In Wirklichkeit bleibe ich aber vor dem Posteingang stehen und schaue mich verstohlen um. Ja, tatsächlich schaut eine ältere Frau bei den DIN-A5-Umschlägen ganz freundlich, die konnte meinen Keks-Move gerade beobachten. Na also. Ich rücke die Trage noch einmal zurecht, trete ein und gebe dann das Paket zurück. Als wir wieder rausgehen, lächele ich die alte Frau noch mal an, die jetzt zur Kasse läuft. Dann schaue ich auf die gegenüberliegende Straßenseite. Da ist es: mein Tor zur Welt. Mein Paradies, *die* Oase schlechthin! Der Eingang vom Drogeriemarkt. Nichts liebe ich momentan so sehr wie diesen Ort. Und mein Baby, natürlich, klar. Immer, wenn die automatischen Schiebetüren aufgehen und mir der Duft aus Seife, schlechtem Parfüm und trockenen Bio-Fruchtriegeln entgegenströmt, fühle ich mich kurz wieder wie ich selbst. Jeden Tag bin ich da, meist brauche ich nicht einmal was und streune nur durch die Gänge. Wie gut, dass ich ja heute *wirklich* ein paar Sachen einkaufen muss. Ich laufe über den Zebrastreifen zur gegenüberliegenden Straßenseite und trete ein. Ich fühle mich wie ein (sehr müder) Filmstar mit Babytrage, während ich durch die

Schiebetüren von Rossmann über den kurzen, roten Teppich am Eingang laufe. Der Teppich ist zwar schon ganz schön dreckig von all den Menschen, die vor mir darüber gelaufen sind, aber mir reicht er. Während ich ihn entlangschreite, gehe ich in Gedanken durch, was wir brauchen: »Miryam, nur Handseife und Einmalwaschlappen, reiß dich zusammen! Nichts anderes holen. Konzentriere dich!« Ich laufe vorbei an den Zahnpflegeprodukten und greife nach nichts, geschafft. Vorbei an den Öko-Nahrungsmitteln, auch geschafft ohne Probleme. Sogar das Bodylotion-Regal kann mir heute nichts anhaben, ich gehe stark und selbstbewusst an circa 30 Duftvarianten von Körpercremes einfach vorbei. Herr Kemmers hat schon recht, ich habe mein Leben absolut im Griff. Dann sehe ich die Aufsteller der Make-up-Abteilung. Fuck, das ist mein Endgegner. Wie die Titanic schramme ich den Eisberg, also den Make-up-Aufsteller und knicke ein. »Ach geil«, denke ich, »es gibt einen neuen Lipliner von der Eigenmarke!« Und das war es dann. Ich greife nach einem bräunlichen Ton und lege den Lipliner in den Warenkorb. Das ist eigentlich seit Jahren nicht mehr meine Marke, aber Make-up kann ich nie genug haben. Ich hole die nötige Handseife und die Einmalwaschlappen, aber auch noch eine gesalzene Nuss-Mischung und ein Deo ohne Aluminiumsalze. Salz auf meinen Nüssen: Ja, bitte. Aluminiumsalz in meinen Achseln: Nein, danke. Die anderen Einkaufenden hier haben es eilig, sie greifen ihre Sachen aus den Regalen, tippeln mit den Warenkörben durch die Drogeriegänge und visieren zielsicher die Kasse an. Ich hingegen habe alle Zeit der Welt, die ich überbrücken muss. Also na ja, so lange mein Kind nicht schreit und ich schweißüberströmt nach

Hause rennen muss. Ich habe so lange, bis Robert wieder zu Hause ist und der dritte Slot des Tages beginnt.

Im Gang bei den Feuchttüchern sehe ich eine junge Mutter, die ihrem Kind Apfelschnitze gibt. Sie greift dafür immer wieder in eine taupefarbene Tupperbox, auf die Giraffen gedruckt sind. Die Frau sieht ausgemergelt aus, ihre Augenringe sind auch von hier aus, drei Regale entfernt, sichtbar. Ihre Haare sind in einem Dutt verstaut, der Rest steht vom Kopf ab. Ich möchte sie umarmen. Aber sie sieht nicht so aus, als habe sie das nötig, sie lächelt ihr Kind nämlich selig an. Diese Frau sieht nicht so aus, als würde sie ihren Tag in Slots einteilen. Ich drehe mich um und streichele mein Baby in der Trage. Gott, ich muss wie ein Alien aussehen, neben all diesen echten Müttern. Meine Augenringe schimmern unter einer dicken Schicht Concealer hervor, heute Morgen habe ich mir wieder zwei dicke Lidstriche gezogen und versucht, mein rundes Gesicht mit dunklem Puder schmaler zu konturieren. Mein Kind habe ich dabei im linken Arm gehalten, in der rechten Hand den Puderpinsel. Wäre ich die Göttin Sarasvati, hätte ich für Pinsel, Handy, Kind und Kaffeetasse jeweils einen Arm. Aber ich bin keine Göttin, das hatten wir ja schon. Ich bin eine Frau mit zwei Armen, angehenden Wurstfingern und diversen Problemen. Andere Menschen lesen an meinem halbwegs sorgfältig geschminkten Gesicht bestimmt ab, dass ich mich nicht genug um mein Kind kümmere. Weil: Welche gute Mutter hat schon Zeit, sich zu schminken? Eben. Nur eine, die währenddessen ihr Kind im Stich lässt. Ich würde manchmal am liebsten jedem einzelnen Menschen, der mir auf der Straße begegnet, sagen: »Also nur, dass Sie es wissen: Mein Kind war beim Eyeliner-Ziehen auf meinem Arm! Also das hat es gut bei mir, okay? Bei uns ist ALLES okay!« Aber das kann ich natürlich nicht machen.

Ich bezahle meine Produkte und laufe wieder über den kurzen Teppich durch die automatische Schiebetür. Vom Drogeriemarkt ausgespuckt, stehe ich wieder auf dem Gehweg und überlege, was meine nächsten Schritte sein könnten. Ich könnte noch die drei Lebensmittel einkaufen, die auf der Liste stehen. Oder ich gehe mit meinem Baby auf den Spielplatz. Aber da halte ich es nicht lange aus. 14:46 Uhr, steht auf meinem Handy. Diesmal habe ich hier nur 20 Minuten rumgekriegt. Noch dreieinhalb Stunden bis Robert wieder zu Hause ist.

* * *

»Gib mal bitte das Salz.« Nichts passiert. Robert sticht mit seiner Gabel in die Nudeln, unser Kind spielt mit den Nudeln, eine davon fliegt auf den dunklen Esstisch. Meine Nudeln schmecken fad. »ROBERT, SALZ«, rufe ich. »Hm? Achso, ja, hier«, antwortet Robert und reicht mir die elektrische Salzmühle. »Mann, du hörst echt nie«, murmele ich und drücke auf den silbernen Knopf der Mühle, die daraufhin aufleuchtet und mit einem Mahlgeräusch das Meersalz über meine Nudeln schreddert. Mein Kind gluckst vor Lachen, es liebt die Salzmühle. »Ja? Noch mal?«, sage ich lächelnd in seine Richtung und drücke noch mal auf den Knopf. Mein Kind lacht und wedelt mit den Armen. Das überschüssige Salz nehme ich mit einer Gabel von den Nudeln und lege es an den Tellerrand. »Erzähl mal, wie war's heute auf Arbeit«, frage ich und schaue dabei auf meinen Teller. »Ja, normal«, antwortet Robert.

»Wir hatten eine neue IT-Frau da, die musste dann noch mal alles neu starten, und mein Chef meinte beim Mittagessen, dass jetzt alle Kunden den …« Ab da habe ich innerlich schon abgeschaltet und denke daran, dass ich heute auch mal neue Feuchttücher hätte kaufen sollen. Ich notiere »Feuchttücher« in der Handy-Einkaufsliste und lege das Telefon wieder auf den Esstisch. Robert referiert noch, ich schaue ab und an vom Teller hoch und versuche, mit meinem Gesichtsausdruck Support zu signalisieren. Es gelingt mir nicht wirklich. Als er fertig ist, beginne ich zu erzählen. Von unserem Ausflug in den Drogeriemarkt, den Blicken der Umwelt, den Klamotten, die ich zurückgeschickt habe, was unser Kind so gegessen hat, wo es geweint hat, was wir noch alles brauchen und was ich auf Instagram über das Wort »Nein« gegenüber Kindern gelesen habe. Kurzfassung: Nein ist ein No-Go. »Man soll das echt nicht machen, Robert«, sage ich und schmeiße eine Portion Parmesan auf meine restlichen Nudeln, »weil dann wollen die Kinder das noch mehr, und das limitiert die voll in ihrer Wahrnehmung.« Robert antwortet: »Aha, okay, und was soll man stattdessen machen?« Ich zucke mit den Schultern: »Keine Ahnung, schätze mal, man soll immer Alternativen anbieten. Also schnell etwas anderes holen, was das Kind ablenkt, wo es quasi dieselbe Sensation hat. Also bei 'ner Steckdose dann irgendwas holen, wo es ohne Bedenken reinfassen kann.« Robert sticht vier Nudeln hintereinander auf und schüttelt den Kopf. »Na ja, gut«, sagt er und befördert die volle Gabel in seinen Mund. Ich lege unserem Kind auch noch drei Nudeln hin, die es sich fröhlich in den Mund und wieder rausschiebt. Überall Tomatensauce. Muss ich gleich alles wegschrubben.

Als wir fertig sind, nimmt Robert unser Kind aus dem Hochstuhl auf den Arm. Die beiden gehen auf den Balkon und schauen auf die Straße hinunter. Ich räume ab, fange die übrig gebliebenen Nudeln auf dem Esstisch mit einem Küchentuch auf, schmeiße sie weg und mache alles sauber: den Tisch, die Seiten vom Tisch, die Sitzfläche vom Hochstuhl, die Fußablage vom Hochstuhl, die Seiten vom Hochstuhl. Ich schrubbe, putze, wasche und wische trocken hinterher. Hauptsache, keine Tomatensauce mehr. Dann wasche ich meine Hände, laufe zum Balkon, nehme mein Kind aus Roberts Armen, trage es zum Waschbecken und wasche die kleinen Hände und das Gesicht. Unter dem Wasser läuft es rot in den Ausfluss, die Tomatensauce löst sich nur schwer von den weichen Babywangen.

Dann gehe ich zur Wickelkommode, und dort fängt mein Kind wieder an zu schreien. Ich frage mich, was passiert ist, was ich falsch gemacht habe, mein Kopf fühlt sich sofort wieder komisch an. Mir ist schwindelig und übel, meine Hände schwitzen. Meine Atmung verschnellert sich, ich beeile mich mit dem Wickeln, aber ich zittere, als ich die neue Windel aus der Kommode ziehe. »Schnell, schnell, schnell«, rast es in meinem Kopf. Ich öffne die Windel, mein Baby schreit immer weiter, ich versuche durchzuhalten, aber meine Panik gewinnt. Ich schreie nach Robert, frage, warum er nicht im Raum ist, und rufe: »Verdammte Scheiße!« Es ist zum Verzweifeln. Das Weinen muss unbedingt aufhören. Ich stecke die kleinen Beinchen hastig durch die frische Windel und hebe mein schreiendes Baby endlich von der Kommode hoch. »Robert!!!«, schreie ich in Richtung Balkon und schütze dabei die Ohren von unserem Kind. Jetzt hat er es endlich gehört. Robert kommt und nimmt mir das Baby mit hochgezogenen Augenbrauen aus den Armen. »Komm mal heeer«, sagt er langgezogen, seelenruhig und leicht genervt. »Alles guuuut.« Er lässt mich im Schlafzimmer stehen und geht mit unserem Kind auf dem Arm wieder auf den Balkon. Dort hört das Weinen schlagartig auf. Ich zittere noch und setze mich kurz auf die Bettkante. Herr Kemmers sieht mich auf einem guten Weg. Mantraartig wiederhole ich diesen Satz in meinem Kopf. Herr Kemmers sieht mich auf einem guten Weg. Ich bin einfach Mutter. Ich lebe das, was sich Millionen Menschen in diesem Moment wünschen. Ich atme drei Mal tief ein und aus und stehe wieder auf. Dann mache ich die Wickelkommode sauber, räume die Spielsachen im Wohnzimmer weg und lege mich mit dem Handy aufs Bett.

Irgendwann kommt Robert mit unserem Kind wieder rein und macht es im Schlafzimmer bettfertig. Ich gehe ins Wohnzimmer, komme ab und an zu den beiden reingelaufen, bringe Einmalwaschlappen, schmeiße was in den Mülleimer, mache mich nützlich. Als ich die Schlafzimmertür schließe, werfe ich unserem Kind noch einen Kuss zu, den es mit einem quiekenden Lächeln erwidert. Gleich wird mein Baby wieder seelenruhig bei seinem Papa einschlafen. Und das bricht mir jeden Abend das Herz. Ich wünschte, es könnte auch bei mir einschlafen. Als ich mich auf die Couch setze und auf die noch geöffnete Balkontür schaue, spüre ich Tränen aufsteigen. Also greife ich nach meinem Handy, öffne Instagram und suche nach irgendetwas, das mich ablenkt oder aufmuntert. Nach ein paar Minuten stoße ich auf einen Beitrag, in dem steht, dass man den Kindern zum Beikoststart die Nudeln ohne Sauce anbieten soll. Wieder was falsch gemacht. Wieder einen Tag geschafft.

* * *

Sobald die Tür zuknallt, stürze ich in ein Vakuum. Dieses laute RUMMS, wenn unsere Haustür ins Schloss fällt, fühlt sich jedes Mal wie ein Schuss in meinen Brustkorb an. RUMMS. Zu zweit allein, auch heute wieder. Ich weiß nicht, welcher Tag heute ist. Nur, dass es kurz vor halb neun Uhr morgens ist, weil Robert etwas über eine halbe Stunde zur Arbeit braucht. Ein paar Sekunden nach dem RUMMS der Tür schnappe ich gedanklich nach Luft, atme ein und schaue mein Baby an. Es schaut mich zurück an, wir lächeln uns zahnlos zu. Jetzt sitzen wir hier miteinander. »Na dann starten wir mal in den Tag«, sage ich laut und so, als hätte ich auch nur die geringste Ahnung, was ich tun soll.

Es ist 08:33 Uhr, Slot 1. Die ideale Zeit, um unsere Wohnung auf Vordermann zu bringen. Ich fange an zu saugen, zu wischen, zu räumen, zwischendurch ein kleines Lächeln zu meinem Baby, auftischen, frühstücken, abräumen, zurechtrücken. Den Hochstuhl abwischen, durch mein Telefon wischen, Babymund abwischen. Wie viel kann ein Mensch wischen? *Wisch you were here.* Wie viele Wortwitze kann ein Gehirn ertragen?

09:40 Uhr, ich bin so einsam.

10:22 Uhr, immer noch Slot Eins. Noch eine Stunde, bis ich Mittagessen kochen kann. Um auf den Spielplatz zu gehen, ist das zu knapp, weil bis ich mein Baby in der Trage hab und seine Flaschen gemacht sind, ist es schon wieder Viertel vor elf, und dann bleibt nicht mehr viel Zeit. Nicht, dass ich gern so lang auf dem Spielplatz bleiben wollen würde. Aber trotzdem zu stressig. Ich lese meinem Kind jetzt etwas vor, aus einem der vielen Bücher, die hier rumliegen.

11:10 Uhr, wie schön es wäre, wenn es sprechen könnte. Dann könnten wir uns unterhalten. Ich glaube, meinem Baby geht es genauso.

11:12 Uhr, ich habe keine Lust mehr vorzulesen. Heute würde ich eigentlich unter der Decke liegen, wenn ich nicht Mutter wäre. Kann ich nicht einfach mit meinem Baby unter der Decke liegen, so achteinhalb Stunden lang? Nein, das geht nicht, ein Kind braucht Programm.

11:15 Uhr, ich scrolle durch Instagram. Ich sehe Kaffee und Kuchen, Opernbesuche, Festivalbesuche, Familienbesuche. Ständig haben alle etwas vor, besonders die beigeseligen Mütter von Instagram. Und wenn nicht, genießen sie einfach das *Sein*, mit ihren Kindern. Ich bin so neidisch. Und so erbärmlich.

11:17 Uhr, ich fange heute etwas früher an zu kochen, ist doch egal. Ich trage mein Baby mitsamt Babywippe in die Küche, stelle es ab und schaue auf den Boden: Da lag ich noch vor ein paar Tagen und habe mir die Augen aus dem Kopf geheult. Und jetzt koche ich hier 'ne Runde Beikost. Es gibt Nudeln mit irgendeinem Gemüse, *I guess*. Sauce ist tabu.

11:45 Uhr, mein Kind würgt schon seit vier Minuten an einer gedämpften Zucchini herum. Kein Wunder, würde mir auch nicht schmecken. Aber Salz soll man ja nicht, Gewürze auch eher sparsam. Ich lege ein paar Penne-Nudeln vor mein Kind, was soll die Quälerei. Gleich ist Mittagsschlaf dran.

12:00 Uhr, mein Baby und ich liegen auf dem Bett. Ich starre an die Decke. Da ist ein bisschen Stuck, an dem hängt ein Staubfaden herunter. Unsere Lampe baumelt, weil die Sicherung nicht auf den Lampenschirm gepasst hat. Ich singe »Guten Abend, gute Nacht«, und mein Kind fängt an zu weinen. Toll gemacht, Miryam. Wie kann man so blöd sein? Warum tust du deinem Baby das an? Ich nehme es auf den Arm. Kein Wunder, dass mein Kind weint. Diese eine Strophe, in der man singt: »Morgen früh, wenn Gott will, wirst du wieder geweckt …« ist eine Frechheit. Woher soll man denn wissen, ob Gott will? Ich singe deswegen immer: »Morgen früh, lieber Schatz, wirst du wieder geweckt …« Wobei es heißen müsste: »In ungefähr einer Stunde bis 90 Minuten, lieber Schatz, wirst du wieder geweckt …«, weil zu lange Mittagsschlaf ist auch nicht gut.

12:18 Uhr, mein Baby hat es geschafft und ist in den Schlaf gesegelt. Slot Zwei beginnt. Ich hole mein Handy aus der Hosentasche, drehe meine üblichen Runden auf Twitter, Instagram und bestelle noch einmal Klamotten für mich und mein Kind. »Ist gerade eingeschlafen« schreibe ich Robert auf WhatsApp. Der antwortet mit den betenden Händen und dem Daumen hoch. »Ging's?«, fragt er. Ich antworte: »Ja, voll. Wir machen jetzt eine Stunde Mittagsschlaf, mehr nicht, sonst wird das heute Abend wieder schwierig.«

12:34 Uhr, ich scrolle über das Instagram-Profil meiner Nachmieterin Elena. Sie ist Künstlerin und malt sehr dunkle und gleichzeitig extrem farbenfrohe Bilder. Sie raucht im Wohnzimmer, so wie ich damals. Elena ist vor einem

Jahr in meine Wohnung am Innsbrucker Platz gezogen. Sie hatte sich auf meine Insta-Story gemeldet, in der ich die Wohnung angeboten hatte. Na, der geht's gut! Schön. Ich lasse überall ein Like da. Vielleicht besuche ich sie ja echt mal. Wenn ich eine Minute finde.

12:50 Uhr, ich schäle mich aus dem Bett und schneide einen Apfel in kleine Schnitze, die ich dann in eine gelbe Tupperdose lege. Ich bereite eine Milchflasche vor, vier Löffel, nicht gehäuft, gar kein Problem. Hier ist alles im Griff. Ich bin eine Mutter, die eine Familie hat und die in einer Wohnung wohnt.

13:30 Uhr, ich laufe vorsichtig ins Schlafzimmer. Es kommt selten vor, dass ich mein Baby aufwecken muss. Eigentlich lasse ich es gern schlafen, aber Robert sagte letztens, es ist dann abends schwerer für ihn, beim Ins-Bett-Bringen. Also beende ich jetzt meine Pause. »Guten Morgen, mein Engelchen«, sage ich und streichele mein Kind an der Schulter. »Süßi, wir müssen langsam wieder aufstehen«, sage ich leise und streichele meinem Baby über die Wange. Es schmatzt, dreht und streckt sich, fängt an zu weinen. Und mein Herz fängt wieder an zu pochen.

13:32 Uhr, mein Kind weint immer noch. Schon zwei Minuten! Ich hole das gelbe, blinkende Spielzeug aus dem Wohnzimmer, das es immer so hypnotisiert. Es funktioniert tatsächlich, und mein Baby beruhigt sich wieder in meinen Armen. Trotzdem fühle ich mich nach nur zwei Minuten Schreien wie nach einer mehrtägigen Schlacht. Mit müden Fingern fummle ich die Trage von der Garderobe und schnalle mir das Gerät um. Ich sehe damit aus, als wäre ich bei den Ghostbusters angestellt. Vorsichtig lege ich mein Kind hinein, packe die nötigen Snacks in die Tasche, und wir treten wieder hinaus in die Welt. Meine Beine zittern, und ich habe mir meine überdimensionale dunkle Sonnenbrille aufgesetzt, damit ich die Blicke der Außenwelt nicht so deutlich sehen muss. Und auch, damit niemand mir ansieht, wie viel Angst mir diese Blicke machen.

13:46 Uhr, ich schaue in meine Einkaufslisten-App auf dem Telefon: Okay, wir brauchen Eier, Milch, Kaffee und Feuchttücher. Nicht mehr und nicht weniger, Miryam. Also reiß dich zusammen, ermahne ich mich gedanklich. Eine mittelalte Frau läuft auf uns zu. Ihre Haare sind kurz und blond gefärbt, sie trägt eine winzige Brille und eine senfgelbe Cordhose. Sie lacht schon von Weitem unfreundlich und sagt dann, als sie vor uns steht: »Na, *das* wird ja sicher mal ein soziales Kind, HARHARHAR.« Ich sehe rot und setze die Sonnenbrille ab: »Das ist meine beschissene Einkaufsliste«, zische ich ihr zu und halte meinem Kind die Ohren zu. »Wo soll ich es sonst nachlesen? Halt die Fresse!« Schon nach meinem »beschissene« hat sie ihre Augenbrauen hochgezogen und ist weitergelaufen. Während ich noch den Rest der Beschimpfungen in die Leere vor mir ausspucke, schauen mich ein paar Vorbeilaufende schockiert an. Mein Blut kocht, mein Herz schlägt schnell. Ich hab die Kontrolle verloren und bin einfach ausgerastet. Ich stecke mein Handy wieder in die Tasche. Mein Baby schaut mich mit neugierigen Augen aus der Trage an, ich küsse es schnell auf die Nase. Ich brauche jetzt dringend eine Belohnung.

13:52 Uhr, die Schiebetüren öffnen sich, ich laufe über den kurzen, roten Teppich. Das hier ist MEIN persönlicher Red Carpet. Okay, bei Rossmann. Aber immerhin. Ich kaufe einen nudefarbenen Nagellack, den ich nicht brauche, eine Mango-Vanille-Bodylotion und die benötigten Feuchttücher. An der Kasse füttere ich mein Baby mit den vorbereiteten Apfelschnitzen und bete, dass das jemand sieht. Ich bin heute eine von euch, liebe Mamas.

15:23 Uhr, ich habe auch den Rest von der Liste eingekauft, wir sind wieder zu Hause. Jetzt räume ich ein und um, mache Flaschen, scrolle, lächle, lese, singe und wische, bis ich endlich den Schlüssel im Schloss höre.

18:17 Uhr, Slot Drei, heute gibt es für Robert und mich Kartoffelgratin und zwei saucenlose Kartoffeln plus Fläschchen für mein Kind. Robert erzählt etwas von seinem Kollegen. Dass der sich einen Schrebergarten gekauft habe, mit seiner Frau, irgendwo bei Berlin. Niemals würde man mich in einem Kleingarten finden. Wieso soll ich mir noch mehr Arbeit machen, mit einem zweiten Haus und hyperdeutscher Nachbarschaft? Ich schweige, als Robert vom Garten erzählt. Robert bemerkt das: »Find ich schade, Miryam, dass du da so anti bist. So ein Garten ist gut für Kinder«, sagt er und schiebt sich eine Gabel Kartoffelgratin in den Mund. An den Mundwinkeln quillt die Sahne ein wenig heraus. Widerlich. »Ja, ey, bitte«, antworte ich verteidigend, »wenn du meinst und das Geld hast, gönn's dir!« Aber Robert hört mich nicht mehr, er ist schon beim nächsten Thema, nämlich wie seine Mutter in seiner Kindheit immer mit ihm im Garten war und wie gut die Natur für ihn war. Das Salz in der Mühle ist fast leer, ich tippe »Salz« in die Einkaufslisten-App.

18:45 Uhr, wir sind fertig. Robert hebt unser Kind aus dem Hochstuhl, weil es in Richtung Balkon schaut. Die beiden gehen raus, ich räume ab, wische den Stuhl, die Seiten und so weiter. Dann bereite ich mir in der Küche eine Schale mit Granatapfelkernen vor. Ich halbiere den Granatapfel und pule die Kerne in einer Schüssel mit Wasser aus der Schale. Die kleinen weißen Häute schwimmen oben, ich fische die roten Kerne aus dem Wasser und tue sie in eine kleine, weiße Schüssel. Die werde ich später beim Fernsehen snacken. Das ist viel gesünder als Chips. Ich stelle die Schüssel auf den Couchtisch im Wohnzimmer, gehe auf die Toilette und schaue beim Pinkeln aufs Handy. Ich sehe Posts von ehemaligen Freundinnen im Urlaub, in Cafés. Ich sehe Werbung für Periodenunterwäsche, Spucktücher, Baby-Tragen, die ein halbes Vermögen kosten, weil sie mit Leoprint angeboten werden. Ich hätte auch gern so eine. Kaufen scheint mir Teil der Lösung zu sein, um meine Identitätskrise zu mildern. Ich kaufe, also bin ich. Ich scrolle, also fühle ich nicht.

19:10 Uhr, Robert und das Baby sitzen jetzt schon ewig auf dem Balkon. Der Robert kann das: Er sitzt stoisch da, wenn's sein muss, auch stundenlang. Beim Spielen, wenn unser Baby den Müllabfuhren morgens zugucken will, beim Einschlafen. Ich komme auch zum Balkon und sage Robert, dass *ich* heute mal das Kind ins Bett bringen möchte. Er zieht verwundert die Augenbrauen hoch, sieht aber erleichtert aus. Ich strecke die Arme aus nach meinem Baby, es lächelt, und ich laufe mit ihm auf dem Arm ins Schlafzimmer, um es bettfertig zu machen.

19:24 Uhr, Robert kommt Gute Nacht sagen, gibt unserem Kind einen Kuss und schlurft dann ins Wohnzimmer. Mein Baby protestiert lautstark, aber ich halte es aus. »Es ist nichts Persönliches«, sage ich mir leise. »*Du* bist die

Mutter. Dein Kind braucht dich. Lass dich nicht verunsichern. Herr Kemmers sieht dich auf einem guten Weg.« Ich nehme es auf den Schoß und lese noch vier Bücher vor.

20:10 Uhr, ich singe »Ride« von Lana Del Rey, als Gute-Nacht-Lied. Die kleinen Augenlider flattern. Vielleicht schafft mein Baby es gleich in den Schlaf. Ganz allein, nur durch mich, am Abend! Mittagsschlaf ist ja nie das Problem, nur abends … Außerdem, wenn es jetzt einschläft, könnte ich noch was auf Netflix gucken. Aber als ich fertig mit »Ride« bin, sind die Augen noch auf. Also singe ich noch »Mamy Blue« von Nicoletta.

20:30 Uhr, jetzt liegen wir schon über eine Stunde hier. Und mit Schlafen ist nichts: Die kleinen Augen sind weit aufgerissen, mein Baby wälzt sich hin und her, immer wieder wandert der Blick zur Schlafzimmertür. Ich verstehe es nicht, beim Mittagsschlaf klappt es doch immer! »Mein Baby fühlt sich nicht sicher genug bei mir«, denke ich. »Ich bin sogar zu viel für mein eigenes Baby.« Und in meinem Bauch breitet sich eine schmerzhafte Leere aus.

20:34 Uhr, es weint und streckt die Arme zur Tür aus.

20:41 Uhr, ich werde wütend. Wie kann das sein? *Ich* bin schließlich die Mutter! Was ist los mit diesem Baby? Ist es falsch verkabelt, oder warum hasst es seine Mutter? Ja, wirklich! Es hasst mich einfach! Das ist doch krank!

20:54 Uhr, ich kann nicht mehr. Ich stehe mit einem Ruck vom Bett auf, reiße die Schlafzimmertür auf und schreie »Ey ganz ehrlich, dann mach *DU* es doch!« Robert sitzt auf dem Sofa und schaut unbeeindruckt vom Handy hoch, dann kommt er ins Schlafzimmer, ohne die Miene zu verziehen. Ich laufe schnaubend an ihm vorbei und knalle die Wohnzimmertür zu wie ein wütender Teenager. Meine

Gedanken drehen sich: Wie kann es sein, dass ein Kind nicht bei seiner MUTTER einschläft? Was habe ich so früh schon so falsch gemacht, dass es sich nicht sicher fühlt bei mir? Und jetzt habe ich auch noch die Tür geknallt, also fühlt es sich noch unsicherer. Ich schaufele immer weiter mein eigenes Grab! Natürlich hasst es mich, auch wenn es gerade mal ein Baby ist! Ich hasse mich ja selbst schon! Und fühle mich hilflos. So wie damals, als Kind, hab ich wieder das Gefühl von Ohnmacht. Nur kann ich diesmal nichts dagegen tun: Ob mein Kind schläft, trinkt, gut drauf ist, weint oder nicht, habe ich nicht in der Hand. Was soll ich tun?

Verzweiflung steigt in mir auf, ich bekomme richtig Gänsehaut. Verzweiflung fühlt sich in mir immer so an wie trockene Kreide, die auf blutigen Wunden scheuert. Ich bin innerlich voller Kreidestaub und Blut, ich schreie in Gedanken. Und sogar in Gedanken kommt dabei kein Ton heraus.

Mein Blick fällt auf die Granatapfelkerne auf dem Couchtisch neben mir. Ich greife hinein und schleudere die roten Kerne mit voller Wucht an die weiße Wohnzimmerwand, neben dem Fernseher. Ich spüre eine kurze Erleichterung: Endlich hat etwas, das ich tue, einen Effekt. Ich schmeiße die Kerne an die Wand und sehe direkt ein paar Flecken an der Wand. Das fühlt sich gut an. Und dann plötzlich sehr, sehr schlecht. Ich renne in die Küche, hole einen Schwamm und eine Schüssel mit lauwarmem Wasser und fange an zu schrubben. »Komm, bitte, geh weg«, flüstere ich und versuche, vorsichtig zu schrubben. Ich fange an zu weinen und schrubbe und schrubbe, die Wandfarbe krümelt schon unter dem Schwamm. Winzige weiße Partikel sammeln sich in der schwarzen Stahlwolle des Schwamms. Ich wringe sie in der Schüssel aus, aber die Granatapfelflecken gehen nicht weg. Sie verändern nur ihre Farbe. Irgendwann sind sie bläulich. Ich gebe auf, setze mich auf die Couch und wische meine Tränen weg. Dann tippe ich »weiße Wandfarbe« und »Pinsel« in die Einkaufslisten-App.

21:07 Uhr, ich höre Schnarchen durch die Schlafzimmertür. Robert kommt ins Wohnzimmer, klopft mir auf die Schulter und sagt, dass unser Kind schon müde war und bestimmt auch gleich bei mir eingeschlafen wäre. Wir wissen beide, dass das nicht stimmt. Mein Gesicht ist aufgequollen und rot, meine Wangen sind wieder heiß von den Tränen, ich sehe aus, als wäre ich zehn Kilometer gerannt. Robert setzt sich auf die Couch und zückt sein Telefon. Mal schauen, ob er die Flecken an der Wand bemerkt.

21:11 Uhr, Robert hat noch nichts gesagt, ich starre weiter die Wand an: Da sind um die dreißig kleine, bläuliche Flecken. Es sieht so aus, als wäre davor ein Schlumpf erschossen worden. Herr Kemmers sieht mich auf einem guten Weg, hat er geschrieben. Würde er das auch noch schreiben, wenn er mal einen Blick auf mein Schlumpf-Massaker an der Wohnzimmerwand werfen würde? Papa hat damals immer seine Kaffeetassen an die Wand geschmissen; ich schmeiße jetzt mit Granatapfelkernen. Ob ihn zumindest *das* stolz machen würde, wie ähnlich ich ihm in manchen Dingen geworden bin? Vor fünf Jahren saßen wir zusammen im Restaurant und probierten beide wie so oft, irgendwie ruhig zu bleiben.

Anger Management
Rückblende: Vor fünf Jahren, 2014

Papa schaut immer so feindselig. Als würde er sich für den nächsten Schlag wappnen – auch wenn der nur verbal ausfällt. Genauso schaut er mich jetzt gerade an: als würde er mir gleich eine klatschen. Aber das wird er nicht tun, das hat er nie – und wir sind ja in der Öffentlichkeit, in einem italienischen Restaurant in Wilmersdorf. Aber jedes Mal, wenn wir uns sehen, schaut er mich so an, mit seinem Ich-will-dich-klatschen-Blick. Manchmal glaube ich, dass für ihn eine Art Mensch gewordene Lohnsteuererklärung bin. Also, eine, die er bis heute nicht bearbeitet hat. Meine Existenz repräsentiert für ihn eine Abrechnung seiner Vater-Kompetenzen. Und meine bloße Anwesenheit scheint ihm zu vermitteln: »Das, was damals war, ist nicht vergessen, Ibo. Egal, wie sehr du das willst. Sie existiert. Und mit *ihr* existiert auch *deine* Vergangenheit weiter.« Deswegen will er mir womöglich auch eine klatschen. Aber dann, für einen ganz kurzen Moment, schaut er wieder kindlich, fast schon verletzlich. Plötzlich sehe ich es kurz aufblitzen: In seinem Blick schimmert durch, dass er auch nicht weiß, wie er sich durch diese Welt navigieren soll. Für den Bruchteil einer Sekunde, kann ich ihm ansehen, dass auch er nur sein Bestes gibt, selbst wenn es uns nur wehtut. Aber noch bevor ich ihn anders, wohlwollender und mitfühlender ansehen kann, wird sein Blick schon wieder hart und feindselig. Also verschränke ich die Arme und versuche, den Blick zu halten. Ich schaue ihn direkt an: Er hat diesen kleinen Kopf mit der großen Nase und Kulleraugen mit langen, geraden Wimpern, die ihm den Blick versperren. Seine Augen erinnern mich an Kuhaugen. Sein Mund ist klein, die schmalen Lippen immer irgendwie angespannt, er hat tiefe Falten auf der Stirn, besonders die Zornesfalte ist ausgeprägt, klar. Seit ich denken kann, hat er volles, welliges Haar und nur eine winzig kleine kahle Stelle am Hinterkopf. Diese Stelle wird aber auch nicht größer. Vielleicht hat er seinen Kopfhaaren mal eine Ansage gemacht und ihnen gedroht, nicht weiter auszufallen, und so wie wir haben auch seine Kopfhaare Angst vor ihm und sich lieber daran gehalten. Noch immer trägt er seine bunten Polohemden, ab und an jetzt auch Jeans statt Bundfaltenhose mit Gürtel, und natürlich hat er immer seine Baseball-Cap auf dem Kopf. Diese hier hat ein Sparkassen-Logo drauf. Eine goldfarbene Uhr mit einem grob gegliederten Metallarmband baumelt von seinem linken Handgelenk. Seine dunklen, teils ergrauten Bartstoppeln machen sich gerade auf den Weg, wieder durch die Haut zu wachsen, ich sehe sie wie kleine Schatten ganz leicht durchschimmern. So sitzt er vor mir, in seiner verletzlichen Feindseligkeit, und schaut abwechselnd mich und die Speisekarte an.

Er setzt seine Baseball-Cap ab und legt sie neben sein Besteck. Er schaut nach links und rechts und scannt die Umgebung. Ich schaue mich mit um: Die anderen Gäste sehen nicht zu uns herüber. Papa streckt seine rechte Hand auf dem Restauranttisch aus. Offenbar will er, dass ich sie halte. Mir wird übel, ich will sie nicht halten. Es bereitet mir schon körperliches Unbehagen, seine Hand auch nur genauer anzusehen. Wie sie da liegt, mit der rauen Haut und den feinen Linien, den dicken, grünen Adern am Handrücken, die störrischen, dunklen Haare an den Fingerrücken, die ovalen, perfekt gekürzten Fingernägel. Papas Hände gruseln mich. Ich kann sie unmöglich halten. Aber ich brauche ein neues Telefon. Also tätschele ich seinen Handrücken kurz, nur für zwei Sekunden, spüre die dicken Adern und die raue Haut, dann greife ich schnell nach der Speisekarte vor mir. Ich sehe Papas wütenden Gesichtsausdruck aus den Augenwinkeln, aber ich vergrabe meinen Blick in der Karte und versuche mich auf die Buchstaben zu konzentrieren. Irgendwann bemerke ich links von mir zwei Beine in einer dunklen Stoffhose: Der Kellner steht an unserem Tisch und fragt, was wir gern hätten.

»Ich hätte gern einen Cappuccino und einmal das Tiramisu, bitte«, sage ich zum Kellner und schaue zu ihm hoch. »Für mich nur Espresso«, sagt mein Vater in seiner quäkigen Stimme. Der Kellner geht wieder, Papas Blick und meiner treffen sich wieder. Ich schlage die Beine übereinander. »Und? Wie ist es in München?«, frage ich. »Ja, okay«, sagt Papa. Sein wütender Blick ist verflogen, und er zieht einen Holz-Zahnstocher aus einem runden Behälter vor ihm. »Weißt du, die Bayern sind noch mal ein eigenes Völkchen, Miryam.« Er legt den Kopf zur Seite und schaut auf die verschmierten Essig- und Ölflaschen, die zwischen uns auf dem Tisch stehen. »*Neyse*, war 'ne gute Entscheidung wegzuziehen. Berlin ist so dreckig.« Papa steckt sich den Zahnstocher zwischen die Schneidezähne und nuschelt hindurch: »Was macht dein Studium? Wann bist du denn mal fertig?« Ich lächele genervt: »Ach weißt du, Papa, keine Ahnung, irgendwann. Fragst du echt jedes Mal, wenn wir uns sehen.«

»Ja, passiert ja auch nix, jedes Mal! Ich höre nix von Abschlüssen!«

»Ja. Ich glaube, in so ein, zwei Jahren hab ich den Bachelor. Bin ja erst 25, ne?« Mein Vater legt den benutzten Zahnstocher auf seine rote Serviette und zeigt mit dem Zeigefinger auf mich: »Mein liebes Fräulein, nicht in diesem Ton, wer bezahlt dir das denn alles, hm? Mit 25 Jahren war ich schon arbeiten, hab Geld verdient für dich und deine Mutter! Denk mal nach, bevor du redest!« Aus dem kleinen Mund von Papa fliegen viele kleine Spucketropfen auf die Tischdecke. Sie regnen aus ihm, wie kleine, flüssig gewordene Wutgefühle. Ich spüre, dass es heute noch knallt, wenn ich nicht aufpasse. Lange halte ich es hier nicht aus. Besser, ich komme schnell zum Punkt. Aber erst mal entschuldigen.

»Ja, okay, tut mir leid. Dings, Papa, sorry, dass ich so lange nicht geantwortet hab auf deine letzte SMS. Du, mein Telefon spinnt irgendwie! Ich glaub, ich brauche ein neues.« Ich sage das, als wäre ich traurig darüber und ziehe meine Augenbrauen zusammen. Ich hole mein Handy aus der Handtasche und zeige es ihm: Der Bildschirm ist zersprungen, als es mir neulich beim Schreiben im Laufen aus der Hand und auf den Bürgersteig gefallen ist. Mein Vater greift nach dem Handy und begutachtet es fachmännisch von vorne und hinten. Er schaut vom Telefon hoch: »Warum? Was hast du denn jetzt schon wieder damit gemacht?«

»Nix, weiß auch nicht, wie das passiert ist, Papa!«

»Ihr Kinder – Deniz auch – müsst ma lernen, ordentlich mit euren Sachen umzugehen«, keift er. Er greift in sein

Portemonnaie und wirft mir einen 50-Euro-Schein hin. »Hier, nimm mal das jetzt, dann such nach neuen Handys und schick mir den Link, ich kaufe das dann, kenne da einen Typen, der das billiger hat.« Ich antworte: »Nein, Papa, danke, brauch ich echt nicht, die 50 Euro! Du machst doch schon immer die Miete. Ich hab grad zwei ganz gute Nebenjobs im Restaurant und in einem Callcenter!« Mein Vater winkt ab. Ich hab richtig Bock auf die 50 Euro, aber ich muss das Geld einmal ablehnen. Einfach der Höflichkeit wegen, um nicht gierig zu wirken. »Doch, nimm das jetzt, sei ruhig«, antwortet er. Ich lächle ihn an, er schaut nur irritiert. Es ist nämlich so: Wenn ich dankbar für Papas Geld bin, ist er verärgert, weil ich ja nur wegen des Geldes nett zu ihm sei, sagt er. Und dann kommt sein Lieblingsspruch mit unserer Verbindung, die nur eine Kontoverbindung ist. Aber wenn ich nicht oft genug Danke sage, bin ich wiederum undankbar. Ich kann bei Papa also nur verlieren. Aber immerhin kann ich dabei Gewinn machen. Ich nehme die 50 Euro vom Tisch. Ganz zögerlich natürlich, damit ich meinem anfänglichen Zieren noch mal Ausdruck verleihe. Dann neige ich den Kopf und bedanke mich noch mal.

»Danke dir sehr, Papacığım«, sage ich. »Das ist auch das Mindeste«, denke ich dabei aber. Diese 50 Euro, die Miete, generell das Geld von Papa sind meine Kindheits-Reparationen. Den Link zum neuen Handy habe ich schon rausgesucht, den werde ich Papa auf WhatsApp schicken, sobald ich endlich wieder zu Hause bin.

Der Kellner kommt mit unserer Bestellung an den Tisch. Sobald der Espresso vor ihm abgestellt ist, stürzt mein Vater ihn runter wie einen Shot und steht dann vom Stuhl auf. Er muss auf die Toilette, sagt er. Ich trinke einen Schluck von meinem Cappuccino und löffele mein Tiramisu. Es ist perfekt, es schmeckt kaum nach Alkohol. Dann greife ich nach meinem Handy, das noch auf Papas Seite vom Tisch liegt, und tippe auf den zersprungenen Screen:

> »Ihr sollt ORDÄNTLICH mit euren Sachen umgeeeheen!!!! Kleines Zitat von Vaddern. Sitzen grad im Restaurant, es ist mal wieder nur schwer auszuhalten«

Ich schicke die Nachricht an Deniz ab, und der antwortet sofort:

> »Ach du Scheiße, ey, hättest du mal Bescheid gesagt! Seid ihr bei seinem Hotel da in Wilmersdorf? Sag Bescheid, wenn ich noch kommen soll oder wenn du zu Hause bist!«

Ich will Deniz gerade antworten, aber da kommt mein Vater schon wieder, also stecke ich das Handy in meine Handtasche. Mein Vater lässt sich mit einem riesigen Seufzer wieder auf den Stuhl fallen. »Weißt du, Miryam, ich frage mich oft, was hat euch so kaputt gemacht …«, sagt er und verschränkt seine Hände ineinander. »Dass ihr so mit euren Sachen umgeht … Dass du so lange brauchst für dein Studium … tztztz …« Mein Vater schaut melodramatisch aus dem Restaurantfenster hinter mir. »Ich sage deiner Mutter immer: ›Silke, *ich* wollte nie die Scheidung, aber du wolltest ja unbedingt!‹ Und was ist? Sie hat euch

Kinder damit KAPUTT gemacht!« Das »kaputt« klingt so, als würde er es in Caps Lock rufen. Eine ältere Frau drei Tische weiter schaut erschrocken zu uns herüber und widmet sich dann wieder ihrem Caprese-Salat. Papa spricht unbeirrt weiter. »Und weißt du, Miryam, was sie dann sagt?« Ich schüttele den Kopf.

»Sie sagt dann immer nur: ›Ibo du hast sie nicht mehr alle.‹« Er macht meine Mutter nach, indem er mit hoher Stimme spricht. »Du hast sie auch nicht mehr alle«, denke ich. »Mama hat vollkommen recht.« Aber das kann ich nicht sagen, das würde ich mich nie trauen. Ich antworte stattdessen: »Ja, weißt du, Papa, ich bin auch nicht sicher, ob jetzt wirklich *die Scheidung* das Problem für Deniz und mich war …« Die Miene meines Vaters verfinstert sich sofort. Ich bekomme kurz Angst, spüre ein Ziehen im Magen, mein Kehlkopf schnürt sich zu. Meine vorsichtig-ehrliche Antwort war ein Fehler.

Wann immer Deniz und ich versucht haben, auch nur anzudeuten, dass wir von Papas Verhalten verletzt waren, wurde er sofort ausfallend, und wir sind schnell wieder verstummt. Für meinen Vater sind seine Gewaltausbrüche nie geschehen. Einzig und allein die Scheidung vor ein paar Jahren sieht Papa als Problem. Als Mama endlich den Schritt gewagt hatte und zum Anwalt ging, uns dreien eine neue Wohnung suchte, nachdem ich sie jahrelang darum angebettelt hatte. Einmal hatte ich meinen Pyjama und Zahnbürste unter den Arm geklemmt und zu Mama gesagt, ich würde gehen, wenn sie Papa nicht bald verlassen würde. Da musste sie lachen, und mir tat ihr Lachen weh – aber ich glaube, in dem Moment hat Mama dann gemerkt, dass es dringend war. Und als wir dann, Jahre später, wirklich ausgezogen sind, warf mein Vater ihr vor, dass *sie* die Familie zerstören würde. Dass sie uns Kinder kaputt machen würde. Dass Kinder eine Familie bräuchten, auch den Vater. Er fragte so oft, ob er denn *gar nichts* wert sei, in dieser Familienkonstellation, in diesem Leben? Heute kann ich mir herleiten, wieso mein Vater sich auf die Scheidung fokussiert, was unser Scheitern als Familie angeht. Die Scheidung ist ein externes Ereignis und das einzige, an dem er – aus seiner Sicht – keine Schuld trägt. Sie ist ein äußerer Faktor, auf den er alles verlagern kann, was uns wehgetan hat. Die ganzen Jahre *vor* der Scheidung, also meine Kindheit, Deniz' Kindheit, die Zwanziger und Dreißiger meiner Mutter: war für ihn alles einwandfrei. Und das muss auch so bleiben. Denn es gibt *eine* Regel im Fight, äh, im Familien-Club der Topals: Die Zeit *vor* der Scheidung darf nie adressiert werden. Im Prinzip also kein Wunder, dass ich alles von damals verdrängt hatte und davon krank wurde.

Jetzt habe ich es aber wieder angesprochen, wenn auch nur ansatzweise. Papa leckt sich über die schmale, angespannte Oberlippe und schaut um sich. Ich kann seinen Puls förmlich hören, so schnell muss er sein. Papa muss innerlich kochen. Er lacht, und seine glatten, weißen Zähne kommen hervor. Er macht das, um Anspannung abzubauen, aber so wirkt er noch bedrohlicher. Er nimmt meine rechte Hand und drückt, nein, er quetscht sie. Es tut weh, aber ich halte es aus. Unter einem breiten Lächeln zischt er mir zu: »Du bist eine undankbare Göre.« Tränen schießen mir in die Augen, aber ich schaue ihn weiter an, ich halte seinem Blick stand. Er wird mich nicht mehr fertigmachen. Nicht hier, nicht in diesem Restaurant, nicht mehr. Ich bin 25 Jahre alt. Es gibt niemanden, der mich zwingen kann, mit ihm an einem Tisch zu sitzen. Ich ziehe meine Hand mit etwas Mühe aus seinem Griff. Papa sieht mich mit einer Mischung aus Verletztheit und blanker Wut an, dann hebt er den Finger und bestellt die Rechnung beim Kellner. Jetzt bekomme ich doch ein schlechtes Gewissen: »So benimmt sich aber keine gute Tochter«, denke ich. Das altbekannte Schuldgefühl krabbelt in mir hoch, vom Bauch zum Hals, und ich höre mich selbst in Gedanken: »Du bist zu streng mit ihm, Miryam. Kein Elternteil ist perfekt. Lass die Vergangenheit doch mal hinter dir und halte einfach die Hand deines Vaters. Der wird doch auch nicht jünger!« Ich würde nichts lieber als das. Ich wünschte, ich könnte Papa verzeihen, dass wir uns alle alles verzeihen und endlich eine Familie werden. Aber irgendetwas scheint mit mir nicht zu stimmen. Ich bin zu sensibel und gleichzeitig zu hart mit ihm. Und er hat ja nicht nur schlechte Seiten.

Er hat sogar echt viele gute Eigenschaften: Er ist zum Beispiel großzügig. Er hat mir eine Wohnung besorgt und mir damit – bewusst oder unbewusst – geholfen, von meinem schlimmen Ex-Freund freizukommen. Er will mich eigentlich immer vor allem Übel beschützen (bis auf vor sich selbst). Wenn ich krank bin, hat er Tausende von Tipps, die ich befolgen soll, oder hat früher oft eine Suppe aus Erbsen und Möhren aus der Dose, Tomatenmark und Paprikamark gemacht. Und Papa kann – wenn er einen guten Tag hat – sehr gut über sich selbst lachen. Sein Englisch zum Beispiel ist katastrophal, und das weiß er, also spricht er gern mit uns ein, zwei Worte auf Englisch, um uns Kinder zum Lachen zu bringen. Papa muss nur so was sagen wie: »Wat du ju want to do tudey?«, und Deniz und ich lachen, bis wir weinen. Das ist für uns *die* Comedy-Show des Jahrhunderts, jedes Mal. Mein Vater kokettiert gern mit seinen Unzulänglichkeiten, solange man darüber am Esstisch oder vor anderen scherzen kann. Ob es seine große Nase ist, sein Englisch oder sonst etwas: Mein Vater lacht gern lauthals über sich. Und dabei sieht er immer aus wie ein Pelikan, der hell und stakkatomäßig lacht. Seine Stimme ist sowieso ungewöhnlich hell, klingt künstlich und angespannt. Am Satzende zieht er die Stimme hoch, und oft klingt es so, als wäre am Ende seiner Sätze ein imaginäres Fragezeichen: »Miryam, ich war in der Türkei und habe die ganze Familie gesehen?« Das ist in seiner Welt ein abgeschlossener Satz mit Punkt am Ende, und ich denke mir die Fragezeichen-Intonation einfach weg. Und dann macht er einen Sparwitz und lacht darüber wie ein Pelikan im Stimmbruch. Wie soll man diesen Typen ernst nehmen? Wir mussten einfach über ihn und mit ihm lachen. Wann immer es ging, so lange wie möglich. Das Gelächter, die gelöste Stimmung konnten natürlich jederzeit sekundenschnell kippen. Unter anderem deswegen habe ich meinen Papa studiert wie eine Religion. Und mittlerweile habe ich den Master in Papalogie, könnte man sagen. Ich weiß bis heute genau, was seine Mimik oder Wortwahl über seine nächsten Handlungen vorhersagen. Ich weiß, wie ich winzige Bewegungen und Veränderungen in seinem Gesicht zu deuten habe. Wenn er zum Beispiel seinen Unterkiefer nach vorn schiebt, heißt das Alarmstufe Rot.

Das macht er immer, bevor er zuschlägt. Wenn seine Lippe sich nach rechts kräuselt, hat man zwei, drei Minuten, in denen man die Lage noch beruhigen kann. (Meist klappt es aber nicht mehr.) Nur ich sehe diese Muster in ihm: Deniz vertraut auf mein Auge, meine Mutter war jedes Mal wieder überrascht davon, wenn sie eine geknallt bekam. Vielleicht wurde Papa über die Jahre immer unberechenbarer für sie, eventuell hat sie aber auch einfach nur die Augen immer fester geschlossen gehalten und nicht mehr hingeschaut, um weiter durchzuhalten. Manchmal habe ich mir gewünscht, dass sie auch mal richtig zurückgehauen hätte. Ich weiß, dass das nicht ging, dass das für sie lebensgefährlich geworden wäre. Dass sie bestimmt Angst hatte. Aber ich hätte einfach so gern gesehen, wie meine Mutter meinem Vater mal eine Schelle zurückgibt. Wie sie sich aus diesem Opfer-Dasein befreit und damit uns alle aus dieser Ohnmacht. Aber Gewalt kann nie ja die Antwort sein. Auch dann nicht, wenn sie dich mit Fragen löchert, die mit ihr aufkommen. Warum?

Mir hat sie bei meinem Ex-Freund damals zumindest nicht geholfen: Irgendwann, nach unzähligen Prügelattacken, war mir nämlich alles egal, und ich habe mich gewehrt. Nur einmal, nach einer weiteren Ohrfeige von ihm, habe ich ihn in die rechte Hand gebissen. Und zwar mit aller Kraft, die ich noch hatte. Darauf war ich stolz. Er schrie auf, ich lächelte innerlich, und mein Biss hatte dann natürlich eine noch stärkere Schelle von ihm zur Folge. Mein Kopf brummte richtig von der Ohrfeige. Aber immerhin hatte ich so endlich auch mal aktiv an meiner Zerstörung teilgenommen. Heute schäme ich mich dafür, wie ich mich damals verhalten habe, dass ich ihn gebissen habe. Aber mein Biss war Selbstverteidigung. Heute bin ich davon so weit entfernt, dass mir dieses alte Leben mit meinem schlimmen Ex-Freund wie eine erfundene Geschichte vorkommt. Seit ich mich von ihm getrennt habe, ist auch die Gewalt aus meinem Leben verschwunden. Es gibt für mich keinen Grund zu beißen. Aber es ist wirklich komisch: Die Gewalt frisst sich so in einen rein, sobald sie im Raum ist. Je mehr man sie erlebt, desto mehr bestimmt sie einen. Sie steuert einen, man verzehrt sich nach ihr, auf eine ganz komische Art. Die innere Zündschnur wird immer kürzer, ähnlich wie bei einem Feuerwerk. Und sobald die erste Gewalthandlung geschehen ist, gibt es kein Zurück mehr. Alles wird nur kürzer, schneller, heftiger. So lange, bis wieder komplette Stille einkehrt – durch eine radikale Trennung oder, wenn es schlecht läuft, durch den Tod. Trotzdem fließt die Gewalt weiter in den Adern der Nachkommen, glaube ich. Über Generationen fließt sie in den Venen der Menschen, mit denen die Gewalt im Raum war oder noch ist. Und diesen Raum zu verlassen ist schwer.

Die Kindheit meines Vaters war so traumatisch wie gewöhnlich, glaube ich. Auch für ihn war der Ausnahmezustand der Normalzustand, sofern ich das beurteilen kann. Auch er hat als kleiner Junge in einem kleinen Dorf tagein, tagaus Gewalt erfahren und beobachtet. Er scheint seine Kindheit und seine Erfahrungen aber anders zu bewerten. Unzählige Male hat mein Vater fast stolz davon erzählt, wie sein Vater die Mutter einmal so schlimm verprügelt hatte, dass sie blutend in einen kleinen Teich in der Nähe des Hauses fiel. Der grünliche Teich färbte sich rot, ihre vielen

Tücher schwebten von ihrem Körper durchs Wasser. »Sie sah aus wie ein gefallener Engel, meine Mama«, so erzählt mein Vater es immer. Es wirkt wie eine Mischung aus Gruselgeschichte und glanzvoller Legende. »Ich hätte es fast nicht geschafft«, raunt er dann. Denn meine Großmutter, war zu dem Zeitpunkt schwanger mit meinem Vater. Und er hat überlebt. Dass Papa diese Geschichte kennt, kann nur daran liegen, dass sie auch ihm von einem anderen Familienmitglied so oder so ähnlich erzählt wurde. Mit dem Fokus darauf, dass er schon als Säugling so stark war, dass er überlebt hat. Und mit der Moral von der Geschichte, dass mein Vater weiterhin im Leben stark und hart sein muss. So tradiert ist die Gewalt in unserer Familie. Sie ist eine Anekdote, ein Merkmal, über das man entweder gemeinsam lacht oder ergriffen erzählt, wie man trotz der widrigen Umstände überlebt hat. Die Gewalt ist eine Heldengeschichte, eine Reifeprüfung und manchmal sogar ein Qualitätsmerkmal. Meine Mutter berichtet zum Beispiel oft von einer bestimmten Teflon-Bratpfanne, mit der ihr Vater ihre Mutter regelmäßig verprügelt hat. Und im gleichen Atemzug schwärmt sie dann davon, wie sehr meine Großmutter meinen Opa geliebt hatte, auch lange nach dessen Tod. »Trotz allem«, sagt sie immer. »Wir Niemeyer-Frauen halten eine Menge aus.« Meine Großeltern sind alle tot, ich habe sie nie kennengelernt. Zweimal war es Krebs, zweimal waren es Herzinfarkte, die meine Großeltern aus dem Leben geholt haben. Sie haben sich nicht totgeprügelt, aber müssen so unglücklich gewesen sein, dass ihre Herzen und Därme frühzeitig aufgegeben haben. Ich schätze mal, diese Lebensweise, alles auszuhalten, lässt einen sehr früh abkratzen. Verzeihen scheint mir wie ein Weg aus dem

Dilemma und in ein langes Leben. Und genau das will mir einfach nicht gelingen. Ich schäme mich dafür, dass ich so schlecht mit meiner Kindheit zurechtkomme. Weil meine Eltern es ja offensichtlich noch viel schlimmer hatten. Weil sie auch nur weitergeben, was sie kennen. Sie agieren eben aus ihrem Erfahrungsschatz. Und ich kann ihnen nicht einmal verzeihen. Was für eine schlechte Tochter ich doch bin. Innerlich oszilliere ich jeden Tag zwischen Hass, Wut, Liebe, Sehnsucht, Scham und Schuld. Der einzige Weg, dem Verzeihen nahezukommen, schien mir bisher, einfach alles zu vergessen. Vor vielen Jahren habe ich meine Kindheit von mir abgeschnitten, mit dem riesigen Damoklesschwert, das immer über mir schwebte. Das ging dann ein paar Jahre gut, und irgendwann, vor bald drei Jahren, wurde ich depressiv. Es muss also irgendwie anders gehen, mit dem Happy End. Ich wünsche mir noch immer, dass wir uns eines Tages in den Armen liegen, Deniz und ich unseren Eltern verzeihen und wir alle noch mal von vorne anfangen. »Kinder warten immer auf ihre Eltern«, habe ich irgendwo mal gelesen. Das stimmt. Ich warte momentan aber auch auf mich. Darauf, dass ich meine Kindheit verarbeitet habe, verzeihen kann und wir endlich eine Familie werden können. Ich muss all das ganz machen, was kaputt war. Herr Kemmers sieht das übrigens ganz anders: Der meinte letztens, dass man nicht immer verzeihen muss, um zu heilen. Ich habe ihn ungläubig angesehen, das war das erste Mal, dass ich nicht seiner Meinung war. Ich will, dass Papa endlich *mich* sieht, und nicht nur eine Erinnerung an seine schlechten Taten in meinem Gesicht findet. Ich will, dass wir drei endlich eine Familie werden. Und ich vermute, dafür muss ich *einmal* alles auf den Tisch legen, was in mir brodelt. Ich muss aussprechen, was mir damals wehgetan hat, damit wir uns verzeihen können. Nur so kann ich den Gewalt-Kreislauf durchbrechen. Ich weiß nur noch nicht, wann ich das machen kann.

Der Kellner kommt und legt die Rechnung auf den Tisch, neben die Espressotasse bei meinem Vater. Ich habe noch immer Tränen in den Augen und schaue auf die rot-weiß karierte Tischdecke. Eine Träne fällt herunter. Der Kellner sieht das offenbar und sagt in nervigem Tonfall: »So schöne Frau, nicht weinen!« Papa schaut mich angewidert an. Dann dreht er seinen Kopf zum Kellner: »Ah weißt du, Frauen, es ist immer irgendwas! Töchter sind so komplizierte Wesen …« Papa steckt ihm einen 20-Euro-Schein zu. Der Kellner lacht wissend und wedelt dabei mit dem Zeigefinger. So, als hätte auch er eine 25-jährige Tochter, die in einem Restaurant weint, weil er sie gerade als »undankbare Göre« bezeichnet hat und weil sie Angst vor ihm hat. »Danke Ihnen, schönen Tag noch«, sagt der Kellner und meint damit die sieben Euro Trinkgeld, die Papa ihm mit dem Zwanziger gegeben hat. Papa und ich stehen vom Tisch auf, beim Rausgehen hält er mir die Tür auf. Vor der U-Bahn-Treppe halte ich ihm meine rechte Wange hin, unsere Wangen berühren sich kurz zum Abschied. »Nächstes Mal benimmst du dich besser«, bestimmt Papa. »Und schick den Link.« Ich nicke stumm, dann dreht er sich um, und ich laufe schnell die Treppen zur U7 hinunter. Hier am Bahnsteig sitzen Menschen, die alle Familie haben oder hatten, von einer kommen, sich eine wünschen. Aber bestimmt mussten die nicht im Restaurant weinen. Bestimmt haben alle eine bessere Familie als ich. Die U7 fährt rauschend in den Bahnhof ein, der Luftzug gibt mir etwas Kraft. Ich steige in die Bahn und setze mich auf einen der verdreckten Vierer-Plätze. Meine Handtasche stelle ich wie eine alte Frau auf meinen Oberschenkeln ab und greife noch mal hinein, um mich zu versichern: Da sind die 50 Euro. Meine Strapazen eben waren etwas wert. Aber ich habe keine Ahnung, was ich mit dem Geld machen soll.

Moscato kaufen jedenfalls nicht, Trinken mit Mehdi ist nämlich nicht mehr. Vor zwei Wochen hatten wir einen riesigen Streit. Mehdi trinkt seit Monaten jeden Tag, und vor ein paar Wochen habe ich angefangen, mir Sorgen zu machen. Das war, als er diesen Blackout auf der Party von unseren Bekannten hatte und in die Badewanne getragen werden musste. Wir haben kaltes Wasser über ihn laufen lassen, er kam wieder zu sich und wollte sofort ein frisches Glas Sekt. Mehdi hasst es, die Kontrolle zu verlieren, so viel Alkohol passt gar nicht zu ihm und seinem Perfektionismus. Ein paar Tage später habe ich gemerkt, dass er immer nach Pfefferminz riecht und kleine Kaugummis im Portemonnaie hat. Und mir ist aufgefallen, wie sehr er bei jedem unserer Treffen auf Alkohol drängt, sogar wenn wir ins Kino gehen. Klar, wir haben schon immer zusammen getrunken, aber irgendwie hat es die letzten Wochen keinen Spaß mehr gemacht. Ich spürte seinen Drang in der Luft. Und ich habe Dinge in seiner Wohnung gesehen, die ich von zu Hause kenne: die leeren Moscato- und Martiniflaschen in seiner weißen Küche zum Beispiel. Und er ist mir unendlich wichtig, also tat ich etwas, das ich in all den Jahren unserer Freundschaft noch nie gemacht hatte: Ich sprach ihn darauf an. Als wir mal wieder bei ihm auf dem Balkon saßen und er den Moscato holen wollte, fragte ich vorsichtig bei ihm nach: »Mehdi, meinst du, du bist okay? Ich sehe dich irgendwie nur noch Kaugummi kauen und so viel trinken. Meinst du, du solltest mal eine Zeit lang keinen Alkohol mehr trinken?« Mehdis Blick fror sofort ein, er wurde rot vor Wut, und wir stritten. Irgendwann nannte er mich eine »furztrockene, undankbare Narzisstin«, ich musste kurz lachen, weil ich die Beleidigung so lustig formuliert fand, aber Mehdi schaute böse, und ich lief wütend aus seiner Wohnungstür. In der S-Bahn auf dem Weg nach Hause konnte ich keinen klaren Gedanken fassen, ich war komplett unter Schock. Mehdi, der sonst immer so wirkte, als würde er über den Dingen stehen, war plötzlich wie ausgewechselt. Das hier war unser erster Streit, und er war direkt eine emotionale Atombombe. All die Jahre, die wir miteinander unsere Geheimnisse (zumindest ein paar) geteilt und das Leben gemeinsam gemeistert haben, sind vor unseren Augen, auf seinem Charlottenburger Balkon hochgegangen. Seit dem Streit ist Funkstille, Mehdi hat mich auf WhatsApp blockiert, meine Anrufe gehen auch nicht mehr durch, und da wir nicht mehr in der Schule sind, sehen wir uns auch nicht zwangsläufig. Ich bin in meiner Uni, er in seiner, und ich vermisse ihn schrecklich. Er wäre bestimmt stolz auf mich, wie ich das Treffen mit meinem Vater hier gehandelt habe. Er würde so was sagen wie: »Bitch, du hast das Treffen rasiert! Schäm dich nicht für das Geld! Von den 50 Euro holen wir uns keinen Moscato, sondern einen ordentlichen Crémant von Edeka!« Und dann würde ich uns davon was anderes holen, damit er nicht schon wieder trinkt. Ich hoffe, dass es Mehdi gut geht. Und dass wir uns bald aussprechen und versöhnen können. Jetzt schreibe ich erst mal Deniz auf WhatsApp: *»Bin gleich zu Hause, kannst vorbeikommen, wir haben 50 Tacken zum Verprassen! *Jackpot*«*

* * *

»Hey Mimi«, sagt Deniz leidenschaftslos und stapft durch meine Eingangstür. »Hey Dudu«, erwidere ich und schließe die klapprige Tür mit einem Quietschen. »Warst du in der Nähe? Oder was hast du gerade gemacht?« Deniz lässt sich mit einem Seufzer auf meine Couch fallen und greift in die Innentasche seiner Jack-&-Jones-Jacke. Er holt eine grüne Pepe-Zigarettenschachtel heraus und zieht eine Zigarette hervor. »Mjoa«, antwortet er mit Zigarette im Mundwinkel. Er zündet sie an: »Ich hab hier Nähe Innsbrucker einen alten Kollegen getroffen.«

»Ah, wen denn?«

»Kennst du nicht.«

»Okay.« Ich kneife die Augen zusammen und schaue meinen Bruder schief lächelnd an. Er zieht an seiner Zigarette und kneift die Augen auch zusammen. Kurz sehen wir uns so an, dann dreht er seinen Kopf zur Seite und lacht prustend in Richtung Wohnzimmerfenster, während eine Rauchwolke aus seinem Mund fliegt. »Geht dich nix an, Schwesterherz«, sagt er kokett und ascht in meinen Fake-Kristall-Aschenbecher. Ich verschränke die Arme, aber werde nicht weiter nachfragen, das führt sonst nur zu Streitigkeiten. Deniz ist sein eigener Herr. Ich kann nicht mehr bei allem nachbohren wie früher, wo er noch viel geflunkert hat, um sich stark zu fühlen. Heute ist er ehrlich und erwachsen. Also so erwachsen wir beide eben sein können.

Ich wedele mit den 50 Euro vor Deniz' Gesicht rum. »Guck mal, was ich hab, Dudu! Hart erarbeitet!« Ich lege ihm den 50-Euro-Schein hin. »Schenk ich dir.« Deniz winkt ab und greift lächelnd in seinen dunkelblauen Rucksack.

»Guck mal, was ich dabeihab!« Er zieht ein kleines Propeller-Flugzeug aus Styropor heraus. Ich kann es nicht fassen: Das Flugzeug habe ich ihm vor zig Jahren geschenkt, da war er gerade mal neun Jahre alt! Damals wollte er noch Pilot werden und hatte sich seine Zimmerwände mit Kampfjet-Postern zugeklebt. Unglaublich, dass er das noch hat. Ich lächle ihn gerührt an. »Weißt du, dass ich das immer bei mir trage?«, fragt er und zeigt auf das Flugzeug. Seine Zigarette wippt in seinem Mundwinkel bei Sprechen. Ich schüttele den Kopf und umarme ihn stürmisch. »Ja, ja«, sagt er, jetzt wieder ganz emotionslos, und tätschelt meinen Rücken. »Is' gut jetzt.« Ich erlöse ihn von meiner Umarmung und frage, ob er was essen will. Er schüttelt den Kopf. Ich schaue das Flugzeug an: Es sieht wie neu aus. »Du hast das immer dabei?«, frage ich ungläubig. »Ja«, sagt Deniz und geht in die Küche, ich höre den Wasserhahn laufen. Er lässt offenbar etwas Wasser über seinen Zigarettenstummel laufen und kommt wieder zum mir auf die Couch. Er legt den nassen Stummel in den Aschenbecher. »Da gucken meine Kollegen nicht schlecht! Auch deswegen, guck mal!« Deniz zieht an einem dünnen, schwarzen Leder-Halsband, das um seinen Hals hängt. Daran baumelt ein braun-grau schimmernder Rauchquarz, den ich ihm vor zwei Jahren gekauft habe. Der Verkäufer meinte zu mir, dieser Stein würde in Extremsituationen schützen. Ich habe ihn sofort gekauft, nachdem Deniz mir eröffnet hatte, dass er bei der Polizei anfangen will. Ich hasse, dass er Polizist ist, ich habe immer wieder versucht, ihn davon abzubringen. Ich habe Angst um ihn und seine Seele. Aber er will da sein. Und er ist alles, was ich habe. Ich werfe ihm einen Luftkuss zu: »Krass. Wie süß, Dudu! Das freut mich voll.«

»Ja süß. Und ein bisschen bescheuert. Die Kollegen sagen immer: ›Guck mal, der Topal! Wir alle versuchen, so leicht wie möglich unterwegs zu sein, und der Topal hängt sich einfach einen Stein um den Hals.‹«

Ich lege den Kopf zur Seite und fühle Tränen in mir aufsteigen.

»Nee, Miryam, bitte nicht«, sagt Deniz genervt, als würde er das auch spüren. Er winkt ab: »Komm, erzähl mal jetzt von Papa, was war?«

»Hör auf, war mal wieder Horror. Hab mich die letzten vier Stunden davon erholen müssen.«

»Warum, hat er dir eine geballert?« Deniz lacht ironisch auf.

Ich ziehe einen Mundwinkel hoch, zu einem schiefen Lächeln: »Nee, *uns* hat er ja immer ausgelassen.«

»Immerhin. *It's something!*« Deniz hebt seine Arme über seinen Kopf: »Kennst du das Meme, Mimi?«

»Ja, klar, kenn ich das. Aber ist echt genau so! Yaaaay, *wir* wurden immerhin *nicht* verprügelt! *It's something!*« Ich hebe die Arme über den Kopf und lächle müde. Deniz schüttelt den Kopf und schaut auf den Couchtisch vor uns.

»Wirklich, ey … Dings, Mimi, weißt du noch, wie er einmal ins Auto GEPISST hat? Da musste ich letztens dran denken, wie gestört das war.«

»Oh Gott, ja … Erinner mich nicht«, sage ich und halte meine Hand vor den Mund, um nicht laut loszulachen. Das erledigt Deniz jetzt aber für mich, er bekommt einen Lachflash.

»Alter, WER macht das?«, fragt er schwer atmend und hält sich beim Lachen die Brust. »WER setzt sich in einen Passat und PISST aus Protest unters Handschuhfach? Nur weil Mama und Papa sich wieder wegen irgendwas gestritten haben und er irgendwann keine Argumente mehr hatte! Fängt er einfach an zu pissen, so für den Schockfaktor, oder was?« Ich kann mein Lachen auch nicht mehr aufhalten und steige mit ein: »Ja, ey, Dudu, vor allem: ich hatte einfach einen Auftritt mit meiner Ballettklasse, alles fein, komme aus der Garderobe wieder, und Papa sitzt da einfach in einer Urinlache?! Was ist das für ein Life?«

»Ja, ey, ey«, sagt Deniz und winkt mit seiner Hand: »In dem Moment, wo er angefangen hat zu pinkeln, war ich auch nur so: ›Okay, *das* ist neu.‹ Mega trocken einfach! Nur das Auto war es halt nicht mehr!« Wir lachen beide Tränen. Wir lachen so laut, dass aus unseren Hälsen dieser stumpfe, schrille Ton kommt, wenn die Luft sich den Weg durch die Stimmbänder sucht. »Alter, wirklich, so ein kranker Typ, ohne Spaß, Mimi.« Deniz wischt sich die Tränen von den Wangen und versucht, sich wieder zu beruhigen. Ich schaffe es noch nicht, aber atme einmal tief durch und halte die Hand auf meinem Bauch. Dann überkommt mich ein weiterer Lachanfall, und Deniz steigt auch wieder ein. Ein paar Minuten später hat er sich beruhigt. »Ey, aber Mimi, mir tun die beiden schon leid«, sagt er und klingt dabei sehr ernst. »Wenn man so durch ist, dass man ins eigene Auto pisst … Das ist ja einfach *mentally ill*. Also Papa ist doch nicht ganz knusprig im Kopf, oder?«

Ich höre jetzt auch auf zu lachen und atme einmal tief aus, bevor ich antworte. »Nee, echt nicht normal. Mehdi hat mir mal gesagt, die zwei sind Narzissten, der studiert das ja.« Deniz kneift die Augenbrauen zusammen und sieht mich ungläubig an: »Narzissten? Was das denn?«

»Keine Ahnung, irgendwie eine Menge. Mehdi meinte, das ist eine Persönlichkeitsstörung mit vielen Facetten, verschiedenen Typen und Ausprägungen. Er hatte mir das mal erklärt, also na ja, bevor wir uns gestritten haben. Aber wir waren auch betrunken, ist also nicht viel bei mir hängen geblieben. Aber ich weiß noch, dass ich Mama und Papa in seinen Beschreibungen total gesehen hab.«

»Echt?«

»Ja. Zum Beispiel sind beide auf ihre Art emotional irgendwie so kindisch, weißt doch. Und beide haben keinen richtigen Selbstwert, immer unterschwellige Wut, die jederzeit explodieren kann, so was.«

»Jaaa, das klingt nach Mama und Papa.« Deniz zieht noch eine Zigarette hervor und steckt sie sich an.

»Oder? Und beide haben uns auf ein – sehr wackeliges – Podest gestellt, wenn es ihnen gepasst hat. Bei mir waren das die guten Noten, Ballett, die Auftritte, Staatsoper – da war ich immer das Vorzeigekind.«

»Ja, du! Ich hatte so was nicht«, sagt Deniz und klingt dabei etwas bitter. »Weißt du noch, wie ich versucht habe, Klavier zu lernen, damit ich auch musikalisch bin, wie du? Fail, das war ja wohl nix.«

»Du warst dafür das Nesthäkchen, und besonders Papa

war einfach viel netter zu dir als zu mir, weil du ein Junge bist.«

»Ja, stimmt. War aber auch anstrengend irgendwie, muss ich dir sagen. So komisch bevorzugt werden hat mein Selbstbewusstsein komplett gefickt, glaube ich. Kriege jetzt erst auf Arbeit richtig ein Gefühl davon, was es heißt, in einer Gruppe ein gleichwertiges Glied zu sein, mich auf andere verlassen zu können, so was.«

»Ja, wir hatten zu viel Verantwortung als Kinder, Dudu.«

»Du mehr als ich, glaube ich.«

»Kann sein. Auf jeden Fall ist es *nicht* normal, dass wir uns jeden Tag Sorgen um Mama machen mussten und Angst vor dem Alten hatten.«

»Nee, ist es nicht«, sagt Deniz und schaut traurig. »Ich weiß aber, dass du mich immer beschützt hast, Mimi. Glaube, deswegen hab ich das alles irgendwie besser verbacken.«

»Hast du?«

»Na ja, ich versuche einfach, nicht dran zu denken.«

»Hab ich auch probiert, aber glaube, das hat mich depressiv gemacht. Mir tun die beiden halt vor allem leid. Weil sie ja nicht wirklich die Möglichkeiten hatten wie wir, Therapie und so was. Also doch, Therapie könnten sie im Prinzip machen, aber die kennen es selbst ja gar nicht anders! Die haben eben selbst schon eine Menge durch. Wahrscheinlich noch mehr als wir.«

»Ja, die beiden sind echt durch. Und wir auch, Mimi. Aber wir *wissen* das zumindest! Und wir machen es mal besser!«

»Ja, hundertpro! Hallo?« Ich greife nach Deniz' Hand:

»Ich freu mich schon so krass darauf, meine eigene Familie zu haben!« Deniz schließt die Augen und schüttelt zustimmend den Kopf. »Ohne Spaß. Und dann dürfen Mama und Papa nie vorbeikommen!« Seine Augen leuchten, als er das sagt.

»Never ever«, pflichte ich ihm bei. »Wobei … Keine Ahnung.« Deniz zieht den Kopf zurück und schaut mich verwundert an.

»Ja, ich weiß, ist bescheuert. Aber ich hoffe irgendwie, dass irgendwann doch noch alles gut wird, auch mit Mama und Papa. Und wenn ich so ein kleines Baby und eine eigene Familie habe … Vielleicht wachsen wir *dann* alle zusammen?« Deniz hebt die Augenbrauen und antwortet mit einem lang gezogenen »Okay …?«. Er scheint das für unrealistisch zu halten. Aber dann zuckt er mit den Schultern: »Na ja, im Grunde genommen *kann* es ja fast nur besser werden.«

»Eben.«

»Mal gucken, ist ja noch ne Weile hin mit eigener Familie. Auf jeden Fall haben wir immer uns, Mimi.« Ich hebe die Arme über meinen Kopf: *»It's something!«*

* * *

»Hauen Sie zu.« Ich kann nicht glauben, was ich da höre. Die freundlichen Augen schauen mich ermutigend an: »Frau Topal, ich möchte, dass Sie jetzt einmal so *richtig* fest zuhauen! Schlagen Sie mit aller Kraft auf meinen Unterarm.« Vor drei Tagen hatte ich noch einen Lachflash mit Deniz auf der Couch, und jetzt stehe ich hier mit einer Schwimmnudel in der rechten Hand und schaue Herrn

Kemmers ratlos an. Der geht aufgeregt vor mir auf und ab und stellt sich dann vor mir auf: »Los, Sie haben meine Erlaubnis!« Gut, er meint das offenbar ernst. Dann wollen wir mal. Ich hole zaghaft aus, schwinge die Schwimmnudel und berühre damit seinen Unterarm. Ich lache nervös, aber Herr Kemmers nickt mir zu: »Ja, das war ja jetzt noch gar nichts! Hauen Sie! Hauen, Frau Topal!« Ich bin peinlich berührt, weil er hat mir ja gar nichts getan, und ihn zu hauen erscheint mir doch sehr falsch. »Herr Kemmers, ich weiß nicht, also wozu soll ich das machen, inwiefern hat das was mit irgendwas zu tun?« Herr Kemmers geht einen Schritt von mir zurück und rückt seine Brille zurecht: »In der Depression kann manchmal auch eine Wut stecken, die man glaubt, nicht empfinden zu dürfen, Frau Topal.«

»Ah, okay«, sage ich beflissen und werde dabei traurig. Der Satz trifft mich irgendwie.

»Ich finde schon bemerkenswert, wie wenig Sie auf die Täter in Ihrem Leben wirklich wütend sind«, sagt Herr Kemmers. »Diese berechtigte Wut, dieser gerechte Zorn richtet sich viel mehr gegen Sie selbst, den haben Sie internalisiert. Da, wo Sie die Wut im Körper spüren, in Ihrem Brustkorb, da geht die Wut gegen Sie *selbst*. Aber die Wut auf *andere*, die spürt man im *Bauch*. Da wollen wir hin.« Herr Kemmers bleibt vor mir stehen, hält seinen Arm hin und sagt: »Also.« Ich tue ihm dann den Gefallen, hole aus, und dann schmettere ich die Gumminudel auf seinen Arm. Es macht laut *Klatsch*.

»Sehr gut«, sagt er und verzieht dabei keine Miene. »Spüren Sie diese Wut, die nach außen geht? *Das* wollen wir, Frau Topal.« Ich nicke, aber weiß nicht, was er meint. »Setzen Sie sich wieder«, sagt er und zeigt auf meinen

Ledersessel. Erleichtert gebe ich ihm die Schwimmnudel zurück, die er in einem seiner kleinen Holzschränke verstaut. Auf dem Schrank steht eine Buddhafigur, was ich ziemlich lustig finde, weil die Buddhafigur – dieses Symbol für Weisheit und innere Ruhe – unter anderem eine Gumminudel bewacht, mit der Herr Kemmers sich von seinen Klienten vermöbeln lässt. Mit einem lauten Plumpsen lasse ich mich in den Sessel fallen, mein Blick geht zu der Taschentuchpackung auf dem Tischchen neben mir. »Wie fühlen Sie sich jetzt?«, fragt Herr Kemmers und sucht meinen Blick. Ich schaue ihn kurz an und dann auf den Boden. »Es hat mir ehrlich gesagt gefallen«, sage ich mit betretener Stimme. »Und ich schäme mich gerade, das zuzugeben.«

»Scham, ja?«, fragt Herr Kemmers und nickt ermutigend.

»Ja, Scham, genau«, sage ich. »Und natürlich fühle ich mich schuldig. Also alles so wie immer.«

Albtraumpaar
Ende September – Mitte Oktober 2019,
Baby 8 + 9 Monate alt

Vier Löffel, nicht gehäuft. Einige Hundert Milliliter abgekochtes, lauwarmes Wasser drauf. Umrühren, bloß nicht schütteln, damit keine Bläschen entstehen. Die werden nämlich zu Bläschen im Babybauch. Robert steht in der Küche und bereitet die Flasche wieder so lässig-routiniert zu, als wäre er ein Sternekoch in der Pre-Nahrungs-Gastronomie. Die Flasche ist fertig. Ich stehe hundemüde im Türrahmen zur Küche, mit unserem neun Monate alten Kind auf dem Arm, und muss Robert tatenlos zusehen, wie er meine Rolle einnimmt. Nach dem letzten Vorfall in der Küche hat er nämlich bestimmt, dass *er* von nun an das Flaschegeben übernimmt. Unser Baby trinkt ohnehin nur noch abends vorm Schlafen eine Flasche und eventuell noch mal eine in der Nacht, so wie jetzt. Tagsüber darf ich ein bisschen was zu essen kochen, Nudeln, zermantschte Zucchini, so was. Aber die Flasche gibt Robert. Einfach um mich zu entlasten, das sei ja auch für alle besser, meinte er, und dass er keine Lust mehr habe, mich weinend in der Küche vorzufinden, mit dem Portionierlöffel in der Hand. Auf seinen Vorschlag habe ich nur mit den Schultern gezuckt und meinen Kopf in seinen knochigen Unterarmen vergraben. Und auch jetzt, hier im Türrahmen, fühle ich mich unendlich schuldig und schäme mich. Trotz Therapie ist das Schuldgefühl seit Jahrzehnten mein ständiger

Begleiter, und seitdem ich Mutter bin, hat es sogar noch zugenommen. Meine Figur scheint sich genau proportional zu meinem Schuldgefühl zu vergrößern. Aber wenn ich mir meine Leistung bisher so ansehe, verwundert es mich auch nicht. Ich will alles besser machen als meine Eltern, aber scheitere doch schon an den einfachsten Aufgaben: Stillen (*fail*), Flasche geben (*fail*), liebevoll-mütterlich in sich ruhen (so was von *fail*) – das alles wären einzig und allein meine Aufgaben gewesen. Ich sollte der Fels in der Brandung für mein Kind sein. Jetzt ist Robert der Fels und ich die Brandung, und ich zerschelle an seinen Klippen. Das Schlimmste ist: Alle Menschen auf der Welt wären dankbar für so einen Mann wie Robert. Für so einen Vater, der sich einsetzt. Ich sehe doch die bewundernden Blicke der anderen Frauen, wenn Robert unser Kind in der Trage geschnallt durch den Park trägt. Wenn er die kleine Mütze zurechtrückt oder neue Socken kaufen geht. Als Robert neben mir im Laden stand und die Sockengröße nicht wusste, waren die Verkäuferinnen ganz entzückt. Sie schauten ihn mit glühenden Wangen an, sie schauten mich an, erwartungsvoll, ob ich ihm gerade auch ordnungsgemäß die Füße küsste und ihn dankbar von der Seite anhimmelte. Aber das tat ich nicht, ich stand da, müde, undankbar und ausgelaugt von dem ständigen Druck, alles richtig machen zu wollen. Alles richtig machen zu müssen. Das Baby ist Roberts ganzer Stolz, es ist seine neue Identität. Und mal ganz ehrlich: Was für ein Glück habe ich eigentlich? Es hätte ganz anders laufen können, Robert hätte einfach weiter feiern gehen können, wir hätten getrennt sein können, ich hätte keine Unterstützung gehabt. Wie wäre es bloß dann um mich bestellt?

Meine Hilflosigkeit widert mich ja jetzt schon an. Ich fühle mich täglich zu viel und zu wenig gleichzeitig. Aber ich ertrage kein Weinen mehr und keine einzige Sekunde von dem ekelhaften Gefühl, dass mein Baby sich unsicher bei mir fühlt. Ich traue mich auch nicht mehr einzugreifen, wenn unser Kind weint und bei Robert auf dem Arm ist. Lieber stehe ich regungslos im Türrahmen und schaue Robert dabei zu, wie er eine Eins-A-Sternekoch-Pre-Nahrungsflasche zubereitet. Vielleicht kann ich meinem Kind ja eine bessere Mutter sein, wenn es irgendwann mal ein Teenager ist. Vielleicht warten nicht nur Kinder für immer auf ihre Eltern, sondern auch Eltern auf ihre Kinder.

Roberts Flasche ist fertig, er nimmt das Baby mit einem »Komm Spatzel« von meinem Arm und läuft in Richtung Schlafzimmer. Ich schlurfe den beiden hinterher. Robert setzt sich vorsichtig aufs Bett, ich setze mich mit krummem Rücken neben die beiden und lege die Hände in den Schoß. Unser Baby fängt an, die Flasche zu trinken. Ich sehe das gierige Nuckeln, wie die kleine Nasenspitze sich dabei bewegt, ich höre die gurgelnden Schluckgeräusche, mit denen die künstliche Milch in den kleinen Körper gepumpt wird. Hoffentlich hat es mal ein gutes Immunsystem. Mein Blick klebt auf dem kleinen Körper, während ich im Kopf in die Zukunft abschweife: Bald bekommt unser Kind gar keine Flasche mehr. Dann ist es *damit* schon mal vorbei und mein Zeitfenster, eine gute, Flasche gebende Mutter zu sein, endgültig vertan. Dann muss ich darauf hoffen, meinem Kind zumindest immer das Essen kochen zu können.

Die Flasche ist jetzt zur Hälfte leer getrunken, Robert reibt sich mit einer Hand müde die Augen, während die andere den Kopf unseres Kindes stützt. Trotz meiner zahlreichen Komplexe und meines Neids bin ich jetzt gerade auch dankbar, dass Robert übernimmt. Ich bin erschöpft von der ständigen Alarmbereitschaft, von den Angstzuständen, den Sorgen, dem Weinen, dem Geschrei, den Streitereien mit Robert. Die letzten Wochen haben wir kaum miteinander gesprochen, und wenn, dann haben wir uns gestritten. Über Kleinigkeiten, seine Kollegin Clara, die ihm so oft schreibt und der ich nicht traue, seine ständigen, unnötigen Lügen. Robert windet sich immer aus allen Unterhaltungen, bleibt lange ruhig, und dann, mit einem Mal, brüllt er mich in einem cholerischen Anfall komplett nieder. Er ist dabei so laut, dass unser Baby anfängt zu weinen. Meistens tigere ich darauf dann durch den Flur, weine oder kneife mich, damit ich nicht auch noch ausraste. Und das würde ich wirklich gern. Ich würde Robert in diesen Momenten so gern so richtig eine aufs Maul geben. Und *dass* ich das gern tun würde, macht mir Angst. Ich weiß, dass dieser Wunsch nicht gesund ist und ein Zeichen dafür, dass diese Beziehung nicht gut läuft. Mein gesamter Zustand beschämt mich. Da hab ich schon so viel gelernt in der Therapie, kann so vieles identifizieren, sogar als »dysfunktional« benennen, und trotzdem kann ich nicht aus meiner Haut und meinem Kopf. Aber immerhin: Ich *tue* es ja nicht, ich schlage Robert ja nicht. Ich halte bei so einem Brüllanfall von ihm einfach die Klappe. Ich will mich ja auch nicht noch mehr vor meinem Kind disqualifizieren. Erst gibt die Mama keine Flasche, dann hat sie keine Geduld zum Schlafenlegen, und dann haut sie dem allerliebsten Papa noch eine rein? Nie im Leben, das will ich nicht riskieren. Also laufe ich weiter ziellos und wütend durch unsere kleine Wohnung, bis Robert aufhört zu brüllen.

Jeden Abend gegen 21 Uhr gehe ich dann rüber ins Schlafzimmer, schlafe aber erst gegen zwei oder drei Uhr morgens. Mit meinem schnarchenden Kind neben mir starre ich stundenlang die Zimmerdecke mit dem baumelnden Staubfaden oder mein Telefon an. Hin und wieder schreibe ich auch Mama oder rufe sie an, um ihr von den Streitigkeiten mit Robert zu berichten. Sie antwortet dann meist so was wie, dass wir uns zusammenreißen und an unser Kind denken sollen. *Sie* habe ja immer nur an uns Kinder gedacht, sagt sie dann, und dass sie unseren Vater ja so oft darum gebeten habe, sich zu benehmen. »Aber na ja«, schreibt sie dann immer, und ich höre sie förmlich melodramatisch seufzen, »du kennst ja deinen Vater …« Ihr sei es immer nur um uns Kinder gegangen, aber er habe das ja nie einsehen wollen und einfach weiter gewütet. »*Du* hast es so viel besser, Miryam«, hat sie neulich geschrieben. »*Du* kannst entscheiden, was für ein Zuhause dein Baby hat. Eins ohne Vater? Oder mit einem, der sich so gut kümmert wie Robert? Dankbarkeit ist eine Tugend!«

Morgen ist wieder Wochenanfang, Robert wird zur Arbeit gehen, und ich bleibe hier mit dem Kind zurück. Und – das ist vielleicht das Peinlichste, das ich je vor mir selbst zugeben musste, aber: Ich habe Angst davor. Ja, ich habe regelrechte Angst, mit meinem *eigenen* Kind allein zu sein. Als könnte es mir irgendetwas tun. Aber es tut mir natürlich nichts, *ich* weiß einfach nicht, was *ich* tun soll. Der Drogeriemarkt hilft auch nicht mehr, ich habe jedes Regal gesehen, alles gekauft und traue mich draußen auch nicht mehr auf mein Handy zu schauen. Sowieso gehe ich mittlerweile nur noch selten mit meinem Baby raus. Die vielen Augen, die Bemerkungen, die gereckten Hälse sind zu viel für mich geworden. Ich kann diesem Druck nicht standhalten, also gehe ich ihm aus dem Weg. Um die Zeit zu vertreiben, putze ich jetzt oft die Wohnung, das ist immerhin was Produktives, oder sitze dissoziiert auf dem einen Spielplatz neben unserer Wohnung, das ist nicht so produktiv. Mein Kind krabbelt dann fröhlich durch den Sand, und ich starre in die Leere, während ich so Sachen säusele wie: »Super, mein Schatz«, oder »Hast du da was Tolles gefunden? Zeig mal!« Ganz selten kommt Mama mal bei uns zu Hause vorbei, das sind dann die guten Tage. Zum einen, weil unser Kind sie über alles liebt und sich immer freut, sie zu sehen. Zum anderen, weil ich mich dann besser wahrnehme. Mir war nicht klar, wie einsam man sich mit so einem kleinen Kind fühlen kann und dass jede Abwechslung, jeder Abgleich, jede Interaktion mit dem Außen so notwendig ist. Auch wenn Mama dann da ist und zwei Stunden lang irgendetwas von sich erzählt, wie sie keinen Parkplatz vor unserer Tür bekommen hat, wer sie in der Apotheke neulich vermeintlich schlecht behandelt hat und wie undankbar ich mich Robert gegenüber verhalte. Trotzdem sind das die guten Tage, trotzdem fühle ich mich besser, wenn sie da ist. Leider kommt sie nicht so oft, wie ich mir wünsche, obwohl sie gerade mal zehn Minuten entfernt wohnt. Keine Ahnung, wieso sie nicht mindestens einmal die Woche hier ist. Sie sagt immer, ihr sei das alles zu anstrengend. Ich hab mich schon dabei ertappt, wie ich versuche, sie zu bestechen, ihren Lieblingskuchen backe, ihre Marke Earl-Grey-Tee kaufe oder einfach ein Mittagessen anbiete, damit sie vorbeikommt und Zeit mit uns verbringen will. Und das ist natürlich ein weiteres Scheißgefühl für mich. Vor allem, wenn es trotzdem nicht klappt.

Unser Baby hat die Flasche jetzt ganz ausgenuckelt und gibt einen zufriedenen Rülpser von sich. »Prima, Schatzi«, sage ich und streichele über die weiche, kleine Wange. Robert legt das Baby vorsichtig in das große Bett und sich dann daneben. Ich bleibe am Matratzenrand sitzen. Das hier war mal unser Bett, in dem wir Sex hatten und Arm in Arm eingeschlafen sind. Jetzt ist es einfach nur eine mittelfeste Matratze mit Bettrahmen drumherum und eine große Fläche, auf der Robert und mein Baby sofort einschlafen. »Für mich ist hier kein Platz mehr«, denke ich und merke sofort, wie bitter dieser Gedanke schon in meinem Kopf klingt. Und nicht nur das, ich habe das Gefühl, ich störe hier. Bin *ich* die Narzisstin für mein Baby? Das wäre fatal. Dieser Druck, meinem Kind nicht dieselbe Kindheit zu geben, wie ich sie hatte, treibt mich jeden Tag an und erstickt mich dabei. Am Ende hat Mama recht, und ich bin wirklich zu egoistisch und undankbar. Es geht hier ja nicht immer nur um mich und darum, wie *ich* mich fühle. Es geht um mein Kind und darum, was das Beste für *mein Kind* ist. Aber … bin ich *nicht* das Beste für mein Kind? Ich drehe mich um und betrachte Robert und unser Baby, wie sie da ausgebreitet auf dem Bett liegen, schlafend, die Köpfe aneinander. Soll ich mich auch dazwischenquetschen? Oder gehe *ich* heute mal ins Wohnzimmer, statt Robert? Aber wenn ich jetzt noch meinen Schlafplatz neben meinem Baby aufgebe, bin ich bald ganz weg vom Fenster, dann habe ich echt gar keine Aufgabe mehr. Als beide im

Kanon anfangen zu schnarchen und meine Aussicht auf Schlaf sich damit in den einzelnen Schnarchern pulverisiert, treffe ich eine Entscheidung: Ich gehe rüber ins Wohnzimmer. Nur heute Nacht mal, ausnahmsweise. Ich stehe leise vom Bettrand auf, tapse zur Tür und lasse die Schlafzimmertür hinter mir angelehnt. Falls irgendetwas sein sollte, dann höre ich das. Nicht, dass ich gebraucht werde, aber vielleicht kann ich Robert ein Taschentuch bringen, das Licht anmachen, so was. Ich gehe leise ins Wohnzimmer, hole Roberts Bettzeug unter der Couch hervor und lege mich in mein neues Bett für eine Nacht. Die Uhr auf meinem Handy zeigt gerade einmal 20 Uhr an, aber ich bin hundemüde. Ich schaue aufs Datum: Sonntag, 29. September. In vier Monaten wird mein Kind schon ein Jahr alt. Höchste Zeit, erwachsen zu werden.

* * *

»Peppa liebt Maiskolben! Alle lieben Maiskolben!« Die Peppa-Wutz-Melodie dringt zu mir ins Schlafzimmer. Die schrillen Töne der Sendung kommen gedämpft bei mir an. Mein Kopf tut weh, mein Rücken auch. Aber ich muss jetzt aufwachen. Ich gebe mir einen Ruck, langsam öffne ich meine verklebten Augen. Ein paar Sonnenstrahlen schimmern durch die dunklen Vorhänge und beleuchten den Schlafzimmerboden. Das bedeutet, es ist auf jeden Fall zu spät. Wenn die Sonne scheint, ist es zu spät. Und tatsächlich: Samstag, 12. Oktober 2019, 10:12 Uhr steht auf meinem Handyscreen. Scheiße. Ich bin immer noch Mutter. Und mein Kind ist mal wieder seit Stunden wach, ohne mich. Seit dem Sonntagabend vor zwei Wochen, an dem

Robert und unser Baby im Bett eingeschlafen sind und ich auf die Couch gewandert bin, ist einiges anders. Seitdem schlafe ich jede Nacht auf der Couch und die beiden im Schlafzimmer. Frühmorgens tapst mein Kind dann meist mit Robert ins Wohnzimmer zu mir, und ich gehe noch mal rüber ins Schlafzimmer, ein paar Stunden schlafen. Von drei Uhr morgens bis halb sechs ist einfach zu wenig Schlaf für mich. Aber eigentlich wollte ich heute rechtzeitig wieder wach sein und das Frühstück für uns machen. Tja, da ist wieder nichts draus geworden, jetzt ist es viel zu spät, und die beiden haben bestimmt schon gegessen. Ich versuche mich aufzurichten, aber meine Bettdecke scheint aus Blei zu sein, mein Oberkörper wird wie von unsichtbarer Hand wieder zurück auf die Matratze gedrückt. Ich kann noch nicht aufstehen. Ich kann nicht schon wieder Mutter sein, ich will einfach gar nicht sein, gerade. Ich greife nach meinem Handy und klicke auf das bunte Instagram-Symbol, um mich mit den üblichen Posts der üblichen Accounts wach zu scrollen. Ich sehe zwei Beiträge mit Tipps, wie man richtig anlegt beim Stillen, einen Post dazu, warum es egal ist, ob man stillt oder nicht, und dass Mütter dahingehend gleich behandelt werden sollten, insgesamt drei sand-taupe-altrosafarbene Outfit-Posts von Mama-Bloggern und einen längeren Beitrag darüber, warum man Kinder nicht loben sollte. Kinder werden angeblich süchtig nach der Bestätigung. Aha, habe ich also wieder was falsch gemacht. Was auch sonst.

Die Schlafzimmertür geht knarzend auf, Robert kommt rein und haut sich mit einem kleinen Sprung zu mir aufs Bett. »Steh mal auf jetzt«, sagt er und klopft neben mir auf die Matratze. Ich reagiere nicht und scrolle weiter. »Miri … los, komm. Der Tag ist bald wieder rum.« Ich schaue aber weiter stur aufs Handy, weil ich schon wieder spüre, wie die scheiß Tränen in meine Tränenkanäle kriechen. Wie kann ich überhaupt noch Tränen haben? Die Sonnenstrahlen beleuchten den Schlafzimmerboden, und in mir zieht wieder Dunkelheit auf. Ich lege mein Handy weg und drehe mich zu Robert um: Ich möchte mit ihm sprechen, ich will ausdrücken, wie es mir geht, wie in meinem Inneren wieder dieser Kreidestaub auf meinen blutigen Wunden reibt. Wie ich in mir selbst Wände hoch- und runterrenne und nach einem Ausgang suche. Wie neidisch ich auf ihn bin und wie sehr ich mich dafür hasse, weil ich dabei kein bisschen an mein Kind, sondern nur an mich denke. Aber er wird mich ohnehin nicht hören. »Robert …«, setze ich an und breche direkt in Tränen aus. Robert krault mir den Hinterkopf, mit so viel Druck, dass es wehtut. Seine Finger bohren sich wie kleine Metallgreifer vom Bagger durch meine ausgetrockneten Haare. »Miriiii«, sagt er genervt. »Nicht den Tag direkt so beginnen, komm! Is doch alles gut!«

»Nein«, antworte ich kopfschüttelnd und löse mich aus seinen Finger-Greifern. »Ich habe schon wieder verschlafen und entferne mich damit immer weiter von meinem eigenen Baby!« Ich zeige in Richtung Wohnzimmer und vergrabe mein Gesicht in Roberts Unterarmen. Vielleicht kann mir seine Schraubstockumarmung jetzt Halt geben, vielleicht kann die mich vor dem Fallen bewahren. Aber die Schuldgefühle fressen sich weiter durch meinen Brustkorb. Nach einer gefühlten Ewigkeit spüre ich Roberts Hand auf meinem oberen Rücken. Er tätschelt mir die Schulterblätter. »Du schaffst das schon«, sagt er und klingt dabei ratlos. Ich glaube ihm kein Wort und er sich bestimmt auch nicht. »Steh jetzt mal auf, Miri.« Ich wische mir die Tränen aus dem Gesicht, und Robert zieht mich an meinem rechten Arm aus dem Bett. Aus dem Wohnzimmer höre ich unser Kind lachen, Peppa Wutz muss irgendetwas Lustiges im Fernsehen gemacht haben. Ich bleibe wankend mit rundem Rücken stehen, Robert geht wieder ins Wohnzimmer. Ich versuche, mit halbwegs geradem Rücken ins Badezimmer zu gehen, aber alles in mir ist zusammengefallen. So wie damals, bei der Blinddarm-OP, wo sie all meine Organe mit Luft hochgedrückt hatten. Danach konnte ich auch ein paar Tage nur gebückt laufen, bis die Organe wieder an Ort und Stelle lagen. Ich strecke meinen Rücken durch, versuche flach zu atmen und dabei zu laufen. Die neun Schritte ins Bad gelingen mir, aber als ich mich auf die Toilette setze, sacke ich wieder vollständig in mich zusammen. Ich versuche loszulassen, zu pinkeln, aber es kommt nichts heraus, alles in mir ist wie zusammengezogen und zusammengeschnürt, damit ich bloß nicht auseinanderfalle. Ich bin eine tickende Gefühlsbombe. Mein Blick fällt auf die überfüllte Seifenablage in der Badewanne. Fünf kleine Plastikbeutel liegen darin. Gestern waren es noch drei, Robert muss also wieder zwei neue in der Drogerie gekauft haben. Diese bunt glänzende Tütchen, die Lavendelblüten, einen Teddybär oder das Meer aufgedruckt haben, machen mich jetzt aggressiv. »Seelenfrieden« oder »Wohlige Wärme« steht darauf. Robert kauft mir nämlich seit Längerem Badesalze, um nicht mit mir sprechen zu müssen. Ich glaube, er denkt, ein Badesalz mit der Aufschrift »Goodbye Stress« wird all meine Probleme lösen. Vor meinem inneren Auge sehe ich plötzlich Robert, wie er sich das Goodbye-Stress-Badesalz in die Unterhose schüttet. Es ist alles so absurd, irgendwie. Und ich weiß, ich bin mal wieder undankbar. Die Badesalze sind eine liebevolle, hilflose Geste, und ich weiß sie einfach nicht zu schätzen. Aber trotzdem liege ich ja immer allein in diesen Wannen.

Ich stehe vom Toilettensitz auf und drücke routinemäßig auf die Spülung, obwohl ich gar nicht gepinkelt habe. Dann trotte ich zum Waschbecken. Beim Händeeinseifen wird mir plötzlich flau im Magen: Ich traue mich nicht, ins Wohnzimmer zu gehen und meinem Kind in die Augen zu sehen. In Gedanken sehe ich die Enttäuschung in den kleinen Pupillen und mein eigenes Scheitern. Ich sehe mein gebrochenes Versprechen, die beste Mutter für mein Baby zu sein. Mein Kind muss seine Mutter mit dem runden Rücken ansehen, die nicht einmal aufrecht zu ihm ins Zimmer kommen kann. »Ich bin Abschaum«, hämmert es mir in Endlosschleife gegen die Schläfen. Mein Atem wird schneller, Schweißgeruch steigt mir in die Nase. Ich fasse an meine obere Brust: Mein Herz schlägt unglaublich schnell. Ist das ein Herzinfarkt? Oh nein, ich muss doch noch hier bleiben … Mir wird übel. Oh fuck, das ist ja auch ein Zeichen bei Frauen, die bekommen bei Herzinfarkten oft Übelkeit! Bei Oma war das damals auch so! Oh Gott, sterbe ich jetzt ernsthaft ironisch neben diesen Entspannungs-Badesalzen? Wo ist Robert? Ich setze mich auf den Badewannenrand und stecke den Kopf zwischen die Beine und versuche, mit offenem Mund zu atmen. Es gelingt mir nicht ganz, mein Atem wird immer wieder von meinem Zittern abgeschnitten. »Miriiii«, ruft Robert aus dem Wohnzimmer. Es ist bestimmt nur eine Panikattacke, ich muss einfach weiter atmen, dann geht es gleich wieder. »Mann, was brauchst du denn so lang?« Robert reißt die klapprige Badezimmertür auf und sieht mich wütend an: »Ey, Miryam!« Er schnippt vor meinen Augen mit den Fingern. »Komm mal klar!« Ich versuche aufzuschauen, immer noch mit offenem Mund, dann greifen meine Finger in meine Wangen, und ich fange an, sie tief in meine Wangen zu graben. Ich will, dass sie Wunden machen, damit die unerträgliche Scham weggeht. Und damit ich gerecht bestraft werde. »Abschaum muss sich abkratzen«, denke ich. Mein Kind hat mich nicht verdient, niemand hat so etwas Abscheuliches wie mich verdient. »Ich muss mich wegkratzen«, sage ich mir seelenruhig in Gedanken, als wäre das eine ganz rationale Überlegung. Robert sieht mich ungläubig an, nimmt meine Hände mit aller Kraft von meinem Gesicht und hält sie in seinem harten Griff fest: »So«, sagt er bestimmt. »Ich lass dir jetzt eine Wanne ein.« Er hält meine Hände in einer Hand fest und dreht mit der anderen den Wasserhahn auf. »Miri, lass das. Du nervst langsam.« Da gebe ich ihm recht, zumindest in Gedanken. Aber ich erwidere nichts, ich zittere einfach weiter. »Kann ich deine Hände jetzt loslassen, du Freak?«, fragt Robert streng. Ich nicke stumm. Robert löst langsam seinen Griff und kippt dann eine ganze Tüte von dem Lavendelblüten-Salz in die Wanne. Das Wasser färbt sich lila. »Und setz dich mal grade hin«, sagt er ermahnend. »Du siehst aus wie Gollum.« Damit geht er wieder aus der Tür, zurück zu unserem Kind. Ich sitze noch eine Weile vor dem Wasserstrahl und schaue ins Nichts, dann reiße ich mir den Schlafanzug vom Körper, als würde er brennen: Hose aus, Oberteil aus, Unterhose, ich streife alles schnell ab und lasse es auf dem Kachelboden liegen. Jetzt stehe ich wirklich wie Gollum vor dem Wasserstrahl, so nackt, mit rundem Rücken. Als die Wanne zur Hälfte gefüllt ist, steige ich vorsichtig hinein. Das viel zu heiße Wasser lässt meinen Herzschlag kurz noch mal schneller werden. Und dann beruhigt sich alles.

Ungefähr eine Stunde später zittere ich wieder. Diesmal ist es aber eher ein Frösteln; das Wasser ist nämlich schon lange kalt. Ich setze mich auf, steige aus der Wanne und wickele mich in ein großes Handtuch ein. Dann tapse ich zaghaft in Richtung Wohnzimmer. Mein Kind sitzt mit Robert auf der Spieldecke und fummelt an einem Knisterbuch herum. »Na, mein Spatz, spielst du schön mit Papa? Mama ist jetzt auch mal wach. Sorry, dass es so lange gedauert hat.« Ich ziehe mein Handtuch fest und lächele meinem Kind bestmöglich zu, aber es fällt mir schwer. Robert liegt mit dem Rücken zu mir und dreht sich kurz um: »Na guck, *da* ist die Mama«, sagt er zu unserem Kind. Ich winke. »Darf Mama dir ein Küsschen geben?« Ich habe das Gefühl, dass es mich wie eine Fremde anschaut. Kein Wunder: Die Morgenstunden zu verpassen, abends nicht ins Bett bringen oder die Flasche geben – all das sind ja auch gute Gründe für mein Kind, mich als Fremde zu sehen. Ich lächele trotzdem, ich gebe alles. Und mein Kind? Lächelt zurück. Ich fühle so etwas wie Erleichterung. Heute habe ich noch mal Glück gehabt.

Vorsichtig beuge ich mich zu meinem Baby hinunter und drücke ein Küsschen auf die weiche Wange. Dabei fällt mein Handtuch hinunter. Mein Kind kichert und drückt seine kleine Hand auf meine rechte Brust. Es patscht meine Brust auf und ab und kichert. Jetzt muss ich auch lachen, diesmal aus vollem Herzen. Robert schaut mit hochgezogener Augenbraue zu uns herüber. »Ich mach mal Kaffee«, sagt er und schält sich vom Boden. Mein Lachen stoppt, im ersten Reflex will ich ihn aufhalten. Ich möchte nicht, dass er mich mit meinem Kind alleine im Raum lässt. Aber ich nicke nur, und Robert geht schweren Schrittes in die Küche. Dann schaue ich unser Baby an, das mittlerweile auch sein anderes Händchen zu Hilfe genommen hat und zweihändig auf meinen Brüsten trommelt. Ich überlege, was ich sagen könnte. So, als wären wir auf einem schlechten, ersten Date. »Na, wie ist das Buch?«, frage ich unbeholfen und suche den Blick meines Kindes. »Knistert es schön?« Mein Baby patscht unbeirrt weiter und kichert. Ich senke den Blick auf seine Hände an meiner Brust und sage leise: »Tut mir leid.«

* * *

»Ähm, sag mal: Wieso hat deine Mutter mir geschrieben, dass sie sich auf uns freut?« Ich halte mein Handy hoch und zeige auf den Screen. *Martha Dachser* steht in der Namenszeile, bei WhatsApp. Auf dem Profilbild ist eine sportliche, dunkelhaarige Frau in ihren Fünfzigern. Sie trägt einen länglichen Fahrradhelm, hat einen strengen Blick und ein breites Lächeln auf den Lippen, bei dem sie aber keinerlei Zähne zeigt. Ihre Arme sind dürr, ihre Haut ist sonnengegerbt, die Nasenspitze leicht rot vom permanenten Alkoholkonsum und der frischen Luft. »Robert?«, frage ich und presse die Lippen zusammen.

»Hm?« Robert tut so, als hätte er mich nicht gehört.

»Warum hat deine Mutter mir geschrieben, dass sie und Frank sich auf uns freuen?«

»Wo?«

»Auf WhatsApp! Hier, Mann!« Ich zeige auf den Screen. Da steht das Datum von heute, 16. Oktober 2019, 09:21 Uhr. In der Nachricht an mich steht: *»Bald ist es endlich so weit! Schön, dass ihr euch gemeldet habt. Frank und ich freuen uns auf euch, glg von hier!!!«* Robert legt das Messer neben seinen Teller und zieht die Augenbrauen verwundert hoch. Dann sagt er: »Keine Ahnung, zeig mal her, was meinst du?« Der zieht es echt durch, der Arsch, er tut echt so, als wüsste er von nix. Aber ich kann ihm ansehen, dass er lügt. Wortlos gebe ich ihm mein Handy. Robert liest die Nachricht gespielt aufmerksam, zieht sogar die Augenbrauen hoch und scrollt noch ein bisschen auf dem Telefon herum. »Und?« frage ich.

»Ach so, ja, hab ich vergessen, hehe«, sagt Robert und gibt mir das Handy lächelnd wieder. »Meine Eltern kommen uns im November besuchen.« Ich schaue ihn entsetzt an: »Und wann wolltest du mir das sagen?« Robert nimmt einen Bissen von seinem Käsebrötchen und antwortet mit vollem Mund: »Na, mach ich doch jetzt, es war gerade erst gestern, ich hatte noch keine Gelegenheit, es dir zu sagen.«

Das ist Bullshit. Also sage ich auch: »Das ist Bullshit.«

»Nee, wirklich, Miri, das war gestern Morgen, du hast da halt noch geschlafen, wie immer! Meine Mutter meinte, dass sie unbedingt mal wieder kommen will! Was kann *ich* denn dafür?« Ich sehe ihn mit blitzenden Augen an. Ich spüre die Wut in mir aufsteigen. »Ey Miri, ich hab auch keinen Bock drauf, aber was soll ich denn machen?«

Genau, er hat keinen Bock drauf, was für ein Müll. Der hat seine Mutter doch bestimmt selbst gebeten herzukommen! Das an sich wäre ja auch überhaupt kein Problem, aber er muss ja wieder lügen. »Ich finde das so peinlich, Robert. Was musst du denn über solche Kleinigkeiten lügen, es zerstört einfach nur Vertrauen!«

»Was denn für Lügen? Was denn für ein Vertrauen?« Robert schaut mich feindselig an. Der Tag ist jetzt schon gelaufen. Dabei war er bisher so ungewöhnlich gut: Robert hat frei, ich habe es heute geschafft, vor zehn Uhr aufzustehen, und sogar Frühstück für uns gemacht, mit Brötchen. Bis gerade eben saßen wir ganz friedlich am Frühstückstisch, und jetzt lügt dieser Hund schon wieder. Mein Brötchen mit Erdbeermarmelade schmeckt plötzlich metallisch und nicht mehr fruchtig, meine Sicht verschwimmt, und dieser ganze Frühstückstisch ist in meinen Augen jetzt nur noch eine Farce. Mein Kind muss mit ansehen, wie seine Mutter verarscht und angelogen wird. Ich versuche, ruhig zu bleiben, aber ich weiß, dass meine Wut gleich über den Tisch rollen wird wie eine Dampfwalze. »Robert«, sage ich mit erzwungen ruhiger Stimme, »ich weiß zu hundert Prozent, dass *du* das mit ihr ausgemacht hast. Warum würde sie sonst so etwas wie ›schön, dass ihr euch gemeldet habt‹ schreiben?« Robert schüttelt den Kopf und antwortet: »Keine Ahnung! Vielleicht weil ich ihr irgendwann auf etwas geantwortet habe? Ist doch auch scheißegal! Mann, du nervst mit deiner Paranoia. Sie hat mir geschrieben, gestern Morgen. Was soll ich dir sagen? Was willst du hören?« Ich stehe langsam vom Tisch auf und richte meinen Zeigefinger auf ihn: »Die Wahrheit! Wenn du schon wieder lügst, hast du ein Problem, dann gehe ich.« Robert lacht über meine unbeholfene Drohung in sein Käsebrötchen, und dann lacht er unser Kind an. Er weiß genau, dass ich nicht gehen kann. Robert schüttelt lachend den Kopf: »Du bist so irre, Miryam, echt. Komplett lost.« Ich schaue ihn fassungslos an. Aber er holt noch einmal aus und sagt in meine Richtung: »Nur weil dein Vater scheiße war, nervst du jetzt alle. Geh mal lieber in die Wanne, Miryam, du musst mal deine Psychosen einweichen und uns hier in Ruhe frühstücken lassen.« Ich nehme meinen Zeigefinger wieder herunter und schaue ihn angewidert an: »Du mieser, ekliger Hund«, sage ich mit komplett ruhiger Stimme. »Als wäre es das erste Mal, dass du lügst. Hast du nichts aus den letzten fünfzig Streits gelernt, ja?« Roberts Lächeln friert ein, er weiß, dass ich recht habe. Er ist ein notorischer Lügner. Und *er* hat die Wannen und meine kaputte Psyche ins Spiel gebracht. Das ist nicht fair. Ich stürme hinaus, in die Küche. Dann laufe ich ins Badezimmer, ins Schlafzimmer, dann wieder zurück zum Esstisch im Wohnzimmer. Ich stelle mich vor Robert auf und sage mit schwankender Stimme: »Lass mir nie wieder 'ne Wanne ein, wenn du sie nicht so meinst!« Dann gehe ich wieder aus dem Raum. Keine Ahnung, was das soll, ich müsste eigentlich joggen gehen oder vom Erdrand springen, um das Adrenalin in mir abzubauen, das gerade durch mich rauscht. Aber ich tigere nur durch unsere engen 63 Quadratmeter, auf der Suche nach meiner Würde, in der Hoffnung auf eine Umarmung und Entschuldigung von Robert.

Robert lügt so oft. Bei kleinen Dingen, großen Dingen, seitdem ich ihn kenne. Er lügt darüber, was er zu Mittag gegessen hat, wie seine neue Kollegin auf der Arbeit heißt, wie lange er mit seiner letzten Freundin zusammen war. Und immer bekomme ich es heraus. Ich erkenne es an seiner Körpersprache, an seiner Tonlage, seinen Blicken. Und Robert ist gut im Lügen. Jeder andere Mensch würde ihm glauben. Aber ich habe nicht nur Traumata, sondern auch Skills aus meiner Kindheit mitgenommen. Die Wahrheit hätte in mir nichts verändert. Sie hätte einfach nur Intimität und wachsendes Vertrauen geschaffen. Das sage ich auch Robert oft, aber er lügt um des Lügens willen. Als ich ihn vor ein paar Tagen gefragt habe, warum er das macht, meinte er: »Wenn ich dich *so* behandele und du *trotzdem* bleibst, weiß ich, dass du mich liebst.« Das war schlimm zu hören, aber vielleicht auch ungewöhnlich ehrlich von ihm. Aber seine vielen kleinen und großen Lügen stapeln sich in mir, der Abgrund zwischen uns wird immer tiefer, und ich wünsche mir nichts mehr, als dass er zu einem anderen, ehrlichen Menschen wird. Dass ich ihn überzeugen kann, mich zu respektieren. Ich will, dass Robert sich ändert, damit ich endlich Gerechtigkeit erfahre für all das, was mir widerfahren ist. Nur *einmal* will ich erleben, dass der Mensch, der mich verletzt, mich wieder heile macht. Aber es klappt nicht, glaube ich. Und mittlerweile ist alles in unserem Alltag ein Anlass auszurasten. Roberts Zündschnur wird immer kürzer, seine cholerischen Anfälle kommen jetzt schneller. Und mir wird mit jedem Streit egaler, ob ich ihn verletze, ob wir uns überhaupt guttun. Hauptsache, ich kann *endlich* mal zurückhauen. Natürlich nur verbal. Ich bin ja nicht wie mein Vater.

Ich laufe zurück an den Esstisch und haue mit der flachen Hand auf den Holztisch neben Robert: »Weil *deine* Kindheit so geil war, ne? TOLL! Wie kannst du mir das immer vorhalten, du Schwein!?« Robert nimmt sein Käsebrot in die Hand und atmet tief durch. Gleich flippt er aus, das sehe ich. Aber das ist mir egal, ich habe die Schnauze voll. Ich bleibe jetzt hier stehen. Wir schauen uns wütend an. Dann wendet sich Robert wieder unserem Kind zu. »Na Spatz, iss mal dein Brötchen«, sagt er in einer Art Singsang und hält unserem Kind ein abgerissenes Brötchenstück hin. Gleich wird er schreien.

Robert behauptet immer, er habe eine »Bullerbü-Kindheit« gehabt und dass seine Familie »perfekt und langweilig« sei. Er gibt richtig damit an, dass er sich an nichts aus seiner Kindheit erinnert, weil es »nichts Traumatisches gab«. Auf den ersten Blick sieht es auch so aus, als habe er wirklich einfach eine tolle, typisch deutsche Familie. Seine Eltern sind noch verheiratet, wohnen in einem Einfamilienhaus in Westdeutschland, haben hässliche Holz-Deko-Elemente an der Wand und Rama im Kühlschrank. In der Luft liegt kein Konflikt, sondern der Duft von Eduscho-Kaffee und Desinteresse. Als ich vor anderthalb Jahren das erste Mal im Haus seiner Eltern stand, dachte ich: »Uff, das wär's gewesen, hier aufzuwachsen!« Hier bei Familie Dachser schwebte über keinem der Köpfe ein unsichtbares Damoklesschwert, es war alles ruhig. In dieser Familie konnte ich endlich alles nachholen, was ich in meiner Kindheit verpasst hatte. Dachte ich zumindest. Aber dazu ist es bisher nicht gekommen, ich finde mich überraschenderweise nur sehr schlecht zurecht in Roberts Familie. Irgendwie ist mir immer kalt bei Familie Dachser, emotional und körperlich. Wann immer wir zusammen am Tisch sitzen, frage ich nach einem Pullover oder Cardigan von Martha, die sie mir dann auch netterweise aus dem großen weißen Schrank im Flur holt. Natürlich nicht ohne einen Spruch zu ihrer Kleidergröße und ob die mir denn auch passen würde. Keine Ahnung, warum ich bei Roberts Eltern immer so fröstele, vielleicht bin ich die fehlenden Damoklesschwerter einfach nicht gewohnt. Vielleicht sind die Dachsers auch einfach etwas kalt im Umgang miteinander. Eigentlich ist immer »alles gut«, zumindest ist das Marthas Lieblingsspruch. Den Spruch klatscht sie so gedankenlos auf jede Situation wie ich meinen stark deckenden Concealer auf meine Augenringe. Robert hatte vor zwei Tagen Probleme auf der Arbeit? Ja, aber jetzt ja nicht mehr, also ist *alles gut*. Miryam ist gerade eben in Hundescheiße getreten und weint, weil sie schwanger und emotional instabil ist? Kratzen wir mit nem Stöckchen weg, *alles gut*. Bei Familie Dachser hat alles dieselbe Wertigkeit, nämlich irgendwie gar keine. Es ist komisch, ich habe noch nie eine Umarmung zwischen den dreien beobachtet. Oder einen mitfühlenden Blick. Martha kommt aber gern zu Robert ins Badezimmer, wenn er duscht, und setzt sich auf die Toilette, um ihm den neuesten Schwank aus der Nachbarschaft zu erzählen oder seinen Körper zu kommentieren, während sie ihr Geschäft verrichtet oder sich die Fußnägel lackiert. Als ich das das erste Mal mitbekommen habe, stand ich entsetzt in der Badezimmertür. Aber Robert macht das nichts aus. »War halt immer so bei uns, ich kenne das nicht anders. Entspann dich mal, Miri, sei nicht so verklemmt«, sagte er zu mir, als ich ihn mal darauf ansprach. Auch Robert wird noch mal ein ganzes Stück kälter im Beisein seiner Eltern. Er bekommt einen leichten Tunnelblick und spricht in einer völlig anderen

Stimmlage. Er hört insgesamt *noch* schlechter als sonst und bekommt somit auch nicht mit, wenn ich verletzt bin, weil seine Mutter mich mit seiner Ex-Freundin verwechselt oder irgendeine unsensible Bemerkung macht. Ich bin für Martha »die Sensible«, wann immer ich nicht in ihr kehliges Lachen einstimme oder mit ihr das fünfte Radler trinke. »Prinzessin auf der Erbse«, nennt sie mich auch gern. Kurz nach der Entbindung hat sie mir im Krankenhausbett an die Brüste getatscht und gefragt, ob die schon hängen und wie es denn bei mir mit dem Abnehmen läuft. Und ich hab sogar noch wahrheitsgetreu geantwortet, statt zu fragen, ob sie eigentlich den Arsch offen hat. Für Martha bin ich eine arme Sau, der sie mal zeigen kann, wie eine richtige Familie aussieht. Zumindest meine ich das an ihrem Verhalten abzulesen. Sie schaut mich oft so an, als würde sie mir in Gedanken sagen: »Guck mal, *so* macht das eine *richtige* Familie, sind wir nicht toll? Richtiges Upgrade im Gegensatz zu deinem Elternhaus, oder, Miryam?« Roberts Vater Frank ist das Gegenteil von Martha, der meldet sich eigentlich nur zu Wort, wenn er etwas gefragt wird. Oder wenn Martha zu sehr über die Stränge schlägt. Ab und an ermahnt er sie dann mit einem lang gezogenen, ruhigen »Maaarthaaa«, wenn sie irgendeine Geschichte übertreibt oder auf den Esstisch klettert, um allen zu zeigen, wo genau sie einen Ausschlag am unteren Rücken hat. Alles schon passiert. Einmal haben sich Roberts Eltern auch richtig gekabbelt, Martha hat mit ihren Fäusten auf Franks Brust gehauen, nachdem sie mal wieder einen über den Durst getrunken hatte. Frank musste sie dann ins obere Stockwerk tragen und ins Bett verfrachten, aber ich habe Marthas Beschimpfungen auch noch unten im Wohnzimmer gehört. Ich schätze mal, die Dachsers haben dann doch mehr Emotionen, als sie im Alltag zeigen. Robert hat davon nichts mitbekommen, der saß im Garten und hat sich durch Twitter gescrollt. Am nächsten Morgen roch es wie gewohnt nach Eduscho-Kaffee und Desinteresse. Es war wieder *alles gut*. So grenzüberschreitend Martha sein kann, von Roberts Leben in Berlin wollen seine Eltern trotzdem nichts wissen. Als ich Robert kennengelernt habe, war er nur in Clubs unterwegs und hat extrem viele Partydrogen genommen. Ich fand ihn oft schwitzend und zitternd in seinem spärlich bezogenen Bett, weil er von irgendetwas runterkommen musste. Mir ging es damit furchtbar, deswegen sprach ich Roberts Mutter bei einem Treffen mal darauf an: Ob sie das wüsste, wie sie damit umgehe, und so weiter. Sie winkte nur ab und meinte: »Du, Miryam, was der Robert da in Berlin macht, ist nicht unser Bier. Meiner Erfahrung nach ist es das Beste, den einfach machen zu lassen. Außerdem waren wir ja auch mal jung. Du nicht? Ist doch alles gut!« Damit war die Unterhaltung beendet. Ich schämte mich und machte mir Sorgen um ihn. Robert war damals richtig verwundert, dass ich darauf bestand, die Wahrheit zu erfahren, wie viele und welche Drogen er seit wann nimmt. Er kannte das offenbar gar nicht, dass sich jemand Sorgen um ihn macht. Seine Mutter bleibt dann trotz der Übergriffigkeit emotional immer nur bei sich und ihren Themen. Meine Sorgen änderten aber auch nichts, Robert nahm weiter Drogen und log mich an. Wir hatten – in der kurzen Zeit, in der wir zusammen waren – viele Diskussionen darüber, auch als ich schon schwanger war. Das mit den Drogen hat er jetzt seit der Geburt zum Glück gelassen. Glaube ich zumindest. Ich muss ihm das glauben. In letzter Zeit habe ich das Gefühl, Lügen sind für Robert ein Rückzugsort, eine Art mentales Badezimmer mit abschließbarer Tür. Und ich hämmere seit ungefähr zwei Jahren dagegen. Vielleicht bin ich seiner Mutter ja doch ähnlicher, als ich wahrhaben möchte. Ist mein Verlangen nach ehrlichem Umgang womöglich grenzüberschreitend, wenn Robert das so deutlich nicht möchte? Ist meine Anspruchshaltung, alles von Robert wissen zu wollen, übergriffig? Aber was ist die Alternative? Soll ich mich anlügen lassen, oder was? Oh Mann, was würde Mehdi jetzt wohl sagen?

Robert greift jetzt nach dem Marmeladenglas auf dem Tisch und ignoriert mich angestrengt weiter. Mir egal, ob ich übergriffig oder wie seine Mutter bin. Seine Ignoranz kann ich nicht auf mir sitzen lassen. Also stichele ich noch ein bisschen: »Na ist ja super, dann können du und deine Mutter mich ja bald endlich wieder gemeinsam beleidigen, und dann sind wir eine große, glückliche, deutsche Familie!« Robert antwortet ruhig: »Freut mich, dass ich dir diesen Traum endlich erfüllen kann. Fühl dich adoptiert.« Ich spüre Tränen in mir aufsteigen. »Warum kannst du nicht einfach ehrlich sein? Sag es mir doch! Sag doch: ›Miryam, ich habe meiner Mutter geschrieben, und ich möchte, dass sie uns besuchen kommt, ok?‹ Aber nein, du musst mich belügen und sagst, du kannst nichts dafür, *meanwhile* bist *du* derjenige, der ihr Termine vorschlägt.« Robert schmiert sich die Marmelade auf die trockene Brötchenhälfte. Ich keife unbeirrt weiter: »Warum respektierst du mich nicht? Ich bin deine Partnerin, kein Fußabtreter und auch nicht deine Mutter!« Unser Kind sitzt in seinem

Hochstuhl und schaut uns jetzt verängstigt an. Das macht mich nur noch wütender. »Ich dachte, du hast mit dem Lügen aufgehört. Du hast es mir das letzte Mal versprochen, Robert!« Ich schreie jetzt.

»Ja, und *du* hast mir versprochen, dass du nicht mehr schreist, du psychotische Hexe.« Robert spricht leise, er zischt durch seine Zähne, er ist kurz vorm Explodieren. »Gut, dann geh doch zu Clara, und wir beide lassen es einfach sein, ich weiß doch, dass du da auch lügst!« Ich klinge jetzt verzweifelt, fast schon flehend. »Ich weiß eh, dass du lügst, Robert! Sag es einfach, dann können wir drüber reden!«

»Was soll ich dir sagen?«

»Dass du mich betrügst, mit dieser Clara aus dem PR-Team!«

»Okay, zum hundertsten Mal: du bist komplett verrückt. Ich weiß, du hattest es nicht leicht als Kind, aber lass *mich* doch einfach in Ruhe damit! Wie kann man so paranoid sein? Kannst dich einweisen lassen.«

»Wie kannst du nur?«, frage ich weinend. Als gäbe es darauf eine Antwort.

»Wie *ich* kann?« Jetzt geht Robert über in den Brüll-Modus. Er haut mit der flachen Hand auf den Frühstückstisch, und die Buttermesser fliegen eine kurze Sekunde hoch: »Du verdammte Psycho-Hexe machst mir das Leben schwer, seit ich dich kenne!«

»Fick dich! Und geh am besten zu deiner Clara, die nicht so ›psycho‹ ist, wie ich! Kommst ganz nach deinem Vater!«

»Immerhin *hab* ich einen netten Vater und bin nicht so ein emotionaler Krüppel wie du und belaste alle damit, wie anhänglich ich bin! Du nervst einfach nur mit deinem ständigen Fetisch nach Respekt, Respekt, Respekt! Du NERVST! Vielleicht fick ich dich nicht mehr, weil du so ein krasser Abfuck bist!«

»Du Hundesohn!«, schreie ich. Jetzt fängt unser Kind an zu weinen. Ich stocke und schaue in das kleine Gesicht in dem Hochstuhl: Das bin ich, die da weint. Das ist die kleine Miryam, die hilflos dabei zusehen muss, wie ihre Eltern sich und ihre Welt zerlegen. Diese kleinen, roten Pausbacken, über die Tränen laufen, das sind meine. Mein Kind ist ich. Ich bin mein Kind. Und es ist alles wieder da. Mir wird schwindelig. Und dann kommt die Wut. »Guck, was du gemacht hast, Robert!« Ich brülle ihn an und hebe gleichzeitig mein Kind aus seinem Hochstuhl. Ich versuche, es zu beruhigen. Das klappt natürlich nicht, es will wie immer zu Robert und streckt die Arme panisch nach ihm aus. Robert steht da, lächelt siegessicher und sagt mit einem leichten Schnaufen: »Nicht mal *das* kannst du.« Er nimmt mir mein Baby aus dem Arm, beruhigt es ein paar Sekunden, und es hört sofort auf zu weinen. Dann setzt er es auf die Spieldecke im Wohnzimmer und läuft schweren Schrittes in den Flur. Seine langen Storchenbeine waten durch unsere paar Quadratmeter voller Chaos und Hass. Ich sehe mich panisch um, gehe zum Couchtisch neben dem Sofa und greife nach der Pappbox mit Kosmetiktüchern. Ich laufe Robert hinterher in den Flur und schmeiße die Pappbox in seine Richtung. Sie trifft ihn an der linken Schulter. Robert dreht sich ruckartig um, rennt zu mir und packt mich an den Schultern. Er schüttelt mich. Ich schaue ihm fest in die Augen und überlege, ihn anzuspucken. »Soll der Schwächling mich doch schlagen«, denke ich. Ich habe keine Angst vor ihm. Ich habe Angst vor mir. Robert offenbar auch, er lässt wieder von mir ab und stürmt ins Wohnzimmer, zu unserem Kind. Er hebt es von der Spieldecke, ich bleibe ungläubig im Türrahmen stehen und sehe die beiden auf den Balkon gehen. Robert zieht sein Telefon aus der Hosentasche und tippt einhändig etwas, mit dem Daumen. An den Bewegungen erkenne ich, dass er eine Nachricht schreibt. »Wir brauchen dringend Hilfe«, schießt es mir glasklar durch den Kopf. Wir sind ein Albtraumpaar. Beinahe hätten wir uns geprügelt. Zu Herrn Kemmers kann ich ja nicht mehr. Aber vielleicht eine Paartherapie? Mehdis Mantra war damals doch immer: »Therapie rasiert einen.« Und ich glaube, Robert und ich benötigen jetzt dringend eine emotionale Kahlrasur. Sonst verliere ich mit Robert *noch* einen Menschen in meinem Leben. Oder sogar mein Kind. Das würde ich nicht verkraften. Das vor vier Jahren waren schon vier Verluste zu viel. Damals ist alles auseinandergefallen.

Abnabeln

Rückblende: Vor vier Jahren, 2015

»Schön, dass es geklappt hat, Miryam.« Mehdis Stimme klingt blechern, fast schon metallisch durch den Handy-Lautsprecher. Sie erinnert mich an einen Roboter.

»Ja, Mehdi, danke, dass du mich endlich nicht mehr blockierst. War toll, meinen 26. Geburtstag ohne dich zu feiern. Nicht! Ich hab dich vermisst. Und ich hab mir krasse Sorgen gemacht!«

»Ja, hab ich gemerkt, aber meine Mutter hättest du nicht anrufen brauchen, Miryam, das war wie immer *over the top* von dir. Lass doch einfach auch mal gut sein.«

»Ey, Mehdi, ich dachte, ich bin deine Freundin! Wir sind beste Freunde! Und auf einmal bist du weg. Dass ich nach Monaten Funkstille mal bei deiner Mama nachfrage, ob es dir gut geht, finde ich das Mindeste. Ich mache mir auch übrigens immer noch Sorgen! Wollen wir jetzt darüber sprechen, was passiert ist und wie es dir geht?«

»Gern!« Mehdis Stimme fällt sofort in seinen Therapeuten-Tonfall, da spricht er immer sehr bestimmt und herablassend. »Lass uns sprechen. Miryam, kommentiere ich dein Verhalten?«

»Ja, ständig«, antworte ich. »Und meinen Körper. Das letzte Mal auf der Party, wo du meintest, ich sähe aus wie ›fucking Mary Poppins in einem H&M-Kleid.‹«

»Ja, sahst du halt auch. Wieso fasst du das denn als beleidigend auf? Das war ja offensichtlich Spaß. Möglicherweise darfst du einmal in *dir* nachschauen, wieso du dich von meinem Recht auf Äußerung *getriggert* fühlst.«

»Weil du dich respektlos geäußert hast, aber das ist doch hier gar nicht das Thema, Mehdi!« Ich spüre meine Stimme im Hals: Sie wird lauter und schaukelt hin und her. So wie immer, wenn ich mich ohnmächtig fühle. Mehdi bleibt weiterhin grausam ruhig: »Richtig. Das Thema ist, dass du meinst, ich hätte ein Problem, und dass du denkst, du würdest über mir stehen.«

»Hä? Was redest du? Ich stehe null über dir, Mehdi.«

»Warum verhältst du dich dann so?«

»Indem ich dich frage, ob alles okay bei dir ist, weil du täglich trinkst? Mehdi, wie oft hast du mich therapiert und gesagt, dass ich dieses oder jenes habe, Borderline, Depression, Narzissmus, was weiß ich? Stehst du da über mir?«

»Nee, *ich* versuche, dir zu helfen.«

»Ich auch!«

»Aber ich habe kein Problem, Miryam.« Er bleibt beinhart. Ich atme tief aus, seufze kurz und sage dann in ruhiger Stimme: »Okay, wie können wir das lösen? Wir kennen uns seit der fünften Klasse. Ich möchte, dass wir wieder Freunde sind!«

»Meinetwegen. Dann nimm dich zurück, und *judge* mich nicht, wenn ich mir 'n scheiß Martini mache.«

»Ich *judge* dich nicht! Ich mache mir Sorgen!«

»Das ist *judgen*, das ist von oben herab. Mann, Miryam, ich bin okay! Du tust so, als hättest du mich vom Bahnhof Zoo aufgegabelt. Aber das ist *dein* Problem mit Alkohol, da haben wir früher öfter drüber gesprochen, was du da für *issues* hast, und diese *issues* muss *ich* nicht ausbaden.«

»Nein, aber ich darf mich auch frei äußern. Wie du, Mehdi.«

»Mhh, nee, zwischen deiner und meiner Meinungsäußerung ist ein Unterschied.«

»Aha, und welcher bitte?«

»Ich hab *immer* recht.« Das Freizeichen ertönt, Mehdi hat aufgelegt.

Ich schmeiße mein Telefon auf die Couch. Dieser Arsch! Was ist denn los bei dem, wieso legt der einfach auf? Wieso meint er, immer recht zu haben? Waren meine Sorgen überheblich? Soll ich mich entschuldigen? Mann ey, ich wünschte, ich hätte heute Therapie. Aber Herr Kemmers und ich sind durch, seit zwei Wochen. Die letzte Stunde war echt emotional für mich, Herr Kemmers hat mich jetzt so lange begleitet, mir aus der Depression rausgeholfen, dafür werde ich ihm auf ewig dankbar sein. Ich habe eine Art Anwalt in Herrn Kemmers gehabt, der meine Erfahrungen aus der Kindheit bezeugen kann. Der milde mit mir war. Er war eigentlich der perfekte Vater auf Zeit, den ich nie hatte. Herr Kemmers meinte, er lässt mir noch drei Stunden auf Reserve, falls ich die mal brauchen sollte, im Notfall. Aber das hier ist kein Notfall, das ist einfach ein Streit mit Mehdi. Ich glaube, dass ich heile geworden bin. Ich habe es aus diesem Morast an Traumata rausgeschafft und trete jetzt in eine neue Phase in meinem Leben! In der werde ich gütig sein, erwachsen und alles und jedem verzeihen, über den Dingen stehen und so milde sein wie Herr Kemmers. Ich greife nach der Zigarettenschachtel auf dem Couchtisch, ziehe eine heraus und zünde sie hastig an. Mir kommt ein schrecklicher Gedanke: Was, wenn

Mehdi und ich uns jetzt nie wieder sehen? Das kann nicht sein. Sicherlich wird sich alles in ein paar Wochen wieder beruhigen, das muss es einfach. Aber was, wenn nicht? Ich muss mich bei ihm entschuldigen, Mehdi verzeihen, sonst verliere ich ihn. Ich nehme einen tiefen Zug, puste den Rauch in den Raum und schaue mich um: Meine kleine Wohnung ist noch da, der Innsbrucker Platz vor den Fenstern ist immer noch mein lautes Meeresrauschen, die Depression überwunden, die Therapie abgeschlossen, das Studium läuft so vor sich hin, macht mir manchmal sogar Spaß. Im Prinzip ist alles okay. Und genau jetzt verliere ich wahrscheinlich meinen allerbesten Freund. »Tja«, sage ich leise vor mich hin, »irgendeine Scheiße ist immer.«

Ich nehme mein Telefon von der Couch, öffne WhatsApp und fange an zu tippen:

»Wie gehts, Dudu? Hab's noch mal probiert, Mehdi hat keinen Bock mehr auf mich, glaube ich. Schon krass ... 15 Jahre Freundschaft im Arsch, wie es aussieht. Willst du vorbeikommen? Kussi«

Ich drücke auf »Senden« und scrolle den Chatverlauf hoch: Die Nachrichten der letzten Wochen kamen alle ausschließlich von mir. Deniz hat bei zweien nur mit »ok« und bei einer mit »nein« geantwortet. Den Großteil hat er nicht beantwortet, und von alleine meldet er sich gar nicht mehr. Das verunsichert mich schon seit ein paar Wochen. Ich kann mir nicht ganz erklären, wieso mein Bruder plötzlich so distanziert ist. Als ich ihn vor zwei Wochen mal darauf angesprochen habe, ist er mir erst ausgewichen und meinte dann, er habe Stress in der Ausbildung. Deniz landete sonst oft frühmorgens nach dem Ausgehen bei mir, weil es einfacher für ihn war, als zu Mama zu gehen. Er hat noch keine eigene Wohnung, also klingelte er dann Samstag- oder Sonntagfrüh so gegen vier oder fünf Uhr morgens bei mir. Ich hab mich immer gefreut, wenn ich ihn auf meiner Couch, noch mit den Schuhen an den Füßen, schnarchen gesehen habe. Auch, weil mich seit Jahren ein schlechtes Gewissen plagt, dass ich ihn bei Mama zurückgelassen hatte, als ich zu meinem schlimmen Ex-Freund zog. Von daher wollte ich unbedingt, dass er sich in meiner Wohnung immer willkommen fühlte. Aber auch diese spontanen Abstecher bei mir sind in letzter Zeit ausgeblieben. Zwischen uns scheint eine unsichtbare Wand aufgestellt worden zu sein. Deniz ist der wichtigste Mensch in meinem Leben, mit niemandem fühle ich mich so verbunden. Gleichzeitig habe ich keine Ahnung mehr, was Deniz den ganzen Tag so macht, was er denkt oder fühlt. Es kommt mir so vor, als würde er langsam zwischen meinen Fingern zerrinnen, wie feiner Sand. Er zerstreut sich jetzt an anderen Orten, weit weg von mir, befürchte ich. Und das macht mir Angst. Seit er bei der Polizei angefangen hat, ist er rauer und dogmatischer geworden. Er schreit im Straßenverkehr Vorbeifahrende an, lächelt nur noch ganz selten, wenn ich ihn dann mal zu Gesicht bekomme. Er wirkt jetzt ständig so ernst, das kenne ich gar nicht von ihm. Trotz all der Scheiße, die wir durchgemacht haben, konnten wir immer gemeinsam darüber lachen in unseren unzähligen Lachflashs. Hoffentlich gibt es diesen Deniz, meinen kleinen Dudu, noch. Mein Handy vibriert, Deniz hat tatsächlich geantwortet: *»Kann ich machen. Bin so gegen 21 Uhr bei dir. Will dann später noch weggehen.«*

* * *

»Hey Dudu!«

»Hey«, antwortet Deniz reserviert und tritt durch die Tür in meinen Flur. Es ist kurz vor 22 Uhr, er hat Schnürstiefel an, die beim Auftreten laute »Klonk«-Geräusche machen. Deniz läuft an mir vorbei, geht direkt zum Garderoben-Aufhänger und hängt seine Jack-&-Jones-Jacke auf. Dann geht er durch ins Wohnzimmer. Ich laufe ihm etwas orientierungslos hinterher. Er setzt sich auf die Couch, schmeißt seine Zigarettenschachtel auf den Tisch und zieht dann eine raus.

»Äh, hi. Willst du irgendwas trinken, oder so?«

»Ne, alles gut. Na dann erzähl ma, Miryam. Was war mit Mehdi?« Mein Bruder zieht eine Augenbraue hoch und zündet sich die Zigarette an. Ich bin verwundert, dass er mich mit meinem richtigen Namen anspricht, weil er das sonst nie macht. Aber ich setze mich trotzdem zögerlich neben ihn: »Keine Ahnung, ehrlich gesagt. Mehdi will nicht, dass ich ihn auf seinen Alkoholkonsum anspreche, der *by the way* echt außer Kontrolle ist, also er trinkt jeden Tag. Jeden Tag, Dudu! Das kennen wir ja wohl, dieses Verhalten, oder? Und Mehdi meinte am Telefon, dass *er* seine Meinung äußern darf, ich aber nicht. Aber weißt du, was ich langsam glaube? Dass auch Mehdi gar nicht so über allem steht oder alles aus seiner Kindheit verarbeitet hat. Wer hat das schon?«

»Hm«, antwortet Deniz emotionslos und klingt dabei ein bisschen wie ein Mafia-Pate. Er scheint zu überlegen. Ich fahre fort: »Keine Ahnung, ist echt traurig … Er ist ja mein bester Freund. Gewesen? Weiß nicht, wie ich ihn bezeichnen soll. Und ich mach mir auch nach wie vor echt Sorgen um ihn! Seit einem halben Jahr haben wir uns nicht mehr gesehen. Das hätte ich einfach nie gedacht, dass wir uns mal so auseinanderleben. Ich denke halt an Mama und dass Mehdi nicht so …« Ich wische Tränen von meinen Augenringen.

»Nicht heulen, Miryam«, antwortet Deniz mit strenger Stimme. »Mehdi ist kein vernünftiger Kamerad im Leben. Ich würde für meine Kollegen durchs Feuer gehen und sie für mich. Das macht Mehdi offensichtlich nicht. Nicht die *Länge* der Freundschaft ist entscheidend, sondern die *Qualität*.« Ich schaue ihn verwirrt an. In Deniz' Sprache tauchen immer öfter die Themen Feuer, Tod, Loyalität, Treue auf.

»Äh ja okay, keine Ahnung, ob man jetzt direkt durchs *Feuer* gehen muss, aber miteinander reden muss man natürlich schon können, und das ist ja offenbar nicht der Fall, weil …« Deniz' Handy klingelt und unterbricht meinen Redeschwall. »Warte mal«, sagt Deniz und greift in seine Jackentasche. Er schaut aufs Telefon, lächelt, tippt etwas und legt das Gerät wortlos neben sich.

»Na, was lachst du, wer war das?«, frage ich schmunzelnd. »Warte: Hast du etwa eine Freundin?«

»Was? Nee, war Papa.«

»Oh«, antworte ich und bewege meinen Kopf ein Stück zurück. Diese Info überrascht mich. Unser Vater? Und Deniz lächelt ins Telefon, als wäre er verliebt? Das passt nicht zusammen. »Hä … Hat er was Lustiges geschrieben? Hat er einen von seinen Ausrastern? Zeig mal, Dudu!« Ich greife nach seinem Telefon, aber Deniz zieht es zurück und antwortet mit einem schiefen Lächeln: »Ach, lass mal. Ich versuch grad, mit dem Alten klarzukommen. Er ist eigentlich okay, so im Großen und Ganzen. Familie ist wichtig, Miryam. Alle meine Kollegen sind eng mit ihren Eltern.«

»Oh«, sage ich und spüre einen Schlag in der Magengrube, den ich nicht sofort zuordnen kann. »Ja klar, ist wichtig. Aber … Papa? Also ich kann das von früher nicht einfach wegwischen und so tun, als wär nie was gewesen. Das hat mir nicht gutgetan, siehe Depression. Kannst du das einfach vergessen?«

»Lass doch mal gut sein, Schwesterherz«, antwortet Deniz und neigt dabei pädagogisch lächelnd den Kopf zur Seite. Er nimmt noch einen letzten, langen Zug und drückt seine Zigarette dann im Aschenbecher aus. »Einmal die Vergangenheit hinter dir lassen, dann läuft es sich leichter auf dem vernünftigen Weg.« Das hat er echt so gesagt, als wäre er der Dalai Lama vom Polizeiabschnitt 42. Ich mustere Deniz von Kopf bis Fuß: An seinem Hals hängt heute keine Kette. Vielleicht war der Rauchquarz dann doch zu viel Ballast für den Alltag. Was, wenn wir uns auch noch verlieren? Ich spüre Panik in mir hochsteigen. Also stehe ich vom Sofa auf und gehe zu meinem Regal: »Dings, Dudu, weißt du was? Das letzte Mal als du hier warst, hast du dein Flugzeug vergessen!« Ich halte ihm das Styropor-Flugzeug hin: »Dachte, dass du das vielleicht schon vermisst hast.« Ich schaue ihn erwartungsvoll an, aber er blickt nur kurz auf und dann wieder auf sein Handy.

»Ach so, ja, hab keinen Rucksack dabei heute, hol ich nächstes Mal ab. Komm, lass mal losgehen!«

»Wie? Wohin?«

»Na raus, ins *Aspendos* was essen und dann Club?«

»Und ich soll ich mit?«, frage ich ungläubig. Deniz und

ich waren ewig nicht mehr miteinander aus, wir haben uns in letzter Zeit ja überhaupt kaum gesehen. »Ja, egal, komm einfach«, sagt er schulterzuckend. Das ist meine Chance, wieder ein bisschen Zeit mit ihm zu verbringen, wie früher. Also öffne ich die Türen vom Kleiderschrank und suche nach dem passenden Outfit. Deniz macht auf meinem Laptop das neue Album von Kid Cudi an. »*Das* ist Kid Cudi?«, frage ich ungläubig, während ich ein schwarzes, enges Kleid überstreife. »Das klingt einfach wie Nirvana oder so.«

»Yep, ist irgendwie sein neues Ding. Find's ganz gut, eigentlich. Aber an Drake kommt nichts ran.« Deniz tritt wieder vom Laptop weg und dreht sich zu mir: »Bist du mal fertig?«

»Fast, warte doch mal, muss mich noch schnell schminken.«

»Ach, die Frauen immer«, sagt Deniz dramatisch.

»Is jut, Mario Barth«, antworte ich. In diesem Moment sind wir wieder wie früher, und meine Panik, Deniz auch noch zu verlieren, verschwindet langsam. Wir sind doch Geschwister, eine LG, wie wir immer gewitzelt haben, also eine Leidensgemeinschaft. Das ist sicher nur eine komische Phase. Ich schminke mich schnell, Deniz tippt auf seinem Handy rum. Dann gehen wir gemeinsam hinaus in die Nacht.

»Moin Meister«, sagt Deniz in hyper-hanseatischem Dialekt zum breiten Türsteher, der uns darauf mit einem Kopfnicken an seiner Bomberjacke vorbei in den Club lässt. Ich bin irritiert, so hab ich Deniz noch nie sprechen hören, wir kommen ja aus Berlin. Und mein kleiner Bruder kennt mittlerweile offenbar echt viele Leute in der Stadt. Im *Aspendos* zum Beispiel auch den Restaurantinhaber, der ist vorhin zu uns an den Tisch gekommen und hat uns unsere zwei Pide und die Linsensuppen aufs Haus gebracht. Deniz hat dann trotzdem um die fünfzehn Euro Trinkgeld auf den Tisch gelegt. Es beeindruckt mich schon, wie er sich in der Stadt bewegt. Und es macht mich misstrauisch. Weil: *Wie* Deniz all diese Menschen kennt, weiß ich nicht. Aber für heute lasse ich ihn mit meinem Misstrauen in Ruhe.

Wir laufen durch den Eingang zur Garderobe hin, Deniz grüßt dort eine junge Frau, die kurz darauf mit einem breiten Lächeln unsere Jacken auf Kleiderbügel hängt. Er wirft ihr auch ein verschmitztes Lächeln zu, verstaut seine Garderobenmarke in der Hosentasche und drückt mir meine in die Hand. Ich werfe sie in meine kleine Handtasche. »Hey Jessi«, sagt Deniz zur Garderobenfrau, »das ist meine Schwester!« Er zeigt mit dem Finger auf mich: »Also nix Falsches denken, ja?« Ich lächle Jessi peinlich berührt an. Dabei fällt mir auf, dass kaum Garderobenbügel behangen sind. Aber es ist auch gerade mal erst kurz nach elf, da geht ja noch niemand tanzen in Berlin. Deniz und ich aber schon, wir laufen jetzt in Richtung Tanzfläche. Als wir dort ankommen, blenden mich sofort die Strobolichter, der Bass wummert in meinem Hals, und ich bekomme Kopfschmerzen. Aber ich folge Deniz weiter, der sich mit seinen breiten Schultern durch die wenigen Menschen bis an die Bar schiebt. Er bestellt zwei Gin Tonic bei einem schmächtigen, blonden Barmann. »Guck Mimi, das ist der Eugen«, sagt er und stellt mir den Barmann vor. »Dein Bruder ist hier sehr beliebt«, sagt Eugen augenzwinkernd zu mir. Langsam strengt mich das hier an, was kennen die den denn alle? Arbeitet Deniz hier nebenbei, oder was geht ab? Muss ich mich darum kümmern? Aber bevor ich so richtig schlechte Laune kriegen kann, stellt Eugen uns schon die Drinks hin und lehnt mein Geld dafür ab. Ich bedanke mich, Eugen zeigt auf Deniz, und ich wische mein Misstrauen weg wie einen Saftfleck vom Boden. Keine Zeit für schlechte Laune oder Misstrauen, ich will jetzt mit meinem kleinen Bruder *bonden*. Deniz und ich stoßen an. »Auf uns«, brülle ich. Die R&B-Musik ballert durch die riesigen Boxen, mein Kopf gewöhnt sich aber zum Glück langsam an die Lichter und die Lautstärke. So wie die Sonne kann auch laute Musik meine Gedanken ganz gut wegbrutzeln. Mit jedem angespielten Song entspanne ich mich ein bisschen mehr. Deniz scheint dasselbe zu denken: »Vergiss ma Mehdi«, schreit er mir ins Ohr. »Wir Topals sind starke Charaktere!« Ich nicke wie ein Boxer, dem der Manager grad noch was ins Ohr geschrien hat, und steige in den Ring. Okay, ich gehe auf die Tanzfläche. Deniz und ich fangen an zu tanzen: Zu Rihannas »Bitch Better Have My Money«, zu Chris Brown, der immer nur »Ayo« singt, und irgendwann hat der DJ sogar noch »Wish You Were Mine« von Philip George rausgeholt. In meinem Hirn entsteht ein Gin-Tonic-Musik-mit-Bass-Strobolichter-Brei, und ich schließe die Augen, während ich ein paar Songs weiter tanze. Ich bin gerade an dieser angenehmen Stelle vom Rausch, an der man denkt: »Okay, jetzt noch *einen* Drink«, aber genau dieser Drink wird dann zu viel sein. Deswegen hole ich mir keinen neuen. Oder doch, ich hole mir einen, ich muss diesen Zustand unbedingt halten. Ich öffne die Augen und schaue um mich herum auf die tanzenden Menschen. Deniz ist weg. Vielleicht ist er an die Bar gegangen? Ich laufe durch die tanzenden, schwitzenden Menschen, in Richtung Eugen bei den Drinks. Ich laufe durch Touris, junge Gesichter, müde Gesichter, aufgeputschte Gesichter, alle sind mittlerweile hier. Mein Handy zeigt 00:32 Uhr an. Krass, wir waren doch nur kurz tanzen? War offensichtlich doch länger, als es sich für mich angefühlt hat. An der Bar angekommen, frage ich den blonden Eugen, ob er Deniz gesehen hat. Aber der zuckt nur mit den Schultern und deutet in Richtung WCs, von wegen, dass ich es mal da versuchen solle. Also schiebe ich mich noch mal durch die verschiedenen Gesichter. Und tatsächlich: Bei den Toiletten entdecke ich Deniz. Er steht da vor der Schwingtür der Männertoilette und diskutiert mit zwei schmächtigen Jungs mit Gel-Frisuren. Ich bleibe ein paar Meter entfernt stehen und beobachte das Ganze. Deniz gestikuliert zunehmend wilder, die zwei Jungen zucken mit den Schultern. Sie verstehen offenbar nicht, was sein Problem ist. Deniz lacht gefährlich, greift sich ans Kinn und schaut um sich. So wie er da steht, erinnert er mich jetzt an Papa. Nur in größer und kontrollierter, gar nicht wie ein Pelikan. Aber gefährlich. Plötzlich spuckt einer der beiden Jungs auf den Boden, vor Deniz' Schuhe. Deniz' Blick wandert wie in Zeitlupe nach unten, er holt aus und fängt an, auf beide einzudreschen. »Deniz«, schreie ich, aber die Musik ist viel lauter als meine Stimme. Ich laufe zu den dreien und versuche, Deniz an den Schultern zu packen. Aber er ist viel zu groß und viel zu stark. Deniz scheint wie besessen, er schlägt immer wieder auf die beiden Jungen ein, andere Menschen rennen zu uns, es bildet sich eine

Traube. Ich versuche immer wieder, seine Arme anzufassen, ihn abzuhalten, und rufe: »Dudu, lass das, was geht bei dir? Ey! Hallo, lass das! Mann, hör auf!« Deniz schüttelt mich immer wieder ab. Nach ungefähr anderthalb Minuten, die mir wie eine Ewigkeit vorkommen, lässt er endlich von den beiden ab. Die Jungs mit den Gel-Frisuren liegen jetzt gekrümmt auf dem dreckigen Clubboden. Deniz sieht mich mit einer Mischung aus Verletztheit und Ekel an: »Du, von allen, Mimi? Du solltest auf meiner Seite sein!«

»Dudu, bist du bescheuert, warum schlägst du die?«

»Die haben mich angespuckt, hast du nicht gesehen?«

»Ja, aber warum rastest du direkt so aus?«

»Die haben mich angespuckt!!!« Deniz' Stimme überschlägt sich und bricht etwas. »Wie kannst du da nicht auf meiner Seite sein? Und außerdem: Es ist scheißegal, warum! Du bist meine Familie, dachte ich! Ich muss dir nix erklären, du hast einfach auf meiner Seite zu sein!«

Ich fasse Deniz am linken Oberarm und schüttele irritiert den Kopf. »Dudu, ich weiß, aber Gewalt geht nicht, weißt du nicht mehr? Das haben wir von damals gelernt, dachte ich …«

»Du vielleicht! Weil du ein Opfer bist!« Deniz schlägt meine Hand von seinem Arm und stürmt schwer atmend zum Ausgang. Niemand hält ihn auf, die Menschentraube kümmert sich jetzt zum Glück um die zwei Jungs am Boden. Ich renne ihm hinterher und komme vor dem Clubeingang zum Stehen: »Was ist mit dir los? Du meldest dich nicht mehr, schlägst andere, laberst von Loyalität. Du bist mein Bruder, wir haben so viel miteinander durch, rede mit mir, verdammte Scheiße! Was ist los, Mann?« Ich brülle ihn an, so wie eine große Schwester ihren kleinen Bruder zur Räson brüllen will. Aber Deniz schnaubt nur verächtlich und verletzt, während er seine Zigarettenschachtel aus der Jackentasche holt. »Du von allen, Miryam«, sagt er und zeigt bitter lächelnd auf mich. »Du hast mich immer vor allem beschützt, und jetzt, wo ich dich am meisten gebraucht hätte, stellst du dich gegen mich und auf die Seite von Fremden? Weißt du, was Familie ist? Zusammenhalt! Loyalität! Treue!«

»Deniz, ich hasse Gewalt, es macht mir Angst, ok? Egal, wie sehr ich auf deiner Seite sein will.«

»Ja, sei du mal gegen Gewalt«, antwortet Deniz, »das kann man auch nur so lange sein, wie man dem nicht täglich ausgesetzt ist. Denkst du, so funktioniert die Welt? Man nimmt einfach jede Schelle hin und hält jedes Mal die andere Wange hin? Willst du dein ganzes Leben mit 'nem Buckel durch die Welt laufen? Willst du dich herumschubsen lassen? Ich will kein Opfer mehr sein! Ich will endlich meine Ruhe haben! Und ich dachte, ich tu dir was Gutes, wenn ich dich heute mal mitnehme! Aber Papa hat schon recht: Du bist einfach eine undankbare Göre.« Deniz schmeißt seine Zigarettenschachtel auf den Boden, nickt dem Türsteher noch zum Abschied zu und winkt ein heranfahrendes Taxi zu sich. Er fährt los, ich schaue ihm fassungslos hinterher. Dann gehe ich noch mal in den Club, um nach den beiden Jungs zu schauen. Ich schiebe mich durch die mittlerweile vielen Menschen und sehe die beiden an der Bar sitzen. Sie werden von einem bulligen Mann mit Glatze versorgt. »Tut mir echt leid«, schreie ich dem einen zu, der gerade seine linke Wange mit einem Plastikbeutel voller Crushed Ice kühlt. »Keine

Ahnung, was in den gefahren ist, der ist sonst nicht so!« Die Musik ist immer noch zu laut, also keine Ahnung, ob er mich verstanden hat. Der Mann mit der Glatze schaut mich ungläubig an und lacht: »Na, da kennste den Deniz aber schlecht. Bist du seine neue Freundin, oder wer?«

»Nee«, rufe ich, »seine Schwester.«

»Ach so«, sagt der Security-Mann, »na, da solltest du aber besser wissen, wie das Gemüt von deinem Brüderchen ist. Wenn bei dem mal die Lampen angehen, kriegste den nicht mehr aus, aber so kennen und lieben wa den Deniz.« Ich hab keine Ahnung, woher er meinen Bruder kennt, aber ich traue mich auch nicht mehr zu fragen. Vielleicht, weil ich Angst vor dem Mann mit der Glatze und seiner bulligen Erscheinung habe. Vielleicht, weil ich Angst vor der Wahrheit habe und mir gerade vor Augen geführt wurde, dass ich Deniz offenbar nicht mehr kenne. Der Security-Mann dreht sich wieder zu den beiden Verletzten: »Kommt Jungs, ab nach Hause mit euch. Und keine Faxen mit Anzeige oder so was, könnt ihr vergessen.« Er bedeutet den beiden aufzustehen. Die Jungs schälen sich mit Mühe von den Barhockern und torkeln Arm in Arm zum Ausgang. Ich laufe den beiden hinterher und rufe ihnen ein Taxi. Als sie einsteigen, schauen sie mich noch mal misstrauisch durch das Autofenster an. Ihre Augen sind geschwollen und rot. Das wird zwei Veilchen geben. Mindestens.

* * *

Mein Ringfinger geht in das kleine Pfännchen der Concealer-Palette. Ich nehme ein wenig Rot und ein wenig Blau und trage das unter meinen Augen auf. Diese Farbtöne sollen dunkle Augenringe neutralisieren, das hab ich mal bei einer Beauty-YouTuberin gesehen. Nachdem ich die Farben vorsichtig aufgetragen habe, mische ich noch zwei Farben: ein helles Beige von ganz links und ein dunkleres von ganz rechts aus der Palette. Diese Mischung tupfe ich dann noch mal großzügig über das Rot und Blau unter meinen Augen. Und tatsächlich: Die Augenschatten scheinen jetzt etwas weniger schlimm. Die letzten Nächte habe ich gar nicht geschlafen. In Gedanken kreise ich nur um Mehdi, Deniz und um die Frage, wie ich meine Beziehung zu beiden retten kann. Wie ich meine Familie endlich zu einer echten Familie machen kann. Wie ich Papa verzeihen soll. Wie sich Verzeihen überhaupt anfühlt. Papa kann man auf nichts ansprechen, Deniz antwortet seit dem Vorfall im Club nicht mehr auf meine Anrufe, und Mehdi hat mich schon längst wieder blockiert. Das alles macht mich emotional echt fertig. Aber meine selbst gemachte Concealer-Mischung unter den Augen lässt mich dabei immerhin frisch aussehen. »It's Something«, flüstere ich meinem Spiegelbild zu. Ich greife nach meinem Kajalstift und ziehe eine dicke schwarze Linie den Wimpernkranz entlang. Die Linie gelingt mir, obwohl der Stift nur krümelig und schwerfällig über meine Augenlider geht. Irgendwann mal kann ich mir Eyeliner von M. A. C. leisten. Ja, das ist mein Traum! Andere wollen dicke Autos, Villen, ich will einfach Make-up von M. A. C. Ich füge noch vorsichtig einen *wing* ans Ende des Lidstriches an. Aber nicht zu doll nach oben, ich bin ja nicht Amy Winehouse. So, geschafft. Ich sehe ganz gut aus, finde ich. Meine Kriegsbemalung steht. Und ich bin bereit, um meine Familie und meinen Seelenfrieden zu kämpfen.

Heute sehe ich sie alle wieder: Papa, Mama und auch Deniz, endlich. Es gibt nämlich was zu feiern. Mama wird heute 50 Jahre alt. Und das wollen wir mit einem gemeinsamen Essen feiern. So gut wir das eben feiern können, als »Familie« Topal. Vielleicht können Deniz und ich ja endlich reden und uns wieder zusammenraufen. Vielleicht sprechen wir dann sogar heute gemeinsam mal an, wie wir uns als Kinder gefühlt haben, und vielleicht liegen wir uns dann alle in den Armen. Mal sehen. Erst mal geht es heute um Mama. Wieso sie Papa zum Essen eingeladen hat, ist mir ein Rätsel. Die Scheidung ist lange durch, Deniz und ich sind erwachsen – sie könnte doch jetzt endlich mal ihr Leben genießen. Sich Hobbys suchen, verreisen, Freundschaften schließen. Sie ist frei! Aber stattdessen sitzt Mama meist einfach zu Hause, schaut Fernsehen, »Stahlnetz« oder »Tatort«, so was. Wenn ich sie frage, ob wir was zusammen machen wollen, verneint sie. Wenn ich vor der Tür stehe und zum Spaziergang abholen will, macht sie die Tür wieder zu. Das Leben zu genießen fällt ihr offenbar nach all den Jahren Ehe-Gefängnis einfach schwer. Und ich weiß mittlerweile auch nicht mehr, wie ich es ihr noch beibringen kann. Der Salsa-Kurs vorletztes Jahr, der hat ihr gefallen, da habe ich sie regelrecht hingeschleift. Aber sobald die acht Tanzstunden aufgebraucht waren, war auch unsere gemeinsame Zeit wieder zu Ende. Oft wirkt es so, als würde sie nur ungern Zeit mit mir verbringen, als würde ich sie in ihrer Einsamkeit stören, und dann bin ich traurig. Sie *will* gar nicht aus sich herauskommen, zu Deniz oder mir, glaube ich. Es wirkt so, als hätte Mama gar keine richtigen eigenen Interessen, weil sie gar nicht weiß, was sie mag. Als habe sie verlernt, sie selbst zu sein.

Und als fände sie es unanständig, sich auf die Suche nach sich zu machen.

Ich werfe noch einen finalen Blick in den Spiegel: Da ist es, mein rundes Gesicht mit der Kriegsbemalung. Mein schlimmer Ex-Freund von damals hat immer gesagt: »Dein Gesicht ist so schön wie der Mond.« Und dann hat er mir eine reingehauen.

Schätze mal, er wollte den Mond möglichst realitätsgetreu nachbilden und auch mir ein paar Krater verpassen.

Mir fällt es noch immer schwer zu glauben, dass ich das damals war, dass ich geschlagen wurde. »Sie dürfen auch *diesen* Lebensabschnitt irgendwie versuchen in sich zu integrieren, wenn es geht«, hatte Herr Kemmers mal in einer Stunde gesagt, als ich ihm von diesem fremden Gefühl, das ich zu mir selbst habe, erzählt hatte. Und ich hab es versucht, aber ich kann beim besten Willen nicht integrieren, dass ich ein Opfer war, genau wie meine Mutter. Und diese Zeit mit meinem schlimmen Ex-Freund damals war auch kein bloßer Abschnitt, das war ein anderes Leben. Das Leben mit Diego und seinen Hobbys, meiner ersten richtigen Liebe, der Sonnenliege in Hurghada, das war noch mal ein anderes, von einer anderen Miryam. Seit Herrn Kemmers bin ich wieder *im* Leben, also ist das noch mal ein anderes Leben. Und ich hoffe, dass dieses hier mir endlich mein Happy End gibt. Meine eigene kleine Familie zum Beispiel, in der ich dann alles anders mache. Und dann bricht wieder ein neues Leben an.

Kurz bevor ich aufbreche, schaue ich noch mal auf mein Handy und gehe auf Instagram. Ich gebe in die Suchleiste »@mehdi_ben_salem_psychofreak« ein. Mehdis Accountname bringt mich zum Schmunzeln. Da ist es, Profil gefunden. Okay, offenbar hat er mich wieder entblockt. Ich klicke mich durch sein Profil: Mehdi hat vor Kurzem seinen Doktor gemacht, auf einem Bild von gestern zeigt er sich strahlend mit seiner Urkunde, und in die Caption hat er geschrieben: *»Doktor, biatches! Bald werde ich euch alle rasieren.«* Dahinter hat er drei Herz-Emojis und ein Sekt-Glas-Emoji gepackt. Ich zoome in das Foto, auf dem er die Urkunde hochhält: Ich sehe seine kantigen Gesichtszüge, seinen Schönheitsfleck, seine geraden Augenbrauen, die strahlend weißen Zähne und knallgrünen Augen. Er sieht gesund aus, sogar echt glücklich. Das beruhigt mich erst. Und dann tut es mir noch mal weh, weil mir wieder Zweifel kommen. Eventuell hätte ich ihn doch nie auf seinen Alkoholkonsum ansprechen sollen, dann könnten wir jetzt noch befreundet sein. Scheiße. Warum kannst du nie deine Klappe halten, Miryam? Vielleicht war unsere Zeit aber auch so einfach abgelaufen, und der Streit hat nur das rausgeholt, was früher oder später ohnehin passiert wäre. So oder so fühle ich mich schuldig. Ich scrolle ein bisschen weiter durch Mehdis Instagram-Posts: Auf einem Bild von vor einer Woche sitzt er mit Assya im »Amrit« unter einem Heizpilz und trinkt einen überdimensionalen Sahne-Cocktail, in dem eine dicke Ananasscheibe schwimmt. Die beiden treffen sich jetzt also ohne mich, sonst waren wir gern zu dritt unterwegs. Das zu sehen tut mir jetzt wirklich weh, also schließe ich die App wieder. »The Greatest« von Cat Power schallt aus meinem Laptop. Die Autoplay-Funktion bei YouTube passt heute aber wirklich zu jedem meiner Gedanken. Reicht jetzt auch, ich klappe meinen Laptop zu. Dabei fällt mein Blick auf das Styropor-Flugzeug im Billy-Regal, das Deniz doch eigentlich abholen wollte, bevor das im Club passiert ist. Ich ziehe es raus, lege es vorsichtig in meine Handtasche und gehe aus der Tür.

»Tibet House« steht in dicken Leuchtbuchstaben an der Außenwand. Ein paar bunte Gebetsfahnen baumeln vor der Tür. Ich sehe Mama und Papa an einem Tisch links vom Fenster sitzen, in mir steigt sofort Übelkeit auf. Mein ganzer Körper spannt sich an, ich umklammere meine Handtasche, die über meiner rechten Schulter hängt. Ich atme tief ein: »Du schaffst das schon«, sage ich mir leise. »Heute wird es mal schön. Mach dir keine Sorgen.« Dann öffne ich die Tür. Ich begrüße Mama und Papa mit einer Umarmung, die so leicht und kurz ist, dass vollkommen klar ist: Hier vertraut sich niemand. Ich meinen Eltern nicht und sie mir nicht. Und sie sich natürlich auch nicht. Und trotzdem sind wir alle hier, um Mama zu feiern, soweit sie das zulässt. Ich schaue die beiden an: Mein Vater trägt heute wieder einen absolut wild gemusterten Pullover, seine Baseball-Cap hat er auf den Oberschenkeln geparkt. Mama hat eines ihrer Jersey-Oberteile an, dieses hier ist türkis, ihre getönten Haare sind frisch gewaschen, Make-up trägt sie wie immer keines. Sie sieht so schick aus wie lange nicht mehr. Ich werfe einen Blick auf ihre langen Nägel: wie immer unlackiert. Als Kind habe ich sie so oft angebettelt, sie lackieren zu dürfen. Ich habe es mir sogar einmal zum Geburtstag gewünscht, als einziges Geschenk. Nicht, weil ich sie so natürlich nicht schön fand, ich wollte einfach was mit Mama zusammen machen, ihr etwas Gutes tun. Und zwar mit dem, was ich kannte. Aber sie hat immer gesagt: »Ach, Miryam, später, ja?« Oder einfach nur: »Nein, lass Mama mal bitte in Ruhe, ich bin halt nicht so schön wie DU.« Ich warte noch heute darauf, dass ich das mal machen darf. Vielleicht frage ich sie später einfach noch mal.

Papa sieht neben Mama fehl am Platz aus. Er fragt sich sicher auch, was er hier macht. Lange wollte er sie zurück, dann hatte er eine neue Freundin, jetzt lebt er in München. Keine Ahnung, ob er da jemand Neues hat. Mama ist mittlerweile auch wieder Single, nach dem Desaster mit Rolf. Beide sind allein und frei voneinander. Aber sie streiten einfach weiter, auf allen Kommunikationswegen, aber besonders gern telefonisch. Ständig erzählt Mama mir von irgendwelchen Diskussionen mit Papa, die sie mal wieder am Telefon geführt haben. Dabei geht es selten um uns Kinder, ich kann nicht einmal genau sagen, worum sie streiten. Aber sie scheinen das zu brauchen, auch noch nach der Scheidung, obwohl sie nicht mehr miteinander kommunizieren müssten. Mama nennt Papa in ihren SMS-Nachrichten an ihn einen »Holzkopf«, »Arschloch« und so weiter, Papa haut im Gegenzug die Klassiker von »faule Schlampe« bis »Irre« raus. Ich bin immer auf Mamas Seite und rede ihr gut zu. Papa sehe ich ja aber auch kaum. Jedenfalls heute wollen sie friedlich feiern, wie es aussieht.

»Deine Mutter hat das Restaurant ausgesucht«, sagt mein Vater und tippt auf die eingeschweißte Menükarte. »Ich hab ihr gesagt: ›Silke, ich mag kein Nepalesisch.‹ Aber war ja wieder mal egal, was Ibo will.«

»Ich dachte, es ist *mein* Geburtstag?« Meine Mutter tippt sich pikiert auf den Brustkorb. »Da kann *ich* doch aussuchen? Oder, Miryam? Dein Papa kann ja gern einfach wieder gehen?« Sie schaut mich fragend an. Noch bevor ich antworten kann, sagt mein Vater: »Ah Silke, ist ja gut, ich mach doch nur Spaß, Mannometer, ey, verstehst auch keinen Spaß mehr.« Mein Vater schaut aus dem Fenster, dann leckt er sich die Lippen und lächelt wieder feindselig. Okay, nein, die Stimmung kann nicht schon nach zehn Minuten kippen. Also beschließe ich, etwas zu sagen: »Was los, Papacığım? Wieso findest du hier nichts zu essen?« Ich sehe ihn fragend an, mein Vater schaut mit zusammengezogenen Augenbrauen zu mir rüber. Ich fahre fort: »Zeig mal deine Speisekarte: Hast du aus Versehen eine englische erwischt und *verstehst* die Gerichte einfach nicht?« Ich schmunzle ihn frech an. Das aggressive Lächeln meines Vaters verschwindet, dann haut er mir scherzhaft auf die Finger und fängt an, laut zu lachen. Der Pelikan ist zurück. Meine Mutter lacht auch leise auf, und die Stimmung ist erst einmal gerettet. Ich kann es noch! Jahrelanges, sehr schmerzhaftes Training hat mich zum Profi in Sachen Wutzerstreuen gemacht. Könnte mir neue Visitenkarten machen lassen: »Buchen Sie mich für Ihre Party als Stimmungsretterin! Ich garantiere kurzes Aufatmen und gewaltfreie Geburtstagsfeiern.« Wir lachen noch, da kommt Deniz durch die Tür zu uns an den Tisch.

Er grüßt uns drei mit einem stummen Nicken und setzt sich dann mit kerzengeradem Rücken auf den letzten freien Stuhl, neben Papa. »Hi Dudu«, sage ich und sehe ihn vorsichtig an. »Schön, dich zu sehen.« Deniz sieht mich streng an. In der Hoffnung, auch noch einen Lacher bei

Deniz abzugreifen und die Stimmung zu retten, erzähle ich meinen Witz von eben noch mal. Deniz verzieht keine Miene. Er dreht sich seitlich zu Papa: »Nee, du magst einfach kein Nepalesisch, oder, Paps?« Paps. Das ist neu. So hat Deniz unseren Vater noch nie genannt. Papa hört auf zu lachen und nickt. »Ganz genau, ja, hast du schon recht.« Ich sehe, wie er Deniz das linke Knie unter dem Tisch tätschelt: »Mein Löwe, *aslanım benim*. Wie war Arbeit diese Woche?«

»Ja, muss, wie immer viel los in der Stadt. Berlin ist so ein Loch. Heute haben sie wieder im großen Stil geklaut, am Alex. Waren wieder mal die –« Deniz nuschelt eine Nationalität, glaube ich. Er flüstert sie meinem Vater ins Ohr, der schaut kurz an die Decke und nickt dann mit geschlossenen Augen. Mein Vater sagt: »Ach, die! Ach ja, wundert mich nicht, tut mir leid!« Deniz und Papa lachen seltsam, dann wird Deniz wieder ernst: »Na ja, jedenfalls die Kollegen haben mich kurz angerufen, ob ich einspringen kann, aber hab gesagt, ich hab heute familiäre Verpflichtungen.«

»Ah süper«, antwortet mein Vater, »war aber okay, ja?«

»Jaja«, Deniz winkt ab. »Das verstehen die, Familie ist ja wichtig.« Mein Vater nickt beflissen.

»Warum nuschelst du hier irgendwelche Nationalitäten, ist *das* wichtig?«, frage ich und sehe Deniz mit zusammengekniffenen Augen an. Es stört mich massiv, wie er mittlerweile spricht. Er wird immer kälter, auch in der Sprache.

»Ja, für den Einsatz schon«, sagt Deniz bemüht ruhig, »Problem damit? Oder willst du mir nicht nur in den Rücken, sondern jetzt auch noch ins Wort fallen?« Seine

Augenbrauen sind hochgezogen, sein Blick ist bedrohlich. Ich schließe kurz die Augen und schüttele den Kopf über ihn. »Widerlich«, sage ich leise. Deniz ignoriert das und steht von seinem Stuhl auf: »Happy Birthday, Mutter«, sagt er und gibt Mama neben mir einen schnellen Kuss auf die Wange. *Paps* und *Mutter*. Wer nennt denn bitte seine Eltern so? Ich erkenne Deniz nicht wieder. Und irgendwie schwindet meine Hoffnung langsam, dass wir uns heute aussprechen und wieder zueinander finden. Der Kellner kommt an unseren Tisch und nimmt die Bestellungen auf: einmal Samosas, zwei Mal Sabzi, Lamm Curry, Fanta, Sprite, Cola, Mineralwasser, Daal für mich. Der Kellner bedankt sich höflich und geht wieder. Mama schaut in die Runde: »So«, sagt sie. »Jetzt sitzen wir hier mal alle zusammen.« Sie klingt so, als könne sie es selbst kaum glauben. Ich kann es auch kaum glauben. »Miryam, wie läuft es denn, bist du bald mal fertig mit der Uni?« Meine Mutter schaut mich erwartungsvoll und leicht säuerlich an. Ich drehe meinen Kopf weg und schaue auf die rote Tischdecke. Dann murmele ich, dass ich die Bachelorarbeit jetzt abgegeben habe, dass ich am liebsten irgendwo irgendetwas schreiben würde, mich bei einem Online-Shop beworben habe und gerade auf Antwort warte. Deniz schaltet sich ein: »Ach, dann verdienst du *auch* endlich mal dein eigenes Geld, ja?«

»Ja«, erwidere ich irritiert.

»Wird auch Zeit, ist extrem peinlich, dass du von Paps Geld bekommst, ich mein Geld allein verdiene und trotz allem *du* die Undankbare von uns beiden bist.«

»Ähm … Papa zahlt meine Miete, und das war's, du Keko.«

»Und rufst du ihn dafür auch mal an? Oder gibt's zwischen euch nur 'ne Kontoverbindung?« Deniz spricht jetzt genau wie Papa. Und es klingt so, als hätten die beiden sich über mich ausgelassen gemeinsam. Bisher haben Deniz meine Finanzen herzlich wenig interessiert. Und erst recht nicht, wie oft ich unseren Vater anrufe.

»Was juckt es dich?«, frage ich schnippisch.

»Weißt du überhaupt, was Loyalität, Integrität, was Familie ist?« Deniz tippt bei jedem seiner drei Schlagworte mit dem Zeigefinger auf das rote Tischtuch. »Ich glaube nicht! Vor allem, wenn ich an das letzte Mal denke, wo wir uns gesehen haben, ne? Hast du dich überhaupt jemals auch nur einmal bei Paps bedankt?« Jetzt schaltet sich mein Vater ein: »Ah, oğlum, lass ma, kein Problem«, sagt er beschwichtigend, patscht ihm nervös auf die Schulter und schaut sich unruhig im Raum um. Aber Deniz redet unbeirrt weiter: »Nein, Paps, ist doch echt, wie du gesagt hast: Miryam ist fast 27, liegt dir auf der Tasche und hat keinerlei Sinn für Familie!«

»Habt ihr über mich geredet?«, frage ich ungläubig.

»Nein!«, sagt mein Vater empört.

»Ja, natürlich«, sagt Deniz angriffslustig.

»Deniz! Haha, oğlum, dir erzähl ich nie wieder was!« Mein Vater lacht jetzt eher wie ein nervöser Baby-Pelikan, ganz kleinlaut. Meine Mutter hat sich in ihrer Handtasche vergraben und kramt darin rum, als sei sie nicht beteiligt.

»Ja, wieso, Paps? Miryam kann doch wissen, dass es peinlich ist, soll die doch ihre Miete selbst zahlen, wenn sie alles so schlimm fand, damals!« Deniz zeigt jetzt mit der Hand auf mich. Ich kann nicht glauben, was ich da höre.

»Deniz, ist das dein Ernst? Das haben wir unter uns besprochen, und *by the way*, du warst da jahrelang meiner Meinung!«

»Ja, war ich. Aber ich hab einfach Eier in der Hose und mich endlich mit Mama und Papa versöhnt. *Du* hängst immer noch auf deiner Couch zu Hause und heulst, während Papa dir dein Leben finanziert! Merkst du es nicht? Du bist ein Opfer! Und undankbar. Und ich halt nicht.« Das hat gesessen. Ich bin sprachlos und spüre Tränen in mir aufsteigen. Jetzt ist es amtlich: Versöhnung gibt es nicht, das hier ist nicht mehr der Deniz, mit dem ich jahrelang geweint und gelacht habe. Auch ihn habe ich verloren. Jetzt meldet sich Mama zu Wort: »Kinder, benehmt euch mal bitte, ich find es echt gemein!« Ihre Stimme klingt dabei, als wäre sie fünf und nicht fünfzig Jahre alt geworden. »Es ist *mein* Geburtstag, und ihr seid hier am Streiten!« Sie dreht sich zu mir: »Kannst du mir nicht *einmal* was gönnen, Miryam? Nur einmal?«

»Was hab ich denn gemacht?« Meine Stimme überschlägt sich.

»Immer musst du in der Vergangenheit hängen, du versaust uns allen das Hier und Jetzt«, sagt Mama und klingt so richtig sauer dabei. »Lass doch mal die Vergangenheit los! Was willst du denn?«

»Dass wir vor ihr auf dem Boden kriechen, *das* will sie«, sagt Deniz und reckt sein Kinn nach vorn.

»Ganz bestimmt nicht«, sage ich mit Tränen in den Augen. »Außerdem, was wollt *ihr* alle denn? Ich habe doch gar nicht angefangen!«

»Ach komm, Miryam, du bist doch echt kein kleines Kind mehr! Wer angefangen hat, ist egal, ich will jetzt endlich in Ruhe essen und meinen Geburtstag feiern.« Meine Mutter kramt wieder in der Handtasche herum, das macht mich verrückt: »Mann, Mama, was suchst du denn da die ganze Zeit?«

»Ja, mein Handy? Ich möchte ein Foto von uns machen!«

»Ach so, klar«, sage ich sarkastisch. »Weil es so ein schöner Abend ist, das *muss* man festhalten.« Ich drehe mich zu Papa und Deniz, verschränke die Hände ineinander und hole tief Luft. Gut, dann packe ich jetzt einmal alles auf den Tisch. Jetzt ist es auch egal. »Jeder Tag meiner Kindheit war ein Albtraum. Manchmal weniger gruselig, manchmal mehr, aber immer ein Albtraum. Du hast uns Angst gemacht, Papa. Du warst grausam. Ich trage die Angst bis heute in mir, ich bin unter anderem deswegen depressiv geworden, und es gibt Momente, in denen ich dir so gern mal zurück eine reinhauen wollte, für Mama.« Papa sieht aus, als hätte ich ihm gerade wirklich eine reingehauen. Deniz schnaubt und zeigt mit den Händen auf mich und verschränkt die Arme, als wollte er sagen: »Bitte, hab's doch gesagt.« Aber ich bin noch nicht fertig. Ich schaue rüber zu Mama, die jetzt ihr Handy hochhält und ihre Altfrauen-Hülle aufklappt, um ein Foto zu machen. »Und du, Mama«, sage ich und drehe mich zu ihr. »Du siehst auch nur das, was du sehen willst. Du scheißt im Prinzip genauso auf unsere Gefühle. Nur anders.« Meine Mutter schielt über ihr Handy zu mir rüber. Sie sieht mich enttäuscht und schockiert an.

»Miryam, wie kannst du nur? Es ist mein Geburtstag, du weißt genau, ich habe meine Seele für euch Kinder gegeben, ich fühle alles immer doppelt und dreifach so stark wie ihr!« Sie zieht ein zerknülltes Taschentuch aus der Hosentasche und schnieft hinein. Dann wedelt sie mit dem Tuch vor meinem Gesicht rum: »Ihr seid mein Fleisch und Blut, und *so* dankst du es mir?«

»Reg dich nicht auf, Silke«, sagt mein Vater in monotoner Stimme. »Deiner Tochter kann man es nicht recht machen. Egal wie, am Ende zahlt man immer dafür.« Ich höre mich sagen: »Ach halt die Fresse, Papa.« Das habe ich mich noch nie getraut. Mama reißt die Augen auf vor Angst. Dann steht sie schniefend vom Tisch auf und watschelt in Richtung Restauranttoilette. Deniz schaut zähneknirschend zum Eingang, mein Vater läuft rot an, sein Unterkiefer schiebt sich nach vorn. Jetzt ist alles möglich, Papa könnte komplett die Kontrolle verlieren. Uns Kinder hat er zwar nie geschlagen, aber ich denke, jetzt könnte der Moment gekommen sein, in dem *ich* mal höchstpersönlich kassiere. Ich sehe es in seinem Kopf rattern, wir sind hier schließlich immer noch in einem Restaurant. Wie würde das denn aussehen? Das bringt er nicht. Ich schaue ihm fest in die Augen und zittere jetzt am ganzen Körper. Deniz unterbricht die Stille: »Ey sag mal, Miryam, schämst du dich nicht, so respektlos mit deinem eigenen Vater zu reden? Was denkst du, wer du bist? Du willst auch einfach nur alle Männer in Kellern einsperren, oder?« Ich winke ab, Deniz labert ja nur noch Müll. Keller? Wo hat er *das* denn bitte her? Lächerlich. Mein Abwinken macht Deniz noch wütender: »Miryam, wenn du das klären willst, können wir sehr gern raus, vor die Tür. Komm! Dann sehen wir mal, wer hier stärker ist.« Er hat mir noch nie gedroht, schon gar nicht mit Prügel. Aber Deniz meint das ernst. Er hat jetzt denselben Gesichtsausdruck wie neulich im Club bei den zwei Jungs. Mein kleiner Bruder mit den großen Oberarmen will mich ernsthaft schlagen. Nach all den Jahren, nach allem, was wir durchgemacht haben. Niemals hätte ich gedacht, dass er mir jemals ein Haar krümmen wollen würde. Ich schaue ängstlich und hilfesuchend zu Papa rüber; aus irgendeinem Grund denke ich, ausgerechnet der würde sich jetzt schützend vor mich stellen und eine Grenze ziehen. Sagen, dass wir uns nicht bedrohen dürfen, dass Deniz das zurücknehmen soll, so was. Aber Papa starrt immer noch mit hochrotem Kopf durch den Raum. In seinem Gehirn müssen gerade ganz viele Synapsen zusammenkrachen. Es muss ihm alles abverlangen, mir jetzt keine zu knallen. Betont ruhig nuschelt er durch die Zähne: »Miryam, du stehst jetzt auf, gibst deinem Bruder ein Küsschen, und dann entschuldigst du dich bei ihm.«

»Was? Wofür denn? *Er* will mich doch schlagen!«

»Du hast ihn zu sehr aufgeregt. Mach jetzt.« Papa bleckt die Zähne. Deniz steht auf und sieht mich auffordernd an: »Na los«, sagt er und breitet die Arme mit einem Blick aus, der Genugtuung ausstrahlt. Aber ich bleibe sitzen und schaue angewidert zu ihm hoch. Der Kellner kommt zu uns, er schaut erst verwundert, dass Deniz da so steht, aber stellt dann die dampfenden Teller und Schalen an unserem Tisch der Schande ab. Kurz kommt mir der Gedanke, vom Stuhl aufzustehen, meinen Bruder zu umarmen, damit alles wieder gut ist. Es ist immerhin Mamas Geburtstag. Das ist doch meine Familie. Papa hatte es ja auch nicht leicht. Aber Deniz' Kehrtwende, seine Drohung und dass er sich von mir abgewandt hat, sind der größte Verrat, den ich je erlebt habe. Ich kann jetzt nicht mehr zurück. Alles, was ich tun kann, ist, zu mir stehen, wenn es sonst niemand mehr hier tut. Also nehme ich meinen Teller mit den zwei Samosas und dem Beilagensalat darauf und knalle ihn zitternd auf den leeren Teller vor Deniz. Es klirrt kurz, dann zische ich ihm zu: »Alle können mich ficken. Aber du? Niemals.« Ich zeige dabei auf Deniz' schockiertes Gesicht. Mein Zeigefinger zittert so stark, dass es aussieht, als würde ich ihn hin und her wedeln. Ich liebe sein blödes Gesicht doch eigentlich. Die Tränen steigen in mir hoch, aber ich halte sie trotzdem mit aller Kraft zurück. Dann erhebe ich mich vom Tisch. Mein Bruder will mich anspringen, aber mein Vater hält ihn an der Schulter zurück und flüstert ihm etwas zu. Ich greife in meine Handtasche am Boden und schmeiße das Styropor-Flugzeug auf den Tisch, das im Topf mit dem Sabzi-Curry landet. Dann gehe ich aus der Tür. Als ich vor dem Restaurant auf dem Gehweg stehe, renne ich los. In mir ist unglaublich viel Adrenalin. Ich habe gerade zum ersten Mal jemandem in meiner Familie die Stirn geboten! Nur leider war es Deniz. Ich renne eine Weile, an der nächsten Straßenecke komme ich zum Stehen und lasse die Tränen laufen. Wie konnte Deniz mir das antun? All die Jahre war er mein Herz, mein Support-System. Er ist einfach umgedreht, irgendwie. Er will kein Opfer mehr sein, sagt er. Ich glaube, er will Täter sein. Mir wird übel, ich spüre, dass ich mich übergeben muss, also laufe ich schnell weiter, in Richtung Zuhause. Ich versuche, nicht in die Gesichter der vorbeilaufenden Menschen zu sehen. Für die bin ich einfach ein weinendes, junges Mädchen auf einem Berliner Bürgersteig. Bestimmt spekulieren manche im Kopf, wieso ich weine, und vermuten eine schlechte Note im Studium oder dass es irgendein nichtiges Problem mit meiner besten Freundin gab. Niemand hält mich auf, und ich renne einfach weiter, während mir die Kotze in den Hals steigt. An der Ecke vom Edeka spüre ich etwas in meiner Tasche vibrieren. Mein Handy klingelt. Ich bleibe keuchend stehen und ziehe es aus der Tasche. Auf dem Display steht eine Festnetznummer, die ich nicht eingespeichert habe. Vielleicht ist das die Nummer vom Restaurant? Ein Anruf von Deniz? Oder Papa? Vielleicht wollen sie ja, dass ich zurückkomme! »Hallo?«, schluchze ich ins Telefon.

»Hallo? Frau Topal?«, höre ich eine freundliche Frauenstimme. »Manon Scholz hier, Sie hatten sich bei uns für die Teilzeitstelle beworben, in der Blog-Redaktion!« Ach du Scheiße. Ich muss mich zusammenreißen, das ist wichtig.

»Aaah, ja, genau, hallo!«, antworte ich möglichst kontrolliert und fröhlich. Ich wische meine Tränen weg. »Wie schön, von Ihnen zu hören!«

»Ja, wunderbar. Bin ich also doch richtig bei Ihnen.«

»Ja, ja, genau, ich bin gerade joggen gewesen«, lüge ich, »daher klinge ich etwas verschnupft, haha.«

»Ah, sehr gut. Ja, Frau Topal! Ich wollte nur Bescheid geben, dass wir Sie gern dabeihaben würden, ab kommendem Monat! Da sind Sie ja dann durch mit dem Bachelorstudium, also haben auch Zeit, richtig?« Ich kann es nicht fassen: Ich habe den Job bei dem Online-Shop tatsächlich bekommen! Im Vorstellungsgespräch vor ein paar Tagen hatte ich so getan, als wäre ich eine totale Fashion-Maus, als würde ich alle einschlägigen Blogs kennen, obwohl ich das nicht tue. Aber es hat offenbar gereicht, und vor allem mein Probetext hat Ihnen gefallen. »Wir mögen einfach, wie Sie schreiben, dieses Frische ist genau das Richtige für unseren Blog!«, sagt die nette Frau am Telefon. Ich bedanke mich überschwänglich, mache eine Uhrzeit für meinen ersten Arbeitstag aus und lege auf. Ab nächstem Monat bin ich Copywriterin, ab da kann ich meine Miete allein bezahlen, ganz ohne Papas Geld! Ich schaue noch kurz aufs Telefon und sehe aus den Augenwinkeln die Menschen an mir vorbeilaufen. Dann tippe ich auf mein Adressbuch und blockiere Papa überall auf meinem Telefon. WhatsApp, Anrufe, Mails, alles. Deniz und Mama schiebe ich bei WhatsApp nur in den »Archivierte Chats«-Ordner. Ihnen lasse ich noch alle Möglichkeiten, mich zu kontaktieren. Aber von mir kommt nichts mehr, das war's jetzt. Dann muss ich jetzt eben ohne die mit meinem Happy End beginnen. Und irgendwann bin ich ja selbst Mama. Dann werde ich die beste Mutter der Welt. Es wird alles gut.

Mami Blue

November 2019, Baby 10 Monate alt

»Und Miryam, alles gut? Sag mal, *bisschen* was hast du aber schon abgenommen, oder?« Martha mustert mich mit ihren wässrigen, grau-blauen Augen, ihr Blick wandert meinen Körper rauf und runter. Die Augenfarbe hat Robert von seiner Mutter, eindeutig. Ich lächle schief und verlegen. »Ja, ein bisschen, aber ist noch was zu tun«, sage ich und schaue an ihr vorbei auf die weiße Wand. »Aber mein Gewicht ist aktuell nicht so die Priorität, das Wichtigste ist mein Baby.« Ich schäme mich kurz, dass ich sie so anlüge mit diesem Instagram-Spruch, denn: Natürlich beschäftigt mich mein Gewicht. Aber eben nicht so massiv wie all meine anderen Probleme. Meine anderen Probleme sind aber nicht so sichtbar für Martha, schätze ich mal. Und auch nicht so interessant. Außerdem tue ich ja auch einiges dafür, glücklich und normal zu wirken, obwohl ich insgeheim denke, dass ich wertlos und als Mutter unzumutbar bin. Ich sehe zu meinem Baby, das am Tischende zufrieden an einem winzigen Stück Apfelkuchen nagt. »Ja ja«, winkt Martha ab und streicht sich eine ihrer dunkelbraun gefärbten Haarsträhnen aus dem Gesicht, »das ist ja auch das Wichtigste. Aber schaden tut es trotzdem nicht, immer ein bisschen sexy zu bleiben. Sonst betrügen die dich!« Martha zeigt auf Robert und Frank, zwinkert mir unangenehm zu, ich sehe sie irritiert an: Das ist neu, dass sie das so offen adressiert. Aber was hat das jetzt mit mir zu tun? Blöde Kuh. Martha sieht mein Fragezeichen auf dem Gesicht, das stört sie aber nicht. »Na ja, anders geht es nicht! Ich bin doch 'ne aufregende Frau, oder Frank?« Frank nickt stumm. »Ich hab letztens erst was bei ›Victoria's Sexy‹ gekauft, im Internet!«

»Victoria's Secret«, murmelt Robert leise in seine Kuchengabel. Aha, woher kennt Robert *das* denn?

»Ja, genau, Victoria's Secret! Und wir sind noch verheiratet, also daran sieht man, dass es funktioniert, oder, Frank?«

Roberts Vater sieht durch uns alle hindurch und schweigt. Er sieht eigentlich immer dissoziiert aus. Das ist zumindest etwas, womit ich *relaten* kann. »Jedenfalls«, fährt Martha unbeirrt fort, weil sie weiß, dass sie auf keine Antwort von Frank warten muss. »Ich war so froh, als Robert mich gefragt hat, ob wir mal wieder vorbeikommen wollen! Der meldet sich ja so selten!« Ich drehe meinen Kopf zu Robert: Ich hatte also doch recht, *er* hat seiner Mutter geschrieben, nicht andersherum. Robert schaut angestrengt auf seinen Teller mit dem Stück Apfelkuchen. Martha schaut mich erwartungsvoll an. »Ja, na ja«, antworte ich und sehe Robert mit zusammengekniffenen Augen an. »War irgendwie viel los, die letzte Zeit.« Roberts Eltern beklagen sich zwar immer, wie selten wir uns melden, und sagen, dass wir öfter vorbeikommen sollen. Aber wirklich interessiert an unserem Leben sind sie nicht, habe ich den Eindruck. Aber was weiß ich schon? Mir wird kalt, also nehme ich meinen cremefarbenen Cardigan von der Stuhllehne, den ich vorsorglich rausgelegt hatte, und ziehe ihn an. Martha stochert in ihrem Kuchenstück herum: »Ja, viel los, das kennen wir auch. Ich sag ja immer: Kinder muss man loslassen können! Wirst du auch eines Tages müssen, Miryam.« Martha schaut mich besserwisserisch an und zeigt mit der Kuchengabel auf mein Baby. Ich habe so langsam keinen Bock mehr. Dann wendet sie sich an Robert: »Und, Robertchen, wie ist es auf Arbeit?« Robert zuckt mit den Schultern: »Ja, an sich alles gut, wir wurden jetzt zusammengelegt mit einer anderen Firma, das war dann kurz doof, weil nicht sicher war, ob ich meinen Job behalten …«

»Ah ja, aber jetzt ist doch alles gut, oder?«, unterbricht Martha ihn.

»Ja, alles gut.« Damit ist das Thema beendet. Aber *ich* war jetzt auch nicht so interessiert an Roberts Geschichte, wenn ich ehrlich bin. Irgendwie tut er mir leid, meistens hört ihm echt niemand zu. Vielleicht hört er deswegen so schlecht, er hat sich einfach abgekapselt. Kein Wunder, dass er kaum vom Handy hochschaut. Nervt mich trotzdem.

»Und beim Baby ist auch alles gut, oder?« Martha gestikuliert wieder in die Richtung von unserem Kind.

»Ja, also letztens hatten wir hier so heftige Koliken, das war für mich als Mutter schon schlimm zu sehen. Es ist dann aber …«

»Ach Koliken«, ruft Martha aus. »Das ist so ein Stadt-Phänomen. Haben die Kinder bei uns auf dem Land überhaupt nicht! Also! Ich finde, ihr drei kommt demnächst unbedingt mal wieder vorbei, und dann fahren wir zu den Kühen!« Martha nimmt einen gierigen Schluck aus ihrem randvollen Proseccoglas.

»Mjoa«, sage ich zögerlich. »Wenn ihr euch dann nicht wieder betrunken ans Steuer setzt.« Martha reckt das Kinn in die Höhe und sieht mich beleidigt an: »Also Miryam, wir waren doch nicht betrunken!«

»Martha, ihr habt euch richtig einen reingestellt, komplett gelallt und trotzdem drauf bestanden zu fahren. Und, sorry Martha, aber du fährst echt … waghalsig. Ich war hochschwanger und hatte Todesangst auf der Rückbank. Aber Robert wollte ja nicht ans Steuer.«

»Ach …« sagt Martha und schürzt die Lippen säuerlich. »Du bist aber echt empfindlich. Sag mal, Robert, die Miryam ist wirklich immer so kleinlich und sensibel, 'ne? Ist die auch im Bett so unentspannt?«

»Marthaaaa«, ruft Roberts Vater Frank plötzlich ermahnend vom Tischende. Robert isst stoisch seinen Kuchen weiter und schweigt. Das macht mich sauer. Kann er mich nicht *einmal* verteidigen? Nur einmal? Außerdem hat er gelogen, nur wegen ihm sitzt Martha jetzt hier und nervt mich. Ich schaue mit zusammengekniffenen Augen und Lippen zu ihm rüber. Würd ihm gern eine scheuern.

»Ja, was denn, Frank, das darf man doch mal fragen?« Martha fuchtelt beim Sprechen mit ihrem Proseccoglas herum und schaut mich mit ihren glasigen Augen an: »Ist doch nur Spaß, das weiß Miryam ja. Oder, Miryam?«

»Ja, weiß ich«, murmele ich brav und stopfe mir ein Stück Apfelkuchen in den Mund. Martha sieht mit gekräuselten Lippen zu, wie ich den Kuchen kaue. Schmeckt ihr gar nicht, wie ich mir den Kuchen schmecken lasse.

»Eben!«, antwortet Martha triumphierend und kleckert dabei mit dem Glas. Eine kleine Pfütze Prosecco breitet sich auf dem dunklen Holztisch aus. »Wir sind jetzt eine Familie, und in einer Familie kann man sich *alles* sagen.«

* * *

»Miri, ich glaube, du hast ein Shopping-Problem.« Robert schaut mich besorgt an, aber schmunzelt dabei. Ich mache den Reißverschluss meines neuen Kleides bis ganz nach oben zu und drehe mich dann zu ihm um. Robert sitzt auf dem Bettrand und hält Händchen mit unserem Kind, das gerade sitzen übt. Ich weiß, dass er recht hat. Aber ich kann das nicht zugeben. »Robert, sei ehrlich: Ich sehe mega aus in dem Kleid, oder?« Ich lächle ihn an und mache eine Show-Geste mit den Händen, als wäre ich die Frau bei Glücksrad, die die Buchstaben umdreht. Robert muss lächeln und antwortet: »Ja, sieht gut aus. Behalt es ruhig.«

»Eben, du willst ja auch, dass du 'ne schicke Freundin an deiner Seite hast, und duuu«, sage ich an mein Kind gerichtet, »duuu willst auch eine schicke Mama.« Ich drücke meinem Baby einen festen Kuss auf die weiche Wange.

»Na ja, ich sehe schon, hast dich vom Besuch meiner Eltern wieder selbst therapiert mit bisschen Online-Shopping, ja, Miri?«

»Du, anders geht's nicht«, lüge ich. Es ginge natürlich anders, aber ich brauche auch sehr oft neue Klamotten. Natürlich weiß ich, dass ich eigentlich *mich* in diesen neuen Kleidungsstücken suche. Und das auch noch vergeblich. Aber immerhin macht *diese* Suche ein bisschen Spaß. Der Besuch von Roberts Eltern ist schon zwei Tage her, aber ich muss den immer noch verdauen und verarbeiten. Martha hat mir den letzten Nerv geraubt. Außerdem steht mir dieses neue Blumenkleid einfach. *Case closed*, das Ding behalte ich gleich an. Ich klatsche in die Hände: »So, wollen wir los, ihr Fischlein?«

»Yo«, sagt Robert und steht mit unserem Kind auf. Wir wollen heute mal einen Familienausflug machen. Etwas rauskommen, andere Lebewesen sehen, vielleicht auch ein bisschen Familie spielen. Meine Laune ist verhältnismäßig gut, Robert und ich haben uns auch wieder vertragen, nachdem wir kurz diskutiert hatten, dass er mir nächstes Mal einfach Bescheid sagt, wenn er seiner Mutter schreibt, dass sie kommen soll. Es bringt ja nichts, über alles zu streiten. Wir müssen jetzt los, sonst ist die Schlange vor dem Aquarium bestimmt total lang und wir stehen ewig in der Kälte rum. Der November ist wettertechnisch mein Hassmonat, aber wir – die Familie Topal-Dachser – machen das Beste draus. »Wir halten zusammen«, hat Robert gestern gesagt.

Ein paar Minuten später sehe ich lange orangebraune Fäden und einen runden Körper, der sich durch das tiefblaue Wasser zieht. Die Qualle bewegt sich anmutig durch ihren gläsernen Käfig. »Japanische Kompassqualle« steht auf dem Schild an der Wand daneben. Ich richte meinen Blick wieder auf sie und sehe ihr zu, wie sie durch das Wasser gleitet. Sie weiß gar nicht, dass ihr Lebensraum viel zu klein ist. Dass sie eigentlich viel mehr Möglichkeiten hätte. Sie hat keine Ahnung, was ihr entgeht und wie sie leben könnte. Sie ist einfach eine Qualle im Erdgeschoss des Aquariums und wird täglich von Tausenden Menschen begafft. Und trotzdem bleibt sie anmutig.

»Mama, Fisssschi!« Mein Kind ist auf Roberts Arm und zeigt aufgeregt auf ein Fenster jenseits der Kompassqualle. Da sind Rotfeuerfische drin. Ich komme dazu und schaue mit hinein. Einer der Fische zieht gerade genau vor meiner

Nase an mir vorbei. »Jaaa, toll, oder, Schatzi? Guck mal, *blubb blubb* machen die Fische.« Ich spitze meine Lippen und ziehe die Wangen ein, als wäre ich ein Fisch. »Blubb Blubb«, mache ich, und mein Kind kichert. Wir stehen hier in absoluter Dunkelheit, nur die Aquarienbecken zeigen uns den Weg. Die vielen kleinen Fenster mit Fischen drin, die eigentlich alle ganz woanders hingehören. Aber wären sie nicht hier, könnten wir sie nicht betrachten und uns die Nasen platt drücken. Um uns herum sind quasi nur Familien. Kinder rennen durch die dunklen Gänge, verlieren ihre Eltern, sie hauen an die Plexiglasscheiben und essen diese trockenen Maisstangen aus dem Drogeriemarkt, die wie Styropor mit Käsegeschmack schmecken. Robert, unser Kind und ich sind hier absolut richtig, wir gehören hierher. Das hier ist unsere Welt, wir sind jetzt Eltern.

»Komm, wir machen ein Foto, Miri!« Robert winkt mich zu sich in den Fahrstuhl. Er will noch in die obere Etage, Insekten angucken. Ich winke ab: »Nee, lass mal«, sage ich beschämt, »macht ihr mal.«

»Wieso, du siehst doch so gut aus in deinem neuen Kleid! Mach einfach die Jacke auf! Wir machen ein Selfie!«

Ich schüttele traurig den Kopf. Ich weiß, dass ich es hassen werde, wie hässlich ich auf dem Foto aussehe, und dass es mir wieder für den Rest des Tages die Laune versauen wird. Das ist jetzt schon so oft passiert, wenn Robert Fotos macht. Eben genau deswegen mache ich ja nur Selfies mit Insta-Beautyfilter. Aber Robert erwartet eine Antwort von mir, also steige ich mit in den Aufzug, drücke auf den Knopf nach oben, nehme ihm das Handy aus der Hand und fotografiere die beiden, während sich die Türen des Aufzugs schließen. Er sieht mich erst enttäuscht an und lächelt dann für die Kamera. Das macht mich noch trauriger, aber ich kann auch nicht aus meiner Haut, aus meinem Kopf, aus meinem viel zu engen Käfig.

Die Qualle aus dem Erdgeschoss und ich haben viel gemeinsam. Wir beide schwimmen trotz allem, trotz unserer begrenzten Möglichkeiten immer irgendwie weiter.

* * *

Um mich herum ist orangenes Wasser. Eine aufgerissene Badesalz-Tüte schwimmt neben meinem linken Unterschenkel. Ich ziehe sie aus dem Wasser: »Wohlige Wärme« steht vorne drauf. Wohlige Wärme ist also orange. Ja, doch, die Wärme kann ich bestätigen, das Wasser ist warm. Aber das wohlige Gefühl spüre ich nicht. Ich fühle gerade mal wieder gar nichts. Unser Familienausflug ins Aquarium erscheint mir meilenweit entfernt, dabei war es erst letzte Woche. Jeder Tag ist so lang. Ich greife nach meinem Handy, das am Badewannenrand liegt. Das soll man ja nie machen. Erst neulich hat es angefangen zu vibrieren, als irgendjemand von Vodafone angerufen hat mit irgendeinem scheiß Werbeanruf. Und dabei ist es fast ins Wasser gefallen. Aber ich lerne eben nicht aus meinen Fehlern. Und ich will ja nur mal kurz gucken … Ah, da ist es: Papas neues Profilbild auf WhatsApp. Er hat eine neue Baseballcap auf, mit dem Schriftzug »Vattenfall«, und er steht in irgendeinem Wald, wie es aussieht. Er lächelt breit in die Fotokamera. Vorgestern habe ich ihn mal wieder auf meinem Telefon entblockt und warte seitdem darauf, ob er irgendetwas schreibt oder anruft. Obwohl ich innerlich schon abgestorben bin, gibt es trotzdem irgendwie immer diese Hoffnung in mir, dass er sagt: »Ich habe noch mal nachgedacht, du hast recht, meine liebe Tochter. Du bist mir wichtig, lass uns von vorne anfangen.« Er müsste doch nur so etwas Einfaches sagen wie: »Ich habe jetzt alles verstanden: Ich habe dich dein ganzes Leben nicht beschützt, nicht einmal vor mir, ich habe dich nie richtig gesehen. Das hole ich jetzt alles nach. Ich bin ab heute dein Traum-Papa.« Ist doch nicht so schwer. Aber wie schon die Male davor, in denen ich ihn geblockt, wieder entblockt, mit ihm gesprochen, aufgelegt und mich distanziert habe, wird es auch dieses Mal bestimmt nicht so kommen, wie ich mir erhoffe. Und so blockiere ich weiter, entblocke, blockiere noch mal, bin enttäuscht, bin noch mal offen, erwarte immer weiter, werde wütend und blockiere wieder. Und die ganze Zeit am Hoffen. Was Papa derweil macht, weiß ich nicht.

Es klingelt an der Tür, viel zu laut und so schrill, dass mir fast das Handy ins orangene Wasser fällt. »Mach ma bitte aaaaauf«, rufe ich in Richtung Wohnzimmer. Aber Robert ist gerade mit dem Baby auf dem Balkon und hört mich nicht. Er scheint meine Mutter trotzdem vom Balkon aus zu sehen, ich höre nämlich schwere Schritte am Bad vorbei, durch den Flur zur Wohnungstür. Die Tür geht mit einem Quietschen auf, meine Mutter sagt Hallo, Robert auch, beide reden leise irgendetwas. »Na wie geht's meinem Engelchen?«, höre ich sie säuseln. Mein Kind gluckst vor Freude, seine Oma zu sehen. Ich höre watschelnde Schritte, die schweren Atmer meiner Mutter, dann geht die Badezimmertür auf. Ich drehe meinen Kopf zur Tür und nicke ihr zu. »Hi«, sage ich in monotoner Stimme.

Meine Mutter klatscht die Hände zusammen, als würde sie vor einem Haufen Schmutzwäsche stehen, den sie jetzt mal angehen will: »Ach, wen haben wir denn da?«, sagt sie schnippisch. Ihr Ton lässt mich direkt trotzig werden. Aber ich schaue sie nur ausdruckslos an: Ihre Augenlider sind aufgequollen, ihr Ausdruck traurig, wie immer. Ihre Haare sind dunkelblond mit vereinzelten Hennaresten, die noch rötlich schimmern, und sie hängen schlapp vom Kopf herunter. So, als wären sogar ihre Haare traurig. Als wäre Mama eine menschliche Trauerweide. Ihre Haut ist hell, mit rötlichem Unterton, und ansonsten ist alles an Mama irgendwie rund. Ihre Nase, ihre Augen, ihre Ohren, ihre Oberarme, alles. Dieses Runde lässt sie erst mal gütig und kümmernd aussehen. Kurz stelle ich mir vor, wie sie mich umarmt. Das wäre jetzt gut, das brauche ich schon, seitdem ich sie das letzte Mal vor zwei Monaten gesehen habe. In ihrer Umarmung kann man gut versinken, Mama fühlt sich dabei an, als wäre sie ein riesiges, fluffiges Kissen aus Wolken. Und sie riecht immer nach Waschmittel und Verzweiflung. Ich träume in letzter Zeit oft von ihr. Ein wiederkehrender Traum ist: Ich schubse sie in einer Schaukel an, und bei jedem Mal Anschwung geben wird ihr Rücken weicher und weicher, meine Hand trifft irgendwann auf keinen Widerstand mehr, und die Schaukel stoppt. Dann wache ich auf und rätsele, was der Traum zu bedeuten hat und was Herr Kemmers dazu sagen würde.

Aber ihrem Ton nach zu urteilen, wird es heute keine Umarmung geben. Sie trägt ein langärmliges, fuchsiafarbenes Jersey-Oberteil mit der Aufschrift »Karma« aus Glitzersteinen auf der Brust. Von ihrem linken Armgelenk baumelt ein goldener Armreif, den sie mal vor über zwanzig Jahren von Papa geschenkt bekommen hat. Manchmal glaube ich, sie hat ihn genauso gebraucht wie er sie. Sie war ein Opfer, ja. Aber meist wirkt sie eher traurig auf mich, dass ihre Ehe vorbei ist, nicht darüber, was in der Ehe passiert ist. Ihr schleppendes Siechtum kommt mir oft vor wie eine Trauer um eine verlorene Identität. Möglicherweise fühlt sie sich auch, wo mein Vater weg ist, auf eine komische Art verloren, so ohne Gewalt im Leben. Sie ist ja nichts anderes gewohnt. Und dann, als ihr neuer Freund Rolf auch keinen Bock mehr auf sie hatte, ist alles noch mal schlimmer geworden. Seitdem kommt sie gar nicht mehr aus dem Haus oder lässt sich besuchen. Papa und Mama haben ja sogar noch Kontakt miteinander und streiten sich alle paar Wochen am Telefon, über Sinnloses, vielleicht einfach aus Gewohnheit. Wenn ich ehrlich bin, verachte ich sie dafür, dass sie nicht wütend auf Papa ist. Dass sie es sich nicht wert ist zu erkennen, wie schlecht sie behandelt wurde und wird. Irgendwann mal, letztes Jahr, habe ich versucht anzubringen, dass Papa sich ihr gegenüber missbräuchlich verhalten hat. Dass es Situationen gab, in denen sie hätte sterben können. Zu meiner Überraschung wurde sie nicht emotional oder wütend. Sie hat nur abgewunken und gesagt: »Jaa, ach Miryam, nee. Ich wusste immer, dass dein Vater sich nicht traut, mich umzubringen.«

Meine Mutter schiebt die Ärmel ihres Oberteils nach oben und wäscht sich die Hände im Waschbecken.

»Siehst müde aus, Miryam.«

»Danke Mama, bin ich auch. Schön, dass es dann doch mal geklappt hat.«

»Ja, meine liebe Tochter, wenn ich nicht kann, kann ich

nicht«, sagt sie besserwisserisch und reibt ihre Hände am Gästehandtuch. »Das hab ich dir schon zig Mal gesagt.« Mama setzt sich auf den Badewannenrand und bemerkt das Badesalztütchen unter ihrem Hintern. Sie fummelt es mit einem »Was ist *das* denn?« hervor, schmeißt es in den kleinen Badezimmermülleimer und lässt sich dann noch mal neben mich auf den Badewannenrand fallen.

»Na, mein Kind?« fragt sie seufzend. »Siehst du jetzt auch mal, wie das ist, wenn man zunimmt, ne? Tja, du bist jetzt eben Mutter, mach dir nichts draus. Liegt in der Familie.«

»Ja. Und du bist Oma, dachte ich.«

»Was soll das heißen, Miryam?«

»Du wohnst zehn Minuten entfernt und hast die letzten sechs Mal abgesagt. Sechs Mal, Mama. Und wenn wir bei dir vorbeikommen wollen, ist es dir immer ›zu spontan‹. Du machst nicht mal die Tür auf!«

»Ja und? Habe ich keine Rechte? Andere Omas sehen ihre Enkel doch auch nicht jede Woche, oder? Das muss mein Enkelkind auch lernen.«

»Also Roberts Eltern waren gerade erst vor ein paar Tagen zu Besuch bei uns. Wenn die das schaffen, wieso du nicht? Wieso sperrst du dich so, das raffe ich nicht! Andere Omas *wollen* ihre Enkel sehen. Die holen die sogar von der Kita ab oder unternehmen alleine was mit denen!«

»Miryam, das hatten wir jetzt schon öfter, es bedrängt mich massiv, wenn du willst, dass ich ständig vorbeikomme. Manchmal geht es eben nicht oder es kommt mir etwas dazwischen. Warum verstehst du das nicht, was *willst* du denn von mir?« Mama sieht mich mit einem verständnislosen Blick an. Sie versteht es wirklich nicht. Ich gestikuliere in Richtung Wohnzimmer: »Weißt du, dass es da einen kleinen Menschen gibt, der sich immer freut, wenn ich ankündige, dass du kommst?«, zische ich sie an. »Und dann kommst du doch nicht. Ich hab keine Lust, noch in ein paar Jahren ständig erklären zu müssen, warum die Oma jetzt schon wieder abgesagt hat. Letztes Mal hast du eine halbe Stunde vor unserem Treffen abgesagt, weil du angeblich Bauchschmerzen bekommen hast.«

»Hatte ich auch!«

»Okay und wieso hast du dann eine halbe Stunde später ein Foto im WhatsApp-Status hochgeladen, wo du einfach deine fertigen Backofenpommes zeigst? Und was war neulich, als wir die drei Tage im Krankenhaus waren, wegen dem Virusinfekt?«

»Wieso, was war denn?«

»Äh, du hast nicht mal angerufen oder gefragt, wie es meinem Baby geht, obwohl ich dir panische Nachrichten geschrieben habe.«

»Ja, und dafür hast du mich auch sofort zur Sau gemacht! Hättest du noch ein bisschen gewartet und wärst nicht wie immer so ungeduldig, Miryam, dann hätte ich noch angerufen!«

»Nach drei Tagen dann, okay. War ich wieder zu vorschnell.«

»Ja, wie man es macht, macht man es falsch bei dir. Ich wollte euch eben nicht stören!«

»Stören? Sind wir im Urlaub, oder was? Weißt du, ich verlange ja nicht einmal, dass du vorbeikommst, wenn wir im Krankenhaus sind. Aber nicht mal anzurufen? Dass wir dich brauchen, das fällt dir nicht ein, ne? Das ist zu unbequem für dich. Du willst das gar nicht wissen, damit du weiter in deiner Höhle bleiben kannst. Du wohnst so nah bei uns und bist trotzdem auf einem anderen Planeten.« Mama lebt ein paar U-Bahn-Stationen entfernt, allein, mit ihren vielen Medikamenten, ihrem Fernseher und den zugezogenen Vorhängen. Sie will das so. Sie zu irgendetwas zu bewegen ist Schwerstarbeit, man kommt sich irgendwann bescheuert vor. Ich meine: Ich bettele meine Mutter an, uns zu besuchen. Wo gibt es denn so was? Seitdem mein Kind auf der Welt ist, hoffe ich, dass sie davon bewegt ist – emotional und physisch. Es braucht doch eine Oma. Und ich brauche eine Mama. Spätestens jetzt, wo ich selbst eine sein soll.

»Miryam, du tust mir unrecht, wie immer. Ich kann aber auch einfach wieder in meine ›Höhle‹ gehen, wenn du willst? Ich muss mir das hier nicht anhören, ich lasse mir von dir keine Daumenschrauben anlegen!« Sie sieht wütend aus, ihre Zornesfalte zeigt sich jetzt deutlich, und sie bekommt hektische Flecken im Gesicht. Ich habe Angst, dass sie ihre Drohung wahr macht und gleich wieder geht, also fahre ich mich notgedrungen wieder herunter. Will jetzt nicht schuld sein, wenn Oma auch heute wieder geht. Mein Baby freut sich ja schon. Also atme ich tief durch und sage: »Okay, egal, danke, dass du heute immerhin gekommen bist.«

»Ja, Miryam, Dankbarkeit ist wirklich etwas, das du noch lernen musst. Auch bei Robert! Du hast so einen netten Freund, der sich gerade, jetzt in diesem Augenblick, um dein Kind kümmert. Das hätte ich auch gern gehabt, ich meine: Du *kannst* in der Wanne liegen! Das hätte ich nie gekonnt, dein Vater hat ja weder Windeln gewechselt noch sonst irgendwas im Haushalt gemacht.«

»Ja, ich weiß.«

»Einfach mal dankbar sein, für das, was du hast. Warum kannst du das denn nicht, was fehlt dir da bloß?« Meine Mutter schaut mich jetzt nicht mehr wütend, sondern besorgt an. Ihre traurigen, hellbraunen Augen sehen aus, als würden sie gleich auslaufen, ihre dunkelblonden, ungezupften Augenbrauen sind zusammengezogen. Auf ihren Wangen sind ganz viele kleine rote Äderchen, die sich wie eine Landkarte durchziehen. Ich kann es an ihrem Gesicht ablesen: Gleich gibt es hier einen Dammbruch.

»Fang an wertzuschätzen, was du hast«, sagt sie eindringlich und hält mich an der rechten Schulter fest: »Miryam, du hast so viel mehr als Millionen Frauen weltweit. Sei nicht so undankbar, so habe ich dich nicht erzogen. Kind, lass doch mal die Vergangenheit los!«

Meine Mutter lässt ihren Blick melodramatisch durch das kleine Badezimmer schweifen. Sie schüttelt den Kopf: »Ich habe alles für euch Kinder gegeben«, murmelt sie. »Klar, auch ich war nicht perfekt, aber ich weiß wirklich nicht, wo ich es noch besser hätte machen können!« Sie dreht sich wieder zu mir, und ich sehe an ihren Augen, die immer größer werden, dass sie sich jetzt reinsteigert. »Was meinst du, wie schwer das für mich als Mutter war, mit anzusehen, wie meine Kinder unter dem Vater leiden?« Ihre Stimme überschlägt sich, gleich fängt sie an zu weinen. »Miryam, was denkst du denn, wie es *mir* dabei geht, dass ihr so eine Kindheit hattet? Aber nee, daran denkst du nie!« Jetzt schluchzt sie, das tut mir weh, noch immer. Ich bereue meine Kritik sofort. Also setze ich mich auf und umarme sie mit meinen nassen Armen. »Ist gut, Mama. Tut mir leid. Du kannst da auch nichts für.«

»Ich hab immer gesagt: ›Ibo, nicht vor den Kindern‹, aber er hört ja nie!« Mama schüttelt den Kopf. »Und jetzt muss ich mir das Jahre später noch anhören, was ich alles falsch mache, nicht genug vorbeikomme, was weiß ich. Du, du bist mir zu viel grad! Es macht auch *mich* fertig zu wissen, dass das schlimm für euch war!«

»Ich weiß, Mama, sorry. So schlimm war es damals eigentlich gar nicht.« Ich lüge mal wieder, wie so oft, wenn es um meine Gefühle geht, aber ich ertrage es nicht, sie weinen zu sehen. Jedes Mal bröckelt alles in mir, jede Grenze, jedes Argument, jedes Gefühl. Hauptsache, Mama weint nicht mehr. Lieber weine ich als sie. Mama holt ein zerknülltes Taschentuch aus der Hosentasche und schnaubt hinein. »Na also. Dann steig jetzt aus der Wanne und sei dankbar für dein Leben, verdammte Scheiße.« Ihre Hände sind rot und aufgedunsen. Das ist die Zukunft meiner Hände. Die Zukunft, der ich verzweifelt versuche aus dem Weg zu gehen. Meine Mutter stopft das vollgeschnaubte Taschentuch wieder in ihre Hosentasche. »Guck, jetzt hast du mich zum Weinen gebracht«, sagt sie vorwurfsvoll. »Deswegen komme ich so ungern her, Miryam!« Sie steht vom Badewannenrand auf und geht aus der Tür. »Ja, wo *ist* denn mein Enkelchen?«, höre ich sie noch einmal säuseln, so als wäre nichts gewesen. Das macht mich kurz wieder wütend, aber ich muss mich jetzt zusammenreißen, und sollte lieber dankbar sein, wir müssen ja auch gleich los. Ich hieve mich aus der Wanne, wickele mich in ein Handtuch und laufe mit kleinen, nassen Schritten ins Schlafzimmer. Ich öffne die weißen Türen unseres Ikea-Pax-Kleiderschranks und schaue ratlos hinein: Was soll ich anziehen? Was zieht man bitte zu einer Paartherapie an? Meinen schwarzen, engen Rollkragenpulli? Nee, *ich* bin ja nicht die Paartherapeutin. Den Blumenrock? Auch nicht, zu sanft, verspielt, viel zu schwach für heute. Meine Mutter plappert mit meinem Kind im Wohnzimmer nebenan, es klingt richtig glücklich, dass die Oma endlich mal wieder da ist. Ich lasse meinen Blick über meine Klamotten streifen: Mit welchem Kleidungsstück wirke ich wohl am ehesten wie ich selbst? Schließlich greife ich nach einer Seidenbluse mit Blumen darauf und meiner dunklen Lieblingsjeans. Die Jeans geht gerade noch so zu, und auch die Bluse spannt etwas an den Oberarmen. Die Hose könnte unbequem werden beim Sitzen, aber ich lasse das Outfit jetzt an. Wenn der Herr Hagenfels mich so sieht, weiß er direkt, mit wem er es zu tun hat. Robert steckt den Kopf durch die Schlafzimmertür: »Komm Miri, wir müssen los.«

»Ja, ich komme, Mann!« Ich bin genervt, aber er hat ja recht. Also schminke ich mich schnell und trotzdem sorgfältig: Foundation, Kontur, Lidstrich, fertig. Das muss reichen, ist aber auch die Essenz von mir, wie meine alten Klamotten. Als ich ins Wohnzimmer komme, sehe ich meine Mutter mit meinem Kind auf dem Schoß, sie liest gerade aus »Bobo Siebenschläfer« vor. Ich unterbreche die beiden kurz: »Seid ihr sicher, dass ihr klarkommt, allein?« Meine Mutter schaut auf und sieht mich genervt an: »Ach, Miryam, ich bitte dich, natürlich. Ich hab zwei Kinder großgezogen, ne? Übrigens auch *dich*!« Das »dich« klingt, als würde es durch den Raum vom Schoß meiner Mutter zu mir als kleine Backpfeife auf die Wange fliegen. Meine Mutter betont die Worte nämlich auch manchmal so, als würde sie in Caps Lock sprechen. Was das angeht, ist sie meinem Vater sehr ähnlich.

»Ja«, antworte ich betont freundlich, »aber ist ja das erste Mal, dass wir euch länger allein lassen. Schaffst du das mit dem Ins-Bett-bringen? Hab dir auch noch mal alles aufgeschrieben, der Zettel liegt da neben dir, auf dem Couchtisch.«

»Miryam, komm jetzt«, drängelt Robert aus dem Flur. Er trägt einen hellgrauen Pulli mit Flecken und seine dunkle Jacke von Schott. Robert ist offenbar egal, wie er wirkt.

»Natürlich schaffen wir das, jetzt hör auf deinen Freund und fahrt los, sonst kommt ihr zu spät!« Meine Mutter wedelt mit den Händen und bedeutet uns rauszugehen. Ich gebe meinem Kind einen Kuss auf den Kopf und sage: »Mama ist bald wieder da, okay mein Schatz? Hab dich lieb, viel Spaß mit der Oma!« Robert winkt zum Abschied aus dem Flur. Wir gehen aus der Tür und steigen in das Mietauto, das genau vor der Haustür geparkt ist. Als ich die Autotür schließe, drehe ich mich noch mal zu Robert: »Ich bin echt verunsichert«, sage ich, »weiß nicht, ob das so gut ist, die beiden allein zu lassen.«

»Ja dann hätten wir es nicht machen sollen«, sagt Robert genervt. »Willst du zurück? Dann sag's jetzt!«

»Nein, wir machen das jetzt«, sage ich. »Wir müssen ja *beide* in der Therapiestunde sitzen, und sonst ist halt niemand hier, der aufpassen könnte.«

»Richtig«, antwortet Robert und startet den Motor. »Deswegen meinte ich auch letztens, wir müssen uns über Babysitter informieren, aber was ich sage, ist ja eh egal in diesem Haushalt.«

»Erzähl *das* doch gleich mal Herrn Hagenfels, wie du dich fühlst«, sage ich schnippisch und schnalle mich an.

»Klappe«, murmelt Robert und blickt auf die Straße vor ihm. Ich schaue nervös aus dem Fenster und immer wieder auf mein Handy. Bilder schießen durch meinen Kopf, wie meiner Mutter bei uns zu Hause mein Kind aus dem Arm fällt. Wie sie auf dem gut abwaschbaren Küchenboden ausrutscht und der kleine Kopf gegen den Massivholz-Esstisch stößt. Das sind zwar zwei verschiedene Räume, aber meine Angst kennt keine Logik. Ich sehe innerlich, wie sie beschließt, mein Kind zu baden, obwohl ich es ihr verboten habe, und sie es dabei aus Versehen ertränkt. Ich sehe das kleine Gesicht, das blau wird in dem orangenen »Wohlige Wärme«-Wasser, mein armes Kind, das ich nicht retten kann, weil ich egoistische Arschkuh hier die Beziehung zu Robert retten will. Mein armer Schatz. Du hast mich nicht verdient. Ich hab dich nicht verdient, ich darf dich niemals allein lassen! Sollten wir doch umdrehen? Jetzt kommt mir ein Bild in den Kopf, wie meine Mutter die eine Sektflasche in unserer Kammer findet, sich betrinkt und mein Baby vergisst, das in seinem Bettchen um sein Leben weint. Ich halte die quälenden Gedanken und Bilder nicht mehr aus, also schreibe ich meiner Mutter eine WhatsApp-Nachricht, obwohl wir ausgemacht hatten, dass wir uns nur im Notfall schreiben. *»Alles ok bei euch?«*, schreibe ich. Sie antwortet: *»Mensch, Kind, entspann' dich doch mal! Warum vertraust du mir nicht? Woher kommt das bloß?«*

Blaulichtgewitter
Rückblende: Vor einem Jahr, 2018

Eigentlich ist alles perfekt. Nein: *Endlich* ist alles perfekt. Der Mann meiner Träume und ich sitzen auf weißen Plastikstühlen in der Nachmittagssonne vor einem Eiscafé in Schöneberg. Es ist ungewöhnlich warm für so einen schnöden Samstag im Mai, ich habe ungewöhnlich viel Hunger, und wir schieben die kleinen, durchsichtig gefärbten Plastiklöffel durch unsere dicken Eiskugeln. »Wie schmeckt deins?«, frage ich ihn. »Mega gut«, antwortet er und lächelt breit, ohne die Zähne zu zeigen. Dabei hat er richtig schöne, ganz gerade Zähne, eine lange, schmale Nase, an der ich mich durchs Leben hangeln könnte. Er hat keinen Bartwuchs, nur unten am Kinn so fünf verirrte Stoppeln, die er sich aber immer sofort gewissenhaft wegrasiert. Er hat ein richtig glattes Milchbubi-Gesicht. Und eisblaue Augen. Die finde ich, wenn ich ehrlich bin, nicht so schön. Aber irgendwie fühle ich mich trotzdem zu ihm hingezogen. Ich glaube, weil er insgesamt so ungefährlich wirkt. Dieser Mann wird mir nicht wehtun, dafür spricht er zu ruhig und hat insgesamt zu wenig emotionale Ausschläge. Den bringt so schnell nichts aus der Fassung. Okay, er hört manchmal nicht so gut und guckt öfter mal aufs Handy, aber wer macht das nicht in unserem Alter? Dieser Mann hier könnte mein Fels in der Brandung werden. Ich bin zuversichtlich, dass er mit mir und meiner chaotischen Art gut zurechtkommen wird. Wir ergänzen uns perfekt. »Fühlst du dich eigentlich manchmal total generisch mit so einem hyper-deutschen Namen? Robert? Robeeeert?« Ich grinse ihn an und rufe seinen Namen mit derselben Intonation wie die Reality-TV-Darstellerin Carmen Geiss. »Roooobeeeeert!« Er lächelt schief: »Nee, du?« antwortet er. »Miryam? Ist jetzt ja auch nicht sooo außergewöhnlich, ne?«

»Aber hat immerhin ein Ypsilon drin! Auf das Ypsilon bestehe ich!«

»Y tho?«, antwortet er, und wir fangen an, lauthals zu lachen. Dabei war der Witz an sich jetzt echt nicht lustig, er ist eigentlich nur ein uraltes Meme von 9Gag. Ich hatte mit Robert letztens darüber gesprochen, wie Mehdi und ich uns damals Memes von 9Gag geschickt haben und wie unlustig vieles davon heute ist, wenn man sich das noch mal anschaut. Darauf hat Robert jetzt mit seinem Gag wieder Bezug genommen. Clever! Er ist der Mann, den ich heiraten werde. Das weiß ich jetzt schon, auch wenn wir uns erst seit ein paar Monaten kennen. Robert hatte mich auf Twitter angeschrieben, nachdem wir ein paar lustige Drunterkommentare beim jeweils anderen hinterlassen hatten, es ging um irgendwelchen Nonsens, so wie immer auf Twitter. Irgendwann war er in meinen DMs und hat gefragt, ob wir uns mal im *Real Life* treffen wollen. Das haben wir dann gemacht, wir waren in einer Bar in Schöneberg. Robert hat Bier getrunken, ich Weißweinschorle, obwohl ich eigentlich keinen Alkohol trinken wollte. Ich erinnere mich deswegen auch nur noch lückenhaft an den Abend. Was ich aber noch weiß, ist, dass irgendwann »Little Lies« von Fleetwood Mac lief und ich mitgesungen habe. Und dass ich Robert gefragt habe, wie alt er eigentlich ist, und als er sagte, er sei 26, habe ich nur abgewunken: »Oah nee, du bist ja jünger als ich, lass mal!«

»Wieso, wie alt bist *du* denn, bitte?«, fragte Robert und als ich sagte: »Ich werde bald schon 29, im Januar!«, da fing er lauthals an zu lachen. Seitdem sind wir zusammen. Keiner von uns hat das so definiert oder ausgesprochen, dass wir jetzt ein Paar sind. Es war einfach so. Die letzten sechs Monate waren für mich sehr intensiv. Robert ist lustig (unfreiwillig), selbstbewusst (glaube ich), verbindlich, transparent (soweit ich das sehe) und ruht in sich (zumindest wirkt er so). Das sind alles Eigenschaften, die mir in einer Beziehung wichtig sind, vor allem die Transparenz. Das habe ich damals in einer der letzten Stunden bei Herrn Kemmers herausgefunden. Robert geht ziemlich oft feiern und nimmt dann Drogen, das stört mich schon, und da kabbeln wir uns manchmal. Aber wir kriegen das alles hin. Das fühle ich einfach.

»Siehst du?«, sagt Robert und hält seinen leeren Eisbecher hoch. »Ich hab' doch gesagt, ich bin schneller fertig als du.« Er steht auf und läuft mit langen Schritten zum großen, silbernen Mülleimer, der neben einer überdimensionalen Eiswaffel aus Plastik steht. Dann schiebt er seinen Becher durch die Klappe vom Mülleimer. Robert ist richtig groß, einen Meter und 91 Zentimeter, meinte er mal. Also genau zwanzig Zentimeter über mir. Er kommt zurück zu meinem Plastikstuhl gelaufen und schaut mich erwartungsvoll an: »Und?«, fragt er, »Gibt's dafür keine *Props*?«

»Okay, ja«, gebe ich zu, »wow, nicht schlecht! Ich brauche noch.« Ich bin gerade mal bei der Hälfte von meiner Eiskugel.

»Welcher Mensch in deinem Alter isst eigentlich noch Schlumpfeis? Du bist doch 29, oder?« Robert setzt sich wieder neben mich.

»Ja, ich bin 29, und ich *liebe* Schlumpfeis!«, antworte ich künstlich beleidigt und schiebe meinen Plastiklöffel in die blaue Eismasse. »Was willst du tun, mich verhaften?«

»Okay, okay«, sagt Robert beschwichtigend und legt den Arm um mich. Ihm scheint es zu gefallen, wenn ich ein bisschen zickig bin. Endlich kann ich mal so sein, wie ich bin: eine Zicke. Im Endeffekt ist es doch das, was wir alle wollen: zu viel sein, dem anderen auf die Nerven gehen können und dabei ein Gegenüber haben, dem das zufällig nie zu viel ist, sondern Leben gibt. Ein Gegenüber, das wohlwollend auf deine Schwächen schaut. Mit Robert stehen meine Chancen ganz gut, bedingungslos geliebt zu werden. Ich drehe den Kopf zu ihm, und wir küssen uns. Gleich wollen wir noch in den Park und danach zu ihm, irgendeinen Film gucken. Ich hoffe, er geht heute Abend nicht feiern. Danach ist er nämlich auch immer fast zwei Tage raus, geht nur sporadisch ans Telefon, und ich muss ihn dann wieder zum Leben erwecken, mit Döner und Cola, die ich ihm ans Bett bringe. Immerhin scheint das Feiern nicht mit seiner Arbeit zu kollidieren, Robert kann auch im verkaterten Zustand im Büro auftauchen, da sagt keiner was. Ich bin sicher, bald hört er ganz mit den Drogen auf. Robert ist reif genug im Kopf, auch wenn er drei Jahre jünger als ich ist. Das hier wird endlich meine erste gesunde Beziehung zu einem Mann, so viel kann ich schon sagen. Auch wenn sie noch so frisch ist.

Mein Handy vibriert in meiner Tasche, die hatte ich zwischen meine Beine geklemmt. »Ah, warte mal kurz«, sage ich und löse mich aus Roberts Kuss. Ich ziehe das surrende Handy raus und sehe eine Nachricht auf dem Screen. Sie ist von Deniz: *»Komm nach hause mama hat tabletten genommen«*

Ich springe vom Stuhl auf und schaue mich nervös um: Wo bin ich, und wie komme ich jetzt am schnellsten zu Mama? Ich drücke Robert meinen halb vollen Eisbecher in die Hand, das blaue Schlumpfeis schmilzt schon: »Sorry, ich muss jetzt los, ciao.« Ich renne los und lasse Robert an der Eisdiele stehen. Es sind nur drei Haltestellen bis zur Wohnung von Mama, aber die nächste U-Bahn-Station ist noch zehn Minuten zu Fuß entfernt. Taxi rufen dauert auch zu lange. Also renne ich, um mein Leben und um das meiner Mutter. Ich renne den Bürgersteig entlang, vorbei am Edeka, dem Bioladen, dem komischen HiFi-Geschäft, in dem ich nie jemanden sehe. Vorbei an zwei Spätis, einem Blumenladen, einem Buchladen, fünf Restaurants und dem Gemüsekebap-Laden, vor dem immer eine lange Schlange steht. Ich renne an all dem Leben um mich herum vorbei, das ich leben könnte, wenn meine Mutter nicht so eine blöde Kuh wäre. Ich bin wütend auf sie, ich kenne diese Aktionen von ihr schon. Aber die Wut hält immer nur ein paar Sekunden. Danach kommt sofort wieder die überlebensgroße Angst um sie. Ich muss sie jetzt erst einmal retten. Endlich bin ich in der U-Bahn angekommen, ich rase die Treppen mit trippelnden Schritten runter, so schnell, dass man nicht mehr im Kopf mitzählen kann. Die Stufen sind aus grauem Stein, mit kleinen Glitzerpartikeln drin. Ich stolpere fast, aber kann mich noch halten. Geschafft. Am Gleis hole ich Luft, ich keuche, bete, wippe mit dem Kopf vor und zurück, all das möglichst so unauffällig, dass man mir nicht ansieht, wo ich gerade hinmuss. Was in meinem Leben los ist. Ich knete meine Hände, versuche, mich irgendwie zu beruhigen. Was hat sie jetzt wieder gemacht? Mama, warum machst du so etwas? Ich will einfach nur, dass sie okay ist. Lass sie okay sein, Gott. Ich weiß, ich hab mich länger nicht mehr bei dir gemeldet, aber dafür habe ich jetzt nur diesen einen Wunsch, Gott. Lass sie okay sein. Die U-Bahn rauscht ein, ich trete von einem Fuß auf den anderen und drücke mehrfach auf den kleinen Kreis-Knopf, mit dem man die Türen öffnen kann. Ich setze mich auf einen der kleinen Eck-Sitze, die neben der Tür, die man herunterklappen muss und die so hochschnappen, wenn man wieder aufsteht. Ich stütze meine Ellbogen auf meinen Oberschenkeln ab und versuche, mich auf die vorbeirauschenden Lichter hinter den Türen zu konzentrieren. Ich schaue auf den kleinen Fernseher, in dem irgendwelche Werbung fürs Cabaret und andere Berliner Veranstaltungen läuft. Noch zwei Stationen. Hoffentlich hält sie durch. Ich schreibe Deniz zitternd eine Nachricht: *»Bin ubahn, in zehn minuten da, ist sie in stabiler Seitenlage?«* Er liest die Nachricht nur und antwortet nicht. Die U-Bahn-Stimme sagt die Station an, an der meine Mutter wohnt. Ich bin angekommen. Ich stehe auf, der Sitz schnappt hoch, und ich drücke mehrfach auf den runden Kreis-Knopf der Tür. Ein letztes Mal atme ich tief ein und renne dann wieder los. Ich sprinte die Treppen hoch, renne die Straße entlang und stehe schließlich vor der Eingangstür. Es ist ein nettes Haus, die Fassade ist gelb gestrichen, es gibt sechs Altbauwohnungen darin. Ich drücke hektisch auf das Klingelschild, auf dem »Niemeyer« steht, und versuche, meine Atmung zu beruhigen. Die Eingangstür surrt, ich drücke sie auf und eile durch den Hausflur. Im Flur ist Stuck an der Decke, auf dem Boden ein schwarz-weißes Karomuster, zwei Kinderwagen stehen rechts an der Seite. Als ob hier wirklich Kinder wohnen würden, außer meiner Mutter habe ich hier noch nie jemanden gesehen. Es sind genau zwölf Stufen bis zur Wohnungstür von Mama. Neun, zehn, elf, zwölf. Geschafft. Da steht Deniz mit einem traurigen Blick. Seine sonst so kerzengerade Körperhaltung ist in sich zusammengefallen, er hält den Kopf zur Seite geneigt. Unser Streit im Restaurant ist jetzt drei Jahre her, so lange haben wir uns schon nicht mehr gesehen oder gesprochen. Er sieht geknickt aus, verständlicherweise. Ich trete an ihn heran, um ihn zu umarmen, aber er weicht zurück und zeigt in den Wohnungsflur: »Sie ist im Wohnzimmer«, sagt er mit ungewöhnlich leiser Stimme. »Ich hab schon den Krankenwagen gerufen, die sind gleich da.«

»Danke«, sage ich und laufe dabei schon durch den Flur in Richtung Wohnzimmer. Der Boden knarzt, unter dem Teppich sind viel zu alte Dielen, die noch mit dieser rotbraunen Farbe bestrichen sind. Ochsenblut nennt man das, meine ich. Die Wohnung meiner Mutter ist dunkel und muffig. Wenn man reinkommt, fühlt man sich sofort schwer und wie in einer traurigen, aber dennoch gemütlichen Höhle. In jedem Zimmer hängen schwere Vorhänge an den Fenstern, die sie Tag und Nacht zugezogen lässt. Sonne mag sie nicht so gern, sagt sie. So wie viele Gerüche. Meine Mama hat eine »ganz feine Nase«, sagt sie immer. Mein J'Adore-Parfum von Dior konnte sie nicht ab. Wenn ich heimlich Parfum von ihr benutzt habe, hat sie das auch Stunden später noch riechen können und mit mir gemeckert. Jahrelang haben wir hier zu dritt gewohnt. Das war die erste Wohnung ohne Papa – Mama hatte sie durch einen glücklichen Zufall bekommen, nach der Scheidung von Papa. Diese Wohnung war viel kleiner und dunkler als die, in der wir mit Papa gewohnt hatten. Aber Deniz, Mama und ich waren einfach nur glücklich, dass wir hier endlich in Ruhe leben konnten. Es war unser erstes richtiges Zuhause, auch wenn es kalt und dunkel war und die Dielen knarzten. Wir hatten endlich Frieden. Erst mal. Ich passiere mein ehemaliges Kinderzimmer, da stehen jetzt eine Reihe an Konserven, ein Mountainbike von Deniz, unzählige Kartons, Krimskrams, Bücher, Bestellungen vom Teleshopping-Kanal, 15 Flaschen DuschDas-Duschgel, vier Flaschen Shampoo, Nudeln ohne Ende. Jede Ecke ist vollgestopft mit unnötigen Sachen, und auf allem liegt eine dicke Schicht Staub. An den Wänden hängen noch meine Poster, die ich damals aufgehängt hatte: von Christina Aguilera, Britney Spears, Fotos von mir mit klebrigem Lipgloss und Postkarten von Orten, an denen ich so gern sein wollte. Alles mit milchigem Tesafilm an die raue Wand geklebt. In der Zimmerecke, links unter dem Wandspiegel, stehen sechs leere Proseccoflaschen auf dem Teppichboden. Als Deniz und ich hier noch gewohnt haben, hat sie ihre Flaschen – leer oder voll – gern mal im Wäschekorb in meinem Kinderzimmer versteckt. An den Wäschekorb sind Deniz und ich nie gegangen, der war immer voll, die Wäsche hat immer Mama eingesammelt und in die Maschine gestopft. Sie meinte damals, die Waschmaschine sei zu kompliziert zu erklären und dass sie es lieber selbst mache, bevor wir die Maschine kaputt machen. Eines Tages habe ich aber doch mal in den Wäschekorb geguckt, weil ich ein Oberteil gesucht hatte. Und dabei habe ich die Flaschen entdeckt, die unter den Schlafanzügen und Unterhosen begraben waren. Ein Flaschenhals ragte unter einem Jerseyshirt von Mama hervor. Ich zog daran und ging mit der Flasche zu Mama, die gerade im Wohnzimmer eine ihrer aufgenommenen Tatort-Folgen schaute. Als ich fragte, warum sie die Prosecco-Flaschen im Wäschekorb lagert, fing sie an, hysterisch zu schreien, dass mich das nichts angehe. Deniz hörte ihr Geschrei und kam dazu, er sah die Flasche und dann Mama enttäuscht an. War ja nicht das erste Mal, dass sie so viel trank. »Schon wieder, Mama?«, sagte er in mitleidigem und genervtem Ton. Ich nahm seine Hand und versuchte, auf Mama zuzugehen. »Mama, sag uns einfach, wo der Rest ist, wir können das nicht noch mal.« Sie schaute uns schockiert an. Einen kurzen Moment überlegte sie sogar, uns die Wahrheit zu sagen, glaube ich. Aber dann entschied sie sich anders: Sie stürmte aus der Wohnzimmertür, an uns vorbei, griff ihren Ledermantel von der Garderobe, dann die Handtasche und drehte sich noch mal zu uns um. Ihr Gesicht war voller roter Flecke, und sie spuckte beim Sprechen: »Ich bringe mich jetzt um, dann könnt ihr *sehen*, was ihr davon habt!« Deniz und ich bangten zwei Stunden zu Hause, versuchten, unseren Vater anzurufen, der ging aber nicht ans Telefon. Offensichtlich hat sie sich dann nicht umgebracht, irgendwann war sie wieder zu Hause, und alles war wie immer. Ich hoffe, dass es heute genauso ist.

Ich biege ab ins Wohnzimmer und öffne eine der Flügeltüren. Sie liegt im Dunkeln, auf der gestreiften Couch. Ich hasse diese Couch. Auf der schläft sie, isst, schaut Fernsehen, meine Mutter lebt quasi auf dieser Schlafcouch. Sie ist schon ganz durchgehangen, die Sprungfedern bohren sich in ihren Rücken, aber sie will kein neues Sofa, egal, was ich sage. Sie will, dass alles so bleibt, wie es ist. »Mimi«, höre ich sie auf dem Sofa hauchen. Mir schießen Tränen in die Augen. »Mama, was hast du gemacht?«, frage ich und fange an zu weinen. Auf dem Couchtisch liegen Berge von Papier, Ordner, ein Ohrthermometer, ihr Lenovo-Laptop, ein kleiner Teddybär, der ein Herz hochhält, ihre Allergiemedizin, Blutdruckmedizin, uralte Glückwunschkarten, Geschenke von uns, darunter zwei Gutscheine zum Abspülen von Weihnachten 2001 und 2002, ein ausziehbarer Rückenkratzer, vier Kugelschreiber, pinke Notizzettel, die sich wellen. Der ganze Tisch ist ein riesiger Müllberg. Irgendwo dazwischen entdecke ich eine leeres Blister Paracetamol. »Mimi, ich hatte so Kopfweh, verzeih mir … Er beachtet mich einfach nicht, er hat eine andere!«, höre ich meine Mutter mit tränenerstickter Stimme flüstern. »Mama, warum machst du so was, wir brauchen dich doch!« Ich schluchze und setze mich zu ihr ans Sofa, ich nehme ihre aufgedunsene Hand, die vom Spülen und Cremen und Arbeiten ganz weich und rau ist. Mama zieht die Hand aus meinem Griff und tätschelt meinen Kopf. Ansonsten bleibt sie regungslos liegen. Deniz läuft im Flur auf und ab, seine schweren Schuhe machen *Klonk Klonk Klonk*, und der Dielenboden ächzt unter ihm. Ich weiß nicht, ob die Blisterpackung Paracetamol vorher schon angebrochen war, aber so oder so wird sie zu viel davon genommen haben. Unter dem Tisch entdecke ich eine leere Proseccoflasche. »Mama, ich dachte, das war besser geworden mit dem Trinken, warum machst du so was« Ich schluchze laut, meine Tränen laufen mir übers Gesicht. Ich hätte besser auf sie aufpassen sollen. »Der Notarzt ist gleich da, halte bitte durch, Mama.« Meine Mutter hält sich den Kopf und haucht: »Ich höre mein Blut rauschen, Miryam … Mein Blut ist ganz laut! Ich hab dich immer lieb gehabt …« Es klingelt an der Tür, mein Bruder rennt *Klonk Klonk Klonk* zur Tür, drückt auf den surrenden Türöffner, rennt die Treppe runter *Klonk Klonk Klonk*, und dann stürmen zwei Notfallsanitäter zu uns ins Wohnzimmer. Meine Mutter reckt kurz den Kopf und legt ihn dann wieder ab. Einer der beiden Sanitäter ruft in Richtung Sofa: »Hallo Frau Niemeyer, können Sie mich hören? Was ist passiert, können Sie mir die Lage beschreiben?« Einer der beiden leuchtet ihr in die Augen, der andere stellt sich zu mir und fragt, wer ich bin, seit wann sie da so liegt, wie mein Bruder sie gefunden hat, was die Sektflasche da unter dem Tisch macht. Ich zeige ihm das Blister Paracetamol, dann sagt einer der beiden Sanitäter: »Frau Niemeyer, wir müssen Sie jetzt einmal mitnehmen, können Sie aufstehen? Haken Sie sich unter. Niemeyer ist der Mädchenname, ja?« Meine Mutter setzt sich langsam auf und antwortet dann lallend: »Ja, das ist *mein* Name, auf den bin ich STOLZ!« Sie klingt aggressiv. Die beiden Sanitäter haken sich bei ihr unter und tragen sie aus der Wohnung, ihre Füße schleifen leicht über den Boden. Mama ruft Deniz im Vorbeigetragenwerden zu, dass er eine Nachricht an Rolf schreiben soll: »Sag, dass ich jetzt ins Krankenhaus komme!« Rolf ist ihr neuer Freund. Den mögen wir fast noch weniger als Papa, aber wir bekommen nichts von ihm mit, er lebt in einer anderen Stadt. Deniz nimmt ihre Handtasche, ich die Hausschlüssel und unsere Jacken, dann folgen wir den Sanitätern und unserer Mutter raus. Deniz hat Mamas Handy in der Handtasche gefunden, er tippt, während er die Stufen runterläuft. Das Handy klingelt sofort, Rolf ist dran, Deniz spricht kurz mit ihm und legt dann auf. »Der ist gerade in Hamburg, sonst wäre er gekommen«, sagt Deniz und schaut mich betreten an. »Wir sollen uns später noch mal melden und Bescheid sagen, was mit ihr ist.« Wir haben beide Angst, das sehe ich, wenn unsere Blicke sich treffen. Als wir in den Rettungswagen hochklettern, hilft Deniz mir und hält meine Hand bei den Stufen. Unsere Mutter ist auf der Trage und lallt, ein Sanitäter notiert was aus einer Kladde, der andere sitzt an Mamas Seite. Meine Mama. Wie kann es sein, dass ich immer und immer wieder um ihr Leben fürchten muss? Kann sie denn nicht ohne unsere Angst? Wann kann sie endlich leben und glücklich sein? Ich setze mich neben ihre Liege und sehe ihr Gesicht, wie es da liegt unter dem grellen Licht des Rettungswagens, aufgedunsen, verheult, mit roten Flecken und kleinen Verästelungen. Ich verabscheue, was sie sich und uns antut. Hoffentlich überlebt sie. Falls ja, zwinge ich sie noch mal zur Therapie und besuche sie jeden zweiten Tag und räume bei ihr auf. Dann *muss* es ihr einfach besser gehen, ich muss da wieder mehr Verantwortung übernehmen. Zumindest muss ich es noch einmal versuchen, ich darf Mama nicht im Stich lassen, sonst endet sie im Krankenhaus, sieht man ja. Deniz setzt sich auf einen kleinen Sitz im Wagen, der – ähnlich wie der U-Bahn-Sitz – hochschnappt, wenn man aufsteht. Er lehnt sich an und macht Smalltalk mit dem Rettungsteam. Sie tauschen sich darüber aus, dass er bei der Polizei ist, und fachsimpeln etwas, unter anderem über ihre jeweilige Position in der Gesellschaft. Deniz sagt: »Ja, wisst ihr, wir sind halt immer der Arsch, Polizei ist blöd und doof, *ACAB*, jaja. Aber wenn dann mal die Kacke am Dampfen ist, wen rufen sie dann? Genau, die 110. Oder halt euch, ne?« Die beiden stimmen ihm zu, Deniz erzählt noch was von wegen, dass es in jeder Berufsgruppe schwarze Schafe gebe. Ich drehe mich um und frage ängstlich: »Müssen Sie ihr den Magen auspumpen?«

»Das müssen wa sehen«, antwortet der jüngere Sanitäter und blickt von seiner Kladde hoch. »Wenn sie wirklich die ganze Blisterpackung eingenommen hat, kann das gut sein. Das entscheiden wa aber gleich in der Notaufnahme.« Der Sanitäter wirkt sehr nett, er ist ungefähr in meinem Alter und schaut mich mitleidig an. Vielleicht hat seine Mutter noch nie versucht, sich mit Paracetamol und Prosecco von Aldi umzubringen. Der Ältere von beiden schwatzt noch mit meinem Bruder und dann kurz mit dem Fahrer. Als wir an einer Ampel zum Stehen kommen, richtet meine Mutter sich plötzlich auf. »Hey, Frau Niemeyer, bleibense ma liegen, das is grade gar nicht jut!«, sagt der nette Sanitäter. Er legt ihr die Hand auf die Schulter, will sie wieder hinlegen, aber sie richtet sich auf und sagt dann schließlich mit fester Stimme: »Mir geht es wieder besser! Ich bin gesund. Bitte fahren Sie uns nach Hause.« Deniz schaltet sich ein und sagt streng: »Muttern, leg dich wieder hin, los.«

»Ich bestimme das aber jetzt!« Meine Mutter wirkt wieder ganz normal. Ich kann es kaum glauben: »Mama, spinnst du? Du hast total viele Tabletten genommen, wir müssen dich wenigstens untersuchen lassen!«

»Ich hab nur zwei genommen und die restlichen ins Klo getan«, sagt meine Mutter, schließt ihre Augen und zieht die Augenbrauen hoch. Sie wirkt defensiv und komplett abgebrüht. »Ich glaube, ich bin auch wieder nüchtern.« Sie wendet sich an die beiden Sanitäter und neigt den Kopf zur Seite: »Entschuldigt bitte, Jungs. Ich hatte einen ganz doofen Tag und hab aus Versehen mal einen über den Durst getrunken. Passiert mir sonst nie! Mir geht es jetzt aber schon wieder besser, ehrlich! Ich möchte das Krankenhaus nicht verstopfen.« Wir drei schauen sie entgeistert an und schweigen. Schließlich bricht der nette Sanitäter die Stille: »Gut, Frau Niemeyer. Dann geh'n wa jetzt zur Notaufnahme, überprüfen Ihre Aussage mit einer Blutabnahme, und dann könnense wieder gehen, ok?« Meine Mutter willigt ein. Deniz und ich schauen uns fassungslos an. Dann kräuselt Deniz seine Lippen, seine grün-braunen Augen beginnen, vor Wut zu blitzen. »Wir haben dieselbe Augenfarbe«, denke ich. »Und denselben scheiß Schmerz.« Ich spüre, wie ich wieder wütend werde: Das ist nicht das erste Mal, dass Mama so eine Aktion bringt. Dass sie vermeintlich mit ihrem Leben, aber vor allem mit unseren Gefühlen spielt. Darauf scheißt, dass Deniz und ich uns Sorgen machen. Wir kennen das schon. Aber jedes Mal tut es gleich weh. Sofort verdränge ich die aufkeimende Wut wieder, jetzt ist keine Zeit dafür.

In der Notaufnahme wird Mama Blut abgenommen, sie unterhält sich mit den Schwestern, erzählt stolz, dass wir ihre Kinder sind und dass Niemeyer ihr Mädchenname ist.

Nach ungefähr vierzig Minuten können wir wieder gehen. Der Alkohol im Blut ist auf einem Pegel, mit dem sie sogar noch Auto fahren könnte. Als wir aus dem Krankenhaus laufen, will meine Mutter als Erstes ihr Handy haben. Deniz reicht es ihr schmallippig und steckt sich eine Zigarette an. Er sieht sie nicht mehr an. Mama scrollt sich durch ihr Handy: Sie wirkt zufrieden, lächelt sogar etwas. »Na, da kann er mal sehen«, murmelt sie. »So ist das, wenn man ignoriert wird. Zwölf Nachrichten hat er mir geschrieben, Mimi!« Sie zeigt mir aufgeregt das Handy, dann klingelt es plötzlich. Meine Mutter erschrickt: »Geh mal ran!«, befiehlt sie Deniz und reicht ihm das Telefon, der nimmt es ihr grimmig aus der Hand und geht ran. »Hey Rolf, ja nee, is alles okay«, sagt Deniz in monotoner Stimme, »es waren nur zwei Paracetamol und halt bisschen Prosecco.«

»Das hätte es aber auch *nicht* sein können, du ARSCHLOCH!« Meine Mutter schreit wieder in Caps Lock von der Seite ins Telefon und damit auch Deniz ins Ohr. »Hoffentlich war dir das eine Lehre! Lass mich NIE WIEDER auf ›gelesen‹ oder ignorier meine Anrufe! Du kommst quasi nie nach Berlin, und ich weiß auch genau, WARUM! Bin nicht BLÖD, ne? Ich hoffe, deine Affäre ist es dir WERT!« Meine Mutter hat jetzt wieder rote Flecken im Gesicht, diesmal vor Wut. Sie zupft ihr Oberteil zurecht und winkt dann ein Taxi von der Straße heran. Dann ruft sie noch mal ins Handy: »Ich gehe mich jetzt um meine KINDER kümmern, Rolf, die LEIDEN nämlich AUCH unter dem Ganzen! Tschüss jetzt!« Deniz rollt mit den Augen und sagt seufzend: »Tschüss, Rolf«, legt auf, und wir steigen alle ins Taxi, um zurück in die dunkle Wohnung zu fahren. Deniz steigt vorn beim Fahrer ein, meine Mutter setzt sich neben mich auf die Rückbank und geht weiter ihr Handy durch: Sie tippt ab und an wie wild rein, und legt es dann wieder weg. Deniz plaudert irgendwas mit dem Taxifahrer. Ich reibe meine müden Augen auf dem Rücksitz. Ich kann nicht glauben, dass das hier mein Leben ist.

Vor der Wohnung bezahle ich noch schnell den Taxifahrer, der keine Ahnung hat, was wir hier gerade erlebt haben. Deniz bringt Mama und mich noch mit vor die Wohnungstür. Dann sagt er, er müsse jetzt ganz schnell wieder nach Hause, weil seine Freundin auf ihn warte. »Mach's gut, Miryam«, sagt er noch höflich zum Abschied und läuft dann zu seinem dunklen Audi, der vor der Haustür steht. Ich gehe mit Mama in den Flur, nehme ihre Jacke ab, sie läuft in die Küche, um nach einer Schere zu suchen. »Was hast du vor?«, frage ich misstrauisch. »Ach Mimi«, sagt sie genervt, »ich will das Ding hier loswerden, Mann.« Sie schneidet ihr Krankenhaus-Armbändchen ab und legt die Schere auf den Küchentisch. »Willst du was essen?«, fragt sie. »Ist ja ganz schön spät geworden. Ich hab noch Linsensuppe da, in deinem alten Zimmer. Oder Fünf-Minuten-Terrine, die mochtest du doch als Teenager so gern.« Ich fange wieder an zu weinen. »Ach Miryam«, sagt meine Mutter verärgert, »ich kann das jetzt echt nicht ab, war genug für heute! Was meinst du, wie es *mir* geht?«

»Mama, bitte mach so was nie wieder! Ich hab die Schnauze voll. Mir hat das letztens gereicht mit Rolf! War das nicht genug?« Ich sehe sie wütend an. Vor ein paar Monaten hatten Mama und ich einen riesigen Streit um irgendetwas, Rolf schaltete sich ein, nahm einen Küchenstuhl und drohte, den auf mich zu schmeißen, wenn ich nicht sofort die Klappe halten würde. Natürlich nannte auch er mich undankbar. »Du bist respektlos, das ist deine MUTTER!«, schrie er, mit dem Stuhl in der Hand. Ich sah hilflos zu meiner Mutter rüber, die mich beschützen sollte. Aber sie stand in der Ecke der Küche und sagte nur: »Ja, was, Miryam? Rolf hat recht!« Daraufhin stürmte ich weinend aus der Wohnung.

Meine Mutter sieht plötzlich nicht mehr verärgert aus, ihre Augen füllen sich mit Tränen und sehen wässrig und geschwollen aus. »Das haben wir schon besprochen, Miryam«, sagt sie. »Es tut mir leid, dass ich dich da nicht beschützt habe. Aber es war das erste Mal, dass jemand mal auf *meiner* Seite war! Rolf hat sich endlich mal für mich eingesetzt! Und er hat sich auch schon bei dir entschuldigt, also bitte.«

»Und wie oft soll ich dich noch retten?« Ich schaue Mama traurig an. Sie murmelt: »Ja, aber der Rolf hat mir *so* wehgetan, weißt du … Da wusste ich mir nicht mehr anders zu helfen!«

»Denkst du auch an Deniz und mich? Wir können nicht mehr, das früher mit Papa war schon schlimm genug.«

»Ja, wie lange willst du mir das vorhalten? Das ist Jahre her!«

»Alles, was ich sagen will, ist, dass du anfangen musst zu leben. Bitte wirf dich nicht so achtlos weg, wir brauchen dich, Mama.« Ich nehme ihre weiche, aufgedunsene Hand in meine Hände. Sie schaut mich irritiert an: »Ich weiß, ich weiß«, antwortet sie, »ihr braucht mich. *Alle* brauchen mich. Aber ich brauche *auch* einfach mal jemanden, Miryam.«

Ich begleite sie wieder ins dunkle Wohnzimmer. Meine Mutter läuft gebückt und legt sich auf die Couch, ich decke sie zu und mache den Fernseher an. Sie zieht mich an meinem Ärmel zu sich heran und haucht in mein Gesicht: »Miri, weißt du was? *It's just an illusion* … Rolf, dein Vater, das ganze Leben … *just an illusion* … *uh uh uh uh a-ha* … Weißt du noch, das Lied?« Sie meint den Song von dieser Achtzigerjahre-Band Imagination. Den hat sie schon gern gesungen, als ich noch klein war. »Ja, weiß ich noch«, antworte ich milde. »Aber schlaf jetzt mal ein bisschen.« Ich streiche ihr über die dünnen Haare und räume die Proseccoflasche unter dem Tisch weg. Ich stelle sie zu den anderen, packe dann alle zusammen in einen REWE-Einkaufsbeutel und laufe damit in den Hof, zu den Containern. Ich muss mich beeilen, allzu lange lasse ich Mama jetzt nicht mehr allein. Vor der Altglastonne hole ich jede der sieben Flaschen einzeln aus dem Beutel. Jede Flasche macht ein lautes, klirrendes Geräusch, während sie in die Tonne fällt. *Klirr*, scheiß Alkohol, du ruinierst so viele Menschen. Mama. *Klirr*, ich hasse dich, Prosecco. *Klirr*, warum ist – obwohl Papa lange weg ist – immer noch alles scheiße? *Klirr*, wird es jemals irgendwann gut werden? *Klirr*, ich hasse mich. Warum kann ich ihr nicht verzeihen? *Klirr Klirr*, kann sie hier überhaupt noch alleine wohnen? Ich gehe wieder nach oben, habe kurz noch mal Angst, wie ich meine Mutter jetzt im Wohnzimmer vorfinden werde. Aber sie schläft friedlich. Ich schalte den Fernseher aus und lege mich neben sie. Ich spüre, wie sich die Sprungfedern förmlich in meinen Rücken bohren. Sie will das hier so. Ich starre geradeaus, in die Finsternis, das Zimmer ist durch die schweren, braunen Vorhänge vollständig abgedunkelt. Dann ziehe ich mein Handy aus der Hosentasche und schreibe noch eine Nachricht an Deniz.

Ich kann gut verstehen, dass er abgehauen ist. Irgendwann reicht es eben. Ich tippe: *»Komm gut an, ich kümmere mich hier um Mama, hdgdl«* und klicke auf »Senden«.

Dann schreibe ich noch eine Nachricht an Robert. Vier verpasste Anrufe von »Robert Handy« stehen auf dem Screen, er hat die letzten Stunden vergeblich versucht, mich zu erreichen. Ich schreibe:

> »Hey, sorry wegen gerade eben, kann ich schwer erklären, es war quasi ein Notfall. Aber dann auch doch nicht. Meine Familie ist ein bisschen strange. Sorry! Sehen wir uns morgen?«

Ich schicke die Nachricht ab, streiche meiner Mutter ein letztes Mal über ihre Haare und stehe dann auf. Bevor ich gehe, suche ich noch mal alle Ecken und Schränke nach Alkohol ab. Aber ich finde nichts, also habe ich Feierabend. Ich will nach Hause. Es ist höchste Zeit, aus dem Dunklen hier wieder in meine etwas hellere Welt zu gehen.

* * *

26 Stunden hat er jetzt nicht mehr geschrieben. Ich habe angerufen, Nachrichten geschrieben, Instagram-Likes dagelassen, aber Robert lässt mich auf »gelesen«. Und seit ungefähr 24 Stunden bin ich deswegen in blanker Panik. Im Kopf gehe ich noch mal das letzte Treffen an der Eisdiele durch: Er hat mich umarmt, sein Blick war freundlich und auch leicht verliebt, seine Mundwinkel leicht nach oben gezogen. Spricht alles für Interesse. Wobei, einmal hat er kurz einer anderen Frau hinterhergeschaut, aber ich konn-

te kein Begehren in seinem Blick erkennen, also war das sicher nur Zufall. Es hat nicht nur Nachteile, dass ich in ständiger Angst aufgewachsen bin und meine Psyche komplett zerlegt wurde. Wegen meiner Kindheit, wegen Mama und Papa bin ich mittlerweile extrem gut darin, Menschen zu lesen. Manchmal erkenne ich sogar die Beweggründe und Emotionen von Menschen um mich herum, bevor sie sie selbst benennen können. Wenn ich wollte, könnte ich das kommerziell gut ausschlachten und zum Beispiel eine von diesen Body-Language-Expertinnen werden. Ich würde richtig viel Geld mit der Unsicherheit anderer verdienen. Ich bin sicher, dass Robert auf mich steht, seine Körpersprache bestätigt das. Auch als ich losgerannt bin, hat er zwar verdattert geguckt, aber nicht wütend. Deswegen kann ich mir hier das erste Mal keinen Reim darauf machen, wieso er nicht mehr antwortet. Dass ich losmusste, war ja keine Absicht, das habe ich ihm auch noch mal in den letzten neun Nachrichten erklärt. Dass meine Mutter leider nicht so gesund ist im Kopf, dass meine Kindheit nicht einfach war, dass ich manchmal aufspringen muss und dann losmuss. Trotzdem kam keine Antwort.

Die letzten vier Stunden habe ich angestrengt versucht, mich abzulenken. Ich habe YouTube-Tutorials geschaut, unter anderem eins, in dem gezeigt wird, wie man einen »Glam-Look« schminkt, und eine alte Folge »Sex And The City« geguckt. Das war die, in der Carrie versucht, Aidan zurückzugewinnen, und sich sicher ist, dass *er* sie *auch* will, obwohl er das Gegenteil *sagt*. Irgendwann steht sie sogar vor Aidans Wohnung und schmeißt Steinchen an sein Fenster. Bisschen psycho von ihr, aber sie hat ja dann recht behalten und sie sind wieder zusammengekommen. Von daher, eventuell auch was für mich? Nee, vor Roberts Wohnung werde ich mich nicht stellen. Heute ist Samstag, da ist der bestimmt eh in irgendeinem Club. Aber wenn Robert bis Montag nicht antwortet, werde ich den ganzen Tag im Büro am Schreibtisch sitzen, mit den Füßen wippen und meine Lippen zerfetzen.

Es wird mich wahnsinnig machen. Wenn mich privat etwas beschäftigt, kann ich das nicht abstellen auf der Arbeit. Dann schreibe ich Quatsch-Texte, wo kein Wort zum anderen passt, bin zerstreut, sitze ewig vor dem leeren Dokument und reiße mir meine Lippen kaputt. Und dann kommt wieder meine Chefin und schaut mir über die Schulter. Manchmal greift sie meine Schultern von hinten, wie ein Trainer seinen Boxer, um mich zu »motivieren«, wie sie sagt. Das hat sie jetzt schon zwei Mal gemacht, und jedes Mal läuft es mir eiskalt den Rücken herunter bei ihrem Schultergriff. Sie hat einen sehr intensiven Blick und schreibt mir oft abends Nachrichten, auf WhatsApp, mit Inspirationen von Instagram für meine nächsten Blog-Beiträge. Ich finde sie irgendwie total übergriffig, aber ich will nicht undankbar wirken, also sage ich nichts und lächle nur höflich. Und ich brauche den Job hier, sonst muss Papa wieder die Miete zahlen. Ich kann gar nicht genau sagen, ob mir die Arbeit an sich gefällt. Das Schreiben finde ich gut, das liegt mir. Auch wenn ich nur über irgendwelche »Frühlings-Essentials« schreibe, die man natürlich alle in unserem Online-Shop kaufen kann.

Ich zünde mir die gefühlt dreiundachtzigste Nil-Zigarette heute an und gucke zum Millionsten Mal aufs Handy: Unter »Chats« stehen an erster Stelle meine Nachrichten an Robert, die letzten drei hat er nicht einmal gelesen. Und an zweiter Stelle dann Mama. Mit Papa spreche ich nach wie vor nicht, und Deniz hat auch nicht mehr auf meine letzte Nachricht reagiert. Ich glaube, das war es wieder mit unserem Kontakt. Nur in der Notfallsituation mit Mama waren wir kurz wieder ein Team. Mama ist die Einzige, mit der ich Kontakt habe. Ihr geht es besser, sie hat sich wohl erst mit Rolf vertragen, jetzt ist aber irgendwie doch Schluss, ich bin nicht ganz im Bilde. Was Deniz und mich angeht, sagt Mama, dass sie keine Partei ergreifen wolle. Zu dem Vorfall im Restaurant und Deniz' Drohung sagte sie neulich nur: »Nee, Miryam, ich war nicht dabei, *ich* war auf Toilette! Keine Ahnung, was wirklich passiert ist. Deniz sagt, du hast ihn beleidigt!« Das hat mich so aufgeregt und verletzt, dass ich noch am Tag darauf wippend am Schreibtisch saß und nicht mal den einfachsten Text zu weißen Sneakers schreiben konnte. Darauf hat meine Chefin sich dann hinter mich gesetzt, und ich musste schreiben, während sie mir eine halbe Stunde lang in den Nacken geatmet hat. Aber das war mein geringstes Problem. Ich war so verletzt, dass ausgerechnet Mama, die wissen müsste, wie sich so etwas anfühlt, sich nicht klar auf meine Seite stellen konnte. Auch jetzt, Monate später, spüre ich noch immer einen Stich in der Brust, wenn ich daran denke. Aber der Vorfall vorgestern, die Angst um sie, als wir im Krankenwagen saßen und dann wieder nach Hause mussten – all das hat in mir wieder einmal andere Prioritäten gesetzt: Erst mal muss ich mich um sie kümmern. Meine Gefühle kommen dann irgendwann, vielleicht. Ich frage mich, was Robert zu dem Ganzen sagen würde. Ich wünschte, er würde antworten. Um mich weiter abzulenken, fange ich an zu putzen. Die Küche, das Wohnzimmer, saugen, Staub wischen, abwaschen. Als ich gerade mit dem Badezimmer und der Toilette fertig bin, höre ich mein Handy klingeln. Ich hab es ausnahmsweise auf »Laut« gestellt, aus offensichtlichen Gründen. Ich höre das Klingeln, renne ins Wohnzimmer, reiße meine gelben Putzhandschuhe von den Händen und entsperre hastig den Bildschirm: Robert hat geschrieben! Ich öffne schwer atmend die Nachricht:

> »Hey Miryam, ich musste mir ein paar Gedanken machen. War nett, dich kennenzulernen, aber ich bin grad nicht bereit für was Neues. Du bzw. dein Leben wirken kompliziert auf mich, und ich bin nicht so gern in Drama involviert, kann das nicht gut ab. Ich möchte das an dieser Stelle beenden, sorry. Mach's gut, Robert.«

Ich schaue ungläubig auf mein Telefon. Dann lasse ich mich auf mein Sofa fallen und breche neben meinen Putzhandschuhen in Tränen aus. Ich rieche das angeblich umweltfreundliche Frosch-Putzmittel, den unangenehmen Gummigeruch der Handschuhe und die Verzweiflung in meinen Tränen. Mein Happy End ist mal wieder im Arsch.

* * *

Alle Fotos von uns beiden waren sofort weg. Robert hatte jeden Post, auf dem ich mal getaggt war, von seinem Instagram-Account gelöscht. Als hätte es mich nie gegeben, als wären die letzten sechs Monate nicht passiert. Als ich das gesehen habe, habe ich ihn hysterisch angerufen, um ihn zur Sau zu machen. Um zu verstehen, warum er das getan hat. Er ist sogar rangegangen, und ich habe ins Telefon geweint und geschrien, warum er mich sofort von allem gelöscht hat. Wir haben kurz geredet, zum Schluss des Gesprächs habe ich ihm viel Spaß beim Feiern und viel Glück mit einer anderen Frau gewünscht; für mich gibt es sonst keinen Grund, direkt alle Assoziationen zu mir zu löschen. Robert hat aber beteuert, ihm ginge es überhaupt nicht um jemand Neues und dass ich das ganz falsch verstehen würde. »Siehst du, Miryam«, sagte er mitleidig am anderen Ende, »deswegen glaube ich nicht, dass das mit uns funktionieren kann. Du siehst zu viele Gespenster und vertraust mir nicht.« Aber offenbar hatte ich recht, denn wenn ich jetzt auf seinen Account gehe, sehe ich ihn auf seinen Posts wieder feiern.

Ich liege auf meiner durchgesessenen Couch und gehe noch mal alles im Kopf durch: unser Kennenlernen, unsere Zeit, unsere Diskussionen über seinen Drogenkonsum. Ich knete mein Gesicht. Die letzten drei Wochen, seit Roberts Nachricht, habe ich nur geweint. Auf der Arbeit habe ich mich jetzt zum dritten Mal krankgemeldet, meine Chefin schmeißt mich bestimmt bald raus. Aber ich bin zu nichts in der Lage. Ich krümme mich auf meiner alten, durchgehangenen Couch im Wohnzimmer. Die Couch ist mittlerweile total unbequem, ich bräuchte mal eine neue. Plötzlich spüre ich ein heftiges Ziehen, links in meinem Unterleib. Ich erschrecke mich kurz, aber das ist bestimmt nur meine Periode, die sich ankündigt. Wird ja auch mal

Zeit, hab ganz schön Verzögerung mal wieder, durch den ganzen Stress mit Mama und Robert und insgesamt. Glaube, vor vier Wochen wäre sie fällig gewesen. Ausgefallen ist sie schon öfter mal, besonders in Zeiten, in denen ich viel durchmache. Als ich depressiv war, ist meine Periode so unregelmäßig gekommen, dass ich ständig dachte, ich sei schwanger. Und das, obwohl ich keinen Sex hatte. Das Längste, das sie mal ausgefallen ist, waren drei Wochen. Aber vier Wochen ist schon ein neuer Tiefpunkt jetzt. Das Ziehen wird immer heftiger. Das ist ein neues Ziehen, das kenne ich so nicht von meinen Periodenbeschwerden. Innerhalb weniger Minuten bekomme ich kaum mehr Luft. Ich schleppe mich in den Flur: »Ich muss zum Arzt«, schießt es mir völlig klar durch den Kopf, als würde jemand anderes das zu mir sagen. Ich ziehe mir mit ruhigen Bewegungen meine Turnschuhe an, nehme meine Jacke und Handtasche von der Garderobe und bestelle über die App auf meinem Handy ein Taxi. Das Ziehen lässt mich immer wieder zusammenkrümmen, ich steige die Treppen hinab und gehe vor die Haustür. Das Taxi steht schon da, ich steige ein und reiße mich zusammen. Der Fahrer macht zum Glück auch keinen Smalltalk, nett von ihm. Ich atme, ich versuche, den Schmerz wegzupusten, schaue aus dem Fenster und halte mir den Unterbauch. Dieser Schmerz ist ganz neu, er ist punktuell. Als würde an einem Punkt links im Unterleib jemand mit einem Messer was schnitzen. Und dann mit einem Hammer hinterherklöppeln. Vielleicht habe ich eine Zyste? Das Taxi hält vor der Tür meiner Frauenärztin, die App übernimmt das Zahlen für mich, ich gehe die Treppen hoch, melde mich keuchend bei der Anmeldung an. Die Sprechstundenhilfe schaut mich besorgt an und bietet mir einen Platz auf dem Sitzsack im Flur an. Ich lasse mich vorsichtig hineinsinken und strecke langsam die Beine aus. Es tut noch einmal irre weh, aber dann geht es halbwegs vom Schmerz. Ich bewege mich keinen Millimeter. Nach einer gefühlten Ewigkeit höre ich die Stimme meiner Ärztin: »Frau Topal, bitte!« Ich quäle mich aus dem Sitzsack, aber schaffe es nicht, sie kommt zu mir und zieht mich an der Hand hoch. »Kommen Sie«, sagt sie mütterlich und begleitet mich ins Untersuchungszimmer. In Sekundenschnelle ziehe ich meine Strumpfhose und Unterhose aus und erzähle ihr von dem Schmerz. Sie nimmt den Ultraschall-Dildo, packt ein Kondom und dieses kühle Gel drauf und bewegt ihn in mir hin und her. »Wir schauen sofort, das haben wir gleich, Frau Topal«, sagt sie beruhigend und streichelt dabei meine Hand. Ich mag sie unglaublich gern. »Frau Topal«, sagt sie und bewegt das Ultraschallgerät in kleineren, punktuelleren Bewegungen. Sie kneift die Augen zusammen und schaut auf den Bildschirm vor ihr, auf dem mein Uterus in Schwarz-Weiß flimmert. Sie stoppt die Bewegungen. Dann höre ich sie sagen: »Frau Topal, Sie sind schwanger.«

* * *

Ich umklammere meine Handtasche. Ich halte mich an den Taschenhenkeln fest, während meine Füße Schritt um Schritt auf dem Asphaltboden vorwärtsgehen. Eins, zwei, drei, vier, ich zähle meine Schritte, damit ich nicht komplett durchdrehe. Ich fange aber immer wieder von vorne an. Zwölf, dreizehn, Nee, noch mal: Eins, zwei, drei …

Heute sehe ich ihn endlich wieder, nach fast zwei Monaten. An mir fahren Fahrräder vorbei, Skateboards mit Menschen drauf, Hunde wackeln mit ihren kurzen Beinen und überholen mich. Die Strecke scheint unendlich, ich laufe schon seit zehn Minuten. Oben links von mir fahren rote Regionalzüge entlang, ein Stück weiter vorn kommt die Graffitiwand, an der ich immer viele Künstler arbeiten sehe. Heute steht dort ein mittelalter Mann mit Glatze, in lockerer Jeans, neben ihm ein kleines Radio, aus dem Dr. Dre tönt. Er schüttelt seine Spraydose, mit einer Zigarette im Mund, dreht sich um und schaut mich an. Ich lächle freundlich, er lächelt zurück und zwinkert. Ich schaue wieder geradeaus und mache weiter meine Schritte, mit der Hand an den Taschenhenkeln. Vielleicht fand er mich schön? Kann sein. Aber er weiß ja auch nicht, dass ich schwanger bin. Ich laufe weiter, bis ich endlich bei der Parkbank ankomme, an der Robert und ich uns verabredet haben.

Vor genau sieben Tagen habe ich ihm von der Schwangerschaft erzählt. Seither haben wir uns mehrfach am Telefon gestritten, er hat gesagt, er will das alles nicht, wir waren bei ProFamilia, ich habe quasi durchgängig geweint, obwohl ich sicher war, keinerlei Tränen mehr übrig zu haben, nach all dem Geheule seit der Trennung und Mamas Prosecco-Notfall. Aber ich hab noch welche, und sie laufen und laufen. Nie im Leben wollte ich mal in so einer Situation sein: in der ich ein Kind von einem Mann bekomme, mit dem ich nicht zusammen bin. Und doch ist es passiert. Und ich weiß einfach, dass der kleine Zellhaufen in meinem Bauch meiner ist und ich Mama werden möchte. Auch wenn ich wahrscheinlich alleinerziehend sein werde. Auch wenn ich keine Ahnung habe, wie man das alles macht. Das Gespräch bei ProFamilia hat mir wehgetan, Robert hatte der Mitarbeiterin dort alle Gründe aufgezählt, warum er kein Vater sein will. Er sei jung, gerade erst ins Berufsleben eingestiegen, wir seien nicht mehr zusammen, er wolle später eine »richtige Familie« und so weiter. Ich habe nur dagesessen und geschwiegen, während die Mitarbeiterin mir verschiedene Broschüren zu den Schwangerschaftsabbruch-Varianten zugesteckt hat. Ich weiß, dass ich dieses Kind will. Ich weiß nur nicht, wie ich das Robert sagen soll. Also habe ich bisher gar nichts dazu gesagt. Aber jetzt haben wir uns noch mal verabredet, um uns hier, auf einer abgelegenen Sitzbank im Gleisdreieckpark, zu entscheiden.

Robert sitzt schon auf der Parkbank, raucht eine selbst gedrehte Zigarette und starrt auf die Bäume. Die Bank steht neben stillgelegten Gleisen, die durch einen kleinen Wald führen. Mein Herz rast, mir ist übel, dieses Gespräch hier könnte mit das schwierigste meines Lebens werden. Ich setze mich neben ihn, er sieht müde und verfeiert aus. Seine Haare stehen ab, er hat rötliche Augenringe, und seine fünf Bartstoppeln am Kinn sind heute auch nicht abrasiert. »Hey«, sage ich und löse meinen Griff von den Taschenhenkeln. Ich stelle die Tasche zwischen uns auf die Bank. »Hey«, antwortet Robert und schaut wieder in die Bäume. Ich hole einmal tief Luft, schaue auf den Boden und stütze mich dann mit den Händen an der Bank ab. »Ich habe viel nachgedacht«, sage ich.

»Und?«, fragt Robert und dreht seinen Kopf wieder zu

mir. Er sieht komplett verängstigt aus. Ich verschränke die Arme vor meinem Bauch und sage: »Ich will das machen. Ich möchte Mutter sein. Du musst nichts machen, ich schaffe das auch allein.« Robert schnipst seine Zigarette weg und fängt an zu weinen. Das ist das erste Mal, dass ich ihn weinen sehe. Er umarmt mich viel zu fest, drückt sich an mich und sagt dann ganz nah an meinem Ohr: »Danke, Miri.« Ich kann nicht glauben, was ich da höre, Robert wollte das alles doch eigentlich nicht. Aber er erzählt mir hektisch, wie er nach dem Besuch bei ProFamilia doch auch verunsichert war, dass er darauf mit seinen Eltern geredet habe und die dafür waren, dass wir das Kind bekommen. Er erzählt, wie er mich vermisst hatte auf der Tanzfläche im Sisyphos letztens, wie er bereit sei für mich, auch wenn das Drama bedeuten würde. Dass er vor allem bereit für ein Kind sei. »Die letzten 24 Stunden hatte ich so Angst, dass du es jetzt doch nicht willst, Miri, ich bin so erleichtert!« Er drückt mir einen überschwänglichen Kuss auf die Wange. Das hier ist die unwahrscheinlichste Reaktion, die ich mir je von Robert erwartet habe. Insgeheim habe ich es mir natürlich gewünscht, aber jetzt sehe ich ihn doch nur ungläubig an. Er scheint es aber ernst zu meinen: »Danke, danke, danke! Wie hat deine Mutter reagiert?«, fragt er.

»Sie hat mich gefragt ›Und jetzt?‹ und meinte, dass sie die Einkäufe erst mal hochbringen muss. Danach hat sie nicht mehr zurückgerufen.« Ich muss das alles erst einmal sortieren: Vor ein paar Wochen wollte Robert nichts mehr von mir wissen, jetzt ist er froh, dass ich ein Kind von ihm bekomme. Wie kann das mein Leben sein? Aber ich bin dankbar. Und ich brauche ihn jetzt, mehr denn je. Robert zieht die Augenbrauen hoch: »Echt jetzt? Ach, egal, lass die, die muss das bestimmt auch erst mal verdauen. Es wird alles gut, Miri«, sagt er und streicht mir über meine trockenen Kopfhaare. Mir fallen zentnerschwere Steine vom Herzen. Ich glaube, da ist es endlich, mein Happy End. Habe ich es also doch noch geschafft, mit Umwegen. Warum auch immer Robert diese 180-Grad-Wendung gemacht hat – ich bin einfach nur froh, dass ich nicht allein bin. Dass er wieder da ist. Robert legt seine Hand in meine: »Ich gehe nie wieder weg, Miri. Wir werden ganz glücklich, versprochen.«

Plastikbetten

November 2019, ein paar Minuten später

»Willst du klingeln, oder soll ich?«

»Das ist mir so scheißegal, Miri.«

»Okay, du Opfer, dann klingele *ich* halt.« Ich drücke die Türklingel, »Hagenfels Paarcoaching, Ehe- und Sexualberatung« steht darauf in geschwungenen Lettern. Ein dezentes Glockengeräusch ertönt. Kurz darauf öffnet ein dünner, mittelgroßer Mann die Tür. Seine Haare sind ideal gewellt und grau meliert, seinen Hals umschlingen zwei dünne Leder-Halsbänder, mit silbernen Anhängern. Er trägt eine dunkle Stoffhose, drei Ringe an der rechten Hand und ein Lederarmband an der linken Hand. »Topal, Dachser?«, fragt er freundlich. Wir nicken. »Wunderbar, kommen Sie herein! Ich duze, das ist okay?« Wir nicken wieder, ich murmele beim Reingehen »Ja, na klar.« Er geleitet uns zum Garderobenständer, links neben der Tür. Ich ziehe meinen Mantel aus und lächele ihn dabei höflich an, dann sage ich irgendetwas zum Wetter. Robert zieht seine Jacke und die Schuhe wortlos aus, er schaut dabei konzentriert auf den Fliesenboden. Robert macht sich nichts aus Höflichkeiten. Mir fällt ein, dass die Therapeuten ja ganz oft beobachten, was schon vor den Therapieräumen geschieht, bevor die Stunde beginnt! Da halte ich lieber sofort wieder die Klappe. Sonst denkt der Herr Hagenfels, dass ich hier die Alleinunterhalterin – oder noch schlimmer, dass ich dominant – bin. Nee, nee, da halte ich jetzt lieber mal etwas Stille aus, so wie Robert. »Bitte«, sagt Herr Hagenfels und zeigt auf mehrere Paare grauer Filzschlappen, »nehmen Sie sich gern ein Paar Hausschuhe!« Ich dachte, er wollte uns duzen? Aber Robert und ich nicken einfach wieder brav. »Ja, schick sind sie nicht«, sagt Herr Hagenfels, »aber wir haben hier ganz kalten Kachelboden! Ich sag meiner Frau immer, wir müssen dringend eine Fußbodenheizung einbauen, aber das ist ihr zu aufwendig. Na ja, Sie wissen ja sicher, wie das ist, nicht wahr?« Er schaut Robert an, der nickt ihm lächelnd zu, worauf Herr Hagenfels ganz zufrieden schaut. Ich bemerke sein T-Shirt, auf dem steht »The Ramones«, und es spannt ein bisschen an seinem Bauch. »Ah, The Ramones!«, sage ich anerkennend und zeige auf sein Shirt. Herr Hagenfels schaut mich erst verwirrt an und dann an sich herunter: »Ach so, ja, das habe ich mal in einem Laden irgendwo gekauft, bin leider kein Fan«, sagt er entschuldigend und greift nach einem grauen Blazer aus Jersey, der an dem Garderobenständer hängt. Er zieht ihn über. Das scheint wohl sein Arbeitsoutfit zu sein. Herr Hagenfels' Blick ist herausfordernd, finde ich, er kneift ab und an die Augen zu. Aber ich bin bereit für die Challenge hier. Ich bin mir sicher, dass Herr Hagenfels mich verstehen wird. »So, dann gehen wir mal rein«, sagt er freundlich und schaut uns mit seinem gelegentlichen Augenkneifen dabei zu, wie wir in übergroßen Filzschuhen in das Therapiezimmer schlurfen. Das Licht hier drin ist warm und schummrig, in der Ecke des Raumes steht nämlich eine große, rosafarbene Himalayasalz-Lampe. Die taucht das Zimmer in weiches, orangefarbenes Licht. So eine könnte ich mir auch mal für zu Hause besorgen, kann ihn ja später mal fragen, wo er die gekauft hat. Das Zimmer hat eine Dachschräge, in der sind zwei Doppelfenster, und rechts neben der Dachschräge steht ein dunkler, antiker Schrank aus Massivholz mit vielen Büchern. Auf dem Schreibtisch von Herrn Hagenfels bemerke ich neben einem großen, silbernen Mac-Computer eine Vase mit Blumen und ein Bild von einem Stockfoto-Paar, das sich umarmt. Herr Hagenfels hat außerdem diese komische Holzfigur auf dem Tisch stehen, die mit den vielen Gelenken, von der ich nie weiß, was die soll. Diese Holzfigur habe ich bisher ausschließlich bei reichen Leuten zu Hause stehen gesehen. Herr Hagenfels bedeutet Robert und mir, uns auf die Stühle im Raum zu setzen, die so aussehen, als wären auch sie sehr teuer gewesen. Sie sind schwarz, aus glänzendem Leder, mit silbernen Stuhlfüßen. Einer steht links im Raum, einer rechts und einer steht gegenüber von den beiden. Herr Hagenfels steuert auf den Stuhl gegenüber von den zweien zu und lässt sich auf die fluffig-glatte Lederfläche fallen. *Pfffft* macht es dabei. Robert setzt sich auf den linken, *pffft,* und ich auf den letzten Stuhl, *pfffft*. Jetzt sitzen wir alle und schauen uns an. Wobei, Robert schaut eher auf den Boden. Herr Hagenfels eröffnet das Gespräch: »So!« sagt er und reibt sich seine Oberschenkel. »Ja, guten Abend noch mal. Mein Name ist Konstantin Hagenfels, ich bin seit über 14 Jahren in der Beratung für Paare tätig, meine Schwerpunkte liegen in der Sexualberatung und im Intimitätscoaching, in meiner Zeit in Australien habe ich …« Er stockt plötzlich: »Ach!«, ruft er und winkt ab. »Das wissen Sie ja alles sicher schon von meiner Website, völlig uninteressant.« Robert und ich lächeln zwar höflich, aber damit hat Herr Hagenfels schon mal unrecht: Wir haben seine Vita auf der Website nicht durchgelesen. Wir wollten keine Referenzen, wir wollten einfach Hilfe. Herr Hagenfels verschränkt die Hände ineinander und legt sie über das linke Knie: »Jetzt kommt auch direkt meine erste Frage. Wer von Ihnen beiden hatte denn die Idee, zu mir zu kommen? Ich weiß ja, dass Sie, Herr Dachser, mir die Mail geschrieben haben. War das auch Ihre Idee, also Ihr Impuls?«

»Nee«, sagt Robert und räuspert sich. »Miryam wollte das.«

»Genau, ich wollte das«, schalte ich mich möglichst selbstbewusst ein, »also der Impuls kam von mir. Weil ich mir dachte, dass wir eventuell davon profitieren oder Sie uns helfen können.« Ich lege den Kopf zur Seite und versuche so zu wirken, als wäre ich rational und erwachsen. »Also habe ich Robert gebeten, dass wir eine Paartherapie machen. Dann habe ich nach einer Praxis gegoogelt, Sie gefunden, und von Robert habe ich mir dann gewünscht, dass *er* Ihnen die erste Mail schreibt.«

»Aha!«, sagt Herr Hagenfels, als hätte er schon etwas Signifikantes herausgefunden. Wahrscheinlich, dass ich von uns beiden mehr Initiative zeige. Er dreht sich zu Robert: »Und wie haben *Sie* sich dabei gefühlt, Herr Dachser? Äh, Robert. Entschuldigung, wir wollten ja duzen.«

»Keine Ahnung, war okay«, sagt Robert und zuckt mit den Schultern.

»Es war ›Okay‹, aha …« Herr Hagenfels legt den Zeigefinger an die Oberlippe: »Aber *Ihre* Idee war es *nicht*, Robert. Nicht wahr? Sie haben zugestimmt und eingelenkt. Passiert das öfter, dass Sie sich den Wünschen Ihrer Partnerinnen unterordnen?« Ich spüre einen Stich in der Magengrube: Wieso unterordnen? Robert hat doch auch was davon, wenn wir uns nicht mehr die Köpfe einhauen? Aber ich sage nichts, ich lächle nur, mit zusammengepressten Lippen. Erst mal schauen, was Robert antwortet.

»Klar, ist jetzt nix Neues«, höre ich ihn sagen. Frech. Als wäre *er* hier das Opfer! »Miri ist sehr speziell, in allen Dingen. Und … tja, wie nennt man das? Dramatisch?« Mein Lächeln muss mittlerweile aussehen wie mit billigem Bastelkleber an mein Gesicht geklatscht, so unnatürlich ist es. Aber gut, ich sage weiter nichts, Herr Hagenfels hat ja noch nicht alle Infos. Wenn er erst mal meine Seite gehört hat, wird er auch mich verstehen, ganz bestimmt. Herr Hagenfels zieht die Augenbrauen nach oben und nickt. Dann wendet er sich mir zu: »Empfinden Sie das auch so, Miryam?«

»Nee«, schießt es aus mir heraus. Ich spreche so schnell, als hätte ich bis eben die Luft angehalten. »Ich glaube nicht, dass ich dramatisch, zu sensibel bin oder sonst eine dieser Eigenschaften habe, die Robert und seine Mutter mir gern vorwerfen.«

»Meine Mutter ist immer nett zu dir«, sagt Robert beherrscht und schaut dabei stur Herrn Hagenfels an.

»Sie ist immer nett zu *dir*«, gebe ich zurück und drehe mich zu Robert.

»Immer noch besser als *deine* Eltern«, erwidert Robert und dreht sich jetzt auch zu mir. Ich spüre schon die ersten Tränen in mir aufsteigen, aber heute lasse ich mich davon nicht unterkriegen. *Not today, Satan*. Wir sind hier in einem geschützten Raum, Herr Hagenfels ist als Therapeut auf keiner Seite, alles ist gut, Miryam, solche Kommentare können dir nix. Ich atme tief durch, sammle meine Gedanken und wende mich wieder an den Therapeuten-Mann vor mir, der gerade sein Lederarmband justiert. »Also Herr Hagenfels«, sage ich, als wäre ich meine eigene Anwältin. »Wir sind hier, weil wir a) keinen Sex mehr haben, b) uns nur noch streiten und c) weil ich glaube, dass Robert mich betrügt.«

»Wow!«, sagt Herr Hagenfels und lehnt sich zurück in seinem Stuhl. »Okay … *Das* ist eine Menge. Das ist eine ganze Wagenladung an Infos, da muss sogar ich erst einmal durchatmen.« Herr Hagenfels wedelt sich Luft zu. Also wenn hier jemand dramatisch ist, dann ja wohl unser Paartherapeut. Herr Hagenfels rutscht ganz nach vorn an den Stuhl und schaut Robert eindringlich an: »Dann lassen Sie uns mit dem Drängendsten anfangen. Ich frage mal ganz gerade heraus: Betrügen Sie Miryam, Robert?«

»Nein«, sagt Robert und lacht dabei verächtlich. »Ich wüsste auch gar nicht, wann. Ich kümmere mich ständig um unser Kind. Miryam hat einfach Paranoia, weil sie nicht vertrauen kann. Sie hatte eine schlimme Kindheit, wissen Sie?« Robert sagt das so, als wäre das eine Art emotionaler Beinprothese, mit der ich täglich angeben würde. Als hätte er es satt, darauf Rücksicht zu nehmen, dass ich nicht so rational ausgestattet bin wie andere Menschen. Herr Hagenfels ignoriert den Kommentar und erwidert sanft: »Aha. Okay, Robert, Sie sagen also: nein.«

»Nein.«

»Was macht das mit Ihnen, Miryam?«

»Ich glaube es nicht«, antworte ich und schließe kurz trotzig die Augen. »Ich bin *sicher*, dass er was mit seiner Arbeitskollegin Clara hat. Die schreiben sich oft spätabends, nach der Arbeit Nachrichten.« Ich drehe mich wieder zu Robert: »Ich *sehe* das ja, Robert, hab Augen im Kopf, ne?«

»Die ist 'ne Arbeitskollegin, wie oft denn noch? Ey, du hast so ne krasse Macke.« Robert spricht ruhig, aber klingt trotzdem richtig wütend. Er knurrt fast, wie ein 1,91 Meter großer Terrier mit eisblauen Augen. Was für ein Lauch. Herr Hagenfels schreitet ein und sagt: »Bitte verwenden Sie keine Schimpfworte, Robert.«

Aber ich bin jetzt angestachelt, Robert kommt mir so? Na gut, dann legen wir mal los: »Wissen Sie, Herr Hagenfels, Roberts Vater hat seine Mutter *auch* jahrelang betrogen. Die Mutter hat das dann irgendwann herausgefunden und trotzdem ignoriert. Sie kauft sich einfach regelmäßig neue Unterwäsche und hofft auf das Beste, aber so bin ich nicht! Seine Eltern interessieren sich eigentlich für niemanden, super toxisch irgendwie.« Ich klinge wie eine kleine Petze. Herr Hagenfels scheint aber nicht beeindruckt von meiner kleinen DIY-Familienanalyse. Also lege ich nach: »Nicht mal für Robert interessieren die sich! Und ich habe Angst, dass er dieses Muster jetzt auch mit mir wiederholt. Er kennt ja nur seinen Vater als männliches Vorbild, ne? Da sind wir ja alle gleich!«

»Okay, okay«, sagt Herr Hagenfels und macht mit seiner Hand so eine Bewegung, als würde er einen Deckel auf das, was ich eben gesagt habe, packen. »Das kann man erst einmal so stehen lassen.« Herr Hagenfels dreht sich zu Robert, der gerade zum Widerspruch ansetzen will: »Jaaaa, Robert, doch, das lassen wir stehen, das ist okay, das geben wir ihr!« Robert versinkt wieder in seinem Stuhl und hält den Mund. Herr Hagenfels dreht sich wieder zu mir: »Aber Miryam, Sie wissen ja, dass man zwar immer einige

Verhaltensweisen aus dem Elternhaus übernimmt, aber das bedeutet ja noch lange nicht, dass man auch genau so *werden* muss. Das ist klar, oder?«

»Ja, aber er schreibt wirklich oft mit der«, sage ich.

Robert atmet tief ein und atmet seufzend aus. Er fasst sich wie immer an die Nasenwurzel, als wäre er ein gequälter Künstler: »Miryam, ich finde einfach, dass wir Wichtigeres zu tun haben, als uns mit deiner bekloppten Paranoia zu beschäftigen. Ich weiß, dass du es schwer hattest, die ganze *Welt* weiß, dass du es schwer hattest, ja, ja, ja, ist gut! Aber *bitte* lass *uns* damit jetzt in Ruhe!« Robert legt die Handinnenflächen zusammen und bettelt mich an. Arsch.

»Da möchte ich mal reingehen«, sagt Herr Hagenfels und hebt seinen Zeigefinger. »Sie hatten es schwer, Miryam?«

»Ja, meine Kindheit war nicht gut. Mein Vater war gewalttätig.« Herr Hagenfels nickt anerkennend. »Miryam, das ist super, dass Sie das direkt in den Raum hier reingeben. Das wird das Erste sein, woran wir hier gemeinsam arbeiten. Wir können erreichen, dass Ihre *Daddy Issues* aus der Vergangenheit nicht Ihre *Gegenwart*, die jetzige Beziehung zu Robert stören.«

»Meine was?«, frage ich. Ich versuche nach wie vor, offen zu wirken, aber das fällt mir immer schwerer. Herr Hagenfels sieht mir jetzt bestimmt an, dass ich langsam wütend werde. Ich halte also fest: Wie immer bin ich an allem schuld. Sogar in einer Paartherapie, zu der zwei gehören. Prima. Robert schaut zu mir rüber, als würde er gedanklich sagen: »Siehst du?«

»Daddy Issues«, sagt Herr Hagenfels und greift nach einem Kugelschreiber auf dem Tisch neben ihm. »Den Be-

griff kennen Sie?« Ich nicke langsam und ohne zu blinzeln. Herr Hagenfels fährt unbeirrt fort: »Wir wollen hier gemeinsam natürlich eine Intimität herstellen. Und wenn Robert jetzt also sagt, er betrügt Sie nicht, ist das Erste, was *wir* für die Intimität *tun* müssen: ihm glauben.« Herr Hagenfels zieht einen kleinen Notizblock mit Paisleymuster auf dem Umschlag unter seinen Beinen hervor. Er scheint darauf gesessen zu haben. Er öffnet ihn und kritzelt irgendwas hinein. Dann schaut er wieder auf: »Und wir müssen schauen, woher der übergroße Zweifel in *Ihnen* kommt, Miryam.«

»Ja gut, Herr Hagenfels, ich weiß, dass ich einiges mit mir rumtrage«, antworte ich und blinzle wieder. Ich rutsche auf dem Ledersessel rum, und es macht leise *pffft*. »Und ja, ich habe *Daddy Issues*, bestimmt. Das weiß ich jetzt auch schon ein bisschen länger. Aber wissen Sie, was mir dabei nicht einleuchtet?«

»Nein, bitte, ich bin ganz Ohr, Frau Topal!«

»Miryam«, antworte ich. »Wir wollten doch duzen.«

»Miryam, korrekt, Verzeihung.«

»Warum heißt es *Daddy Issues*, wenn doch aber der *Vater* seine Aufgabe nicht erfüllt hat? Wieso liegt das *issue* beim Kind, bei mir? Ich fühle mich immer und bei allem schuldig, für alles, was mir widerfahren ist als Kind und Erwachsene. Aber wieso jetzt auch für das, was ich *nicht* bekommen habe? Wäre da jetzt nicht mein Vater mal dran mit dem Schuldgefühl? Aber ich bin die Person, die *Daddy Issues* hat. Das klingt wie eine Krankheit, die ich mir eingefangen habe. Aber die ist doch klar vererbt. Oder nicht?« Herr Hagenfels schaut mich verdattert an. Er schluckt kurz, dann sagt er: »Gut, das könnten wir jetzt natürlich semantisch auseinandernehmen, aber das ändert ja nichts daran, dass Sie als erwachsener Mensch eine gewisse Eigenverantwortung tragen, Miryam. Sie sind selbst dafür verantwortlich loszulassen. Verzeihen ist für den eigenen Seelenfrieden wichtig. Würden Sie mir da zustimmen?«

»Ja«, antworte ich und gebe mich geschlagen. Ich glaube nicht mehr, dass ich hier heute Gehör finden werde. Herr Hagenfels ist aber noch nicht fertig: »An alten Wunden festhalten hindert uns nur am Vorankommen. Möglicherweise ist es ja an der Zeit, zunächst einmal den männlichen Figuren in Ihrem Leben zu verzeihen, bevor wir richtig in die Beziehungsarbeit mit Robert gehen. Das können wir uns gern hier *gemeinsam* angucken.«

»Mein letzter Therapeut meinte was anderes«, antworte ich trotzig. Ich versuche es doch noch mal mit dem Gehör verschaffen.

»Ach Sie waren schon in Therapie?«, fragt Herr Hagenfels.

»Ja, ist schon länger her.«

»Verstehe. Und was hat dieser Therapeut gesagt?«

»Dass man nicht immer verzeihen *muss*.« Herr Hagenfels sieht mich konsterniert an. Er kaut auf seinem Kugelschreiber und schaut dann mit gerunzelter Stirn in sein Paisley-Notizbuch. Ein paar Sekunden später schaut er wieder hoch und sieht mich mit sorgenvoll an: »Aber wie wollen Sie denn *sonst* in Beziehung bleiben?« Ich zucke mit den Schultern und ziehe meinen linken Mundwinkel zur Seite.

Ich habe das so oft versucht: verzeihen, um in Beziehung zu bleiben. Aber irgendwas scheint mir da zu fehlen, ich schaffe es einfach nicht, die Wut kommt immer wieder, die Trauer kommt immer wieder, die Fragen »warum, wieso, weshalb« sind immer da. Ich kann den ganzen Dreck von damals nicht hinter mir lassen und einfach so wieder fleckenfrei lieben. Wie oft habe ich mich vor den Spiegel gestellt, auf meinen Brustkorb gezeigt und gesagt: »Komm, verzeih! Los! Beweg dich da drinnen!« Aber es ist mir nie gelungen. Ich weiß nicht, welches Gefühl oder welche innere Einstellung ich erwartet habe, aber ich denke mal, verziehen haben bedeutet, dass man in Frieden und Liebe ist. Dass man sich wieder sehen kann und sich lieb haben kann. Von diesen Gefühlen bin ich noch heute meilenweit entfernt. Und das quält mich. Ich habe so viele andere Menschen gesehen, in meinem Umfeld, im Fernsehen, in Büchern, die mit ihren Eltern eng sind, trotz Konflikten aus der Kindheit und Jugend. Die Beziehungen, die vielleicht auch mal kaputt waren, wiederaufgebaut haben. Keine Ahnung, wie die das machen. Vielleicht bin ich zu kleinlich, wie alle sagen, vielleicht sollte ich mehr über den Dingen stehen. Aber als ich Papa das letzte Mal gesehen habe, wurde mir klar, dass ich das mit dem Verzeihen erst mal nicht weiter probieren kann. Das war vor zehn Monaten.

Nach dem Vorfall im Restaurant hatten wir jahrelang gar keinen Kontakt, und dann stand Papa plötzlich an meinem Krankenhausbett. Mein Baby war gerade zwei Tage alt, und ich schätze mal, Mama hatte Papa Bescheid gesagt, dass ich jetzt Mutter bin. Von mir wusste er das nicht, ich hatte ihn zwar immer mal wieder bei WhatsApp entblockt, um ihm zu schreiben, aber ich hab es nie über mich bringen können. Als er dann neben mir stand am Krankenhausbett, war ich weder erfreut noch emotional anwesend. Mein Kopf war ganz und gar bei meinem Baby, das gerade seine ersten Atemzüge mutterseelenallein in einem kleinen Plastikbett auf Station D machte. Dieses Plastikbett sollte es warm halten; an meinem Baby hingen unzählige Schläuche, die es beatmeten, ernährten, die all das machten, was ich hätte schaffen sollen. Aber ich hatte versagt, und ich konnte sehen, wie sehr das Baby die Schläuche störten, vor allem die Magensonde und das Beatmungsgerät in der Nase. Jede volle Stunde stand ich an dem Plastikbett und sah, wie es versuchte, die Magensonde mit seiner winzigen Zunge aus dem Mund zu stoßen. Ich hätte meinem Baby so gern dabei geholfen, hätte am liebsten alle Schläuche abgerissen und es in einen Schal gewickelt nach Hause geschmuggelt. Aber ich konnte nichts tun. Ich konnte nur auf diesen kleinen, roten, kämpfenden Körper und all die Monitore starren, deren Bilder und Graphen mir nichts sagten und mir Angst machten. Ich flüsterte meinem Baby zu, dass das bald vorbei sein würde und Mama und Papa schon warteten. Ich habe gebetet, gepumpt, Robert angeschrien, dass unser Kind noch viel zu klein sei, es weiter wachsen müsse, und ich habe weiter mit der lauten Maschine an meinen wunden Brüsten gepumpt. Jeden erpumpten Milliliter habe ich zu meinem Baby gebracht, als wäre es flüssiges Gold. Wie viele Tage so vergingen, weiß ich nicht mehr. Aber es waren die schlimmsten meines Lebens. Und dann kam mein Vater. Ich saß gerade im Schneidersitz auf meinem Krankenhausbett, mit einer manuellen Milchpumpe in der Hand, in der Hoffnung, die würde mehr aus mir rausholen als die elektrische, die wie ein Blutdruckmessgerät für die Brustwarzen immer enger wurde und wehtat. Ich schaute auf die große Uhr an der Wand: In 15 Minuten konnte ich wieder zu meinem Kind ans Plastikbett und es mit Einmalhandschuhen wickeln. Und dann stand da plötzlich mein Vater neben mir, mit einem schiefen Lächeln. Ihn zu sehen überwältigte mich, ich brach sofort in Tränen aus. Sein schiefes Lächeln wurde leicht säuerlich, er tätschelte mir die Hand, murmelte ein »Glückwunsch« und überreichte mir eine künstliche Orchidee. Die riss er mir gleich wieder aus den Händen und stellte sie auf den hellbraunen Holztisch in der Mitte des Raumes. Dann griff er in seine Jackentasche und zog ein kleines, dunkelblaues Kästchen hervor. Er öffnete es: Darin war ein Goldarmband für mein Kind. Das war so Tradition bei uns, jedes neue Familienmitglied kriegt sein eigenes bisschen Gold. Ich griff nach seiner rauen Hand und humpelte Hand in Hand mit ihm zur Frühchenstation. Seine Hände störten mich immer noch, aber ich spürte ohnehin nicht mehr viel Körperliches, nicht einmal meine Kaiserschnittnarbe. Der emotionale Schmerz überlagerte alles in mir. Wir desinfizierten unsere Hände und stießen die schwere Tür zum Raum auf: Hier waren zwölf Plastikbettchen, alle mit Schläuchen, Lämpchen und Geräten, die kontrolliert piepsten. Die ganze Szenerie erinnerte mich an eine Alien-Farm, so ähnlich wie die bei »Matrix«, in der kleine Menschen für die Welt fertig gebaut werden. Und *mein* kleiner Mensch lag im zweiten Bett von rechts. Papa und ich stellten uns an das Bettchen, ich fing direkt wieder an zu weinen beim Anblick meines Babys, mein Vater machte sich einen Sichtschutz mit den Händen und guckte durch die Plastikscheiben hinein: »Kleiner Frosch«, sagte er. Ziemlich liebevoll sogar. Ich umarmte ihn schluchzend. Mein Vater zwickte mir in die rechte Seite und zischte mir ins Ohr: »Heul nicht so, Miryam. Was sollen die anderen hier denken? *Du* bist kein Baby mehr!« Er denkt wieder nur daran, wie wir aussehen. Er denkt nicht an mich, meine Gefühle, nicht einmal mein Baby. Nur daran, wie es von außen aussieht. In dem Moment fiel eine Tür in meinem Inneren zu, und ich zeigte auf die Tür der Frühchenstation. »Geh, jetzt sofort«, sagte ich leise und bestimmt. Aber Papa ging nicht. Also schob ich ihn eigenhändig an den Schultern durch die schwere Tür und sagte ihm, er solle nie wiederkommen. Mir war alles egal, ich hatte keine Angst mehr vor ihm. Ich hatte andere Sorgen. Er schaute mich noch mit seinem vorgeschobenen Unterkiefer und dem angespannten Lächeln an, während ich ihn durch die Tür schob. Dann war er endlich weg. Ich drehte mich wieder zu meinem Baby und flüsterte durch die dicken Plastikwände: »Ich werde dich immer beschützen. Werde einfach gesund, bitte. Bitte!« Ein paar Minuten blieb ich da noch so sitzen, dann schleppte ich mich wieder in mein Zimmer. Ich sah die künstliche Orchidee von meinem Vater auf dem Holztisch stehen: Sie hatte winzige, perfekt unperfekt verteilte lilafarbene Sprenkel. Sie wirkte täuschend echt. Genau wie unsere Bindung: Auf den ersten Blick sah sie echt aus. Alle dachten, dass der Mann, der wie ein Pelikan im Stimmbruch lachte, ein durch und durch liebevoller Vater sei. Dass meine Umarmungen herzlich und mein schiefes Lächeln wahrhaftig seien. Sogar ich dachte das ja, weil ich es mir so gewünscht hatte. Ich schmiss die Orchidee in den Müll und blockierte ihn wieder auf meinem Telefon. Und wie jedes Mal zuvor dachte ich: »Dieses Mal wirklich für immer.«

»Gut«, sagt Herr Hagenfels, klatscht sich auf beide Oberschenkel und reißt mich aus meiner Erinnerung. »Ich denke, das Thema Vertrauen wird hier natürlich eine riesige Rolle spielen.« Robert nickt anerkennend und reibt seine Handinnenflächen an seinen Knien. Ich seufze: »Ja, das stimmt«, antworte ich, »das ist meine Schwachstelle.« Herr Hagenfels lächelt milde: »Miryam, das ist auch kein Wunder, das ist ein sehr gängiges Problem. Aber wenn Sie *hier und jetzt* etwas verändern wollen, in dieser Beziehung, in der Beziehung zu Robert«, sagt er und zeigt auf ihn, »dann sollten wir diesen Raum nutzen.« Ich nicke brav und schaue mich im Zimmer um, aber ich glaube, das meint Herr Hagenfels nicht mit dem Wort »Raum«, er meint da bestimmt was Nichtphysisches. Dann spüre ich ein altbekanntes Gefühl in mir hochsteigen: Scham. Die Scham kriecht mir vom Magen in den Hals, sie ist so stark, dass ich Gänsehaut bekomme. Herr Hagenfels, eine unbeteiligte Person, sieht mir mein emotionales Handicap, mein kaputtes, funktionsunfähiges Vertrauen an. Robert hat recht, Mama hat recht, Herr Hagenfels hat recht: Ich bin undankbar und emotional nicht ausreichend ausgestattet, um eine glückliche Familie zu haben. Alle sehen diesen kurzen Stumpen Vertrauen in mir, der einfach nicht reicht, um eine Beziehung zu halten. Wo andere eine lange Stabkerze mit 86 Jahren Beziehungs-Brenndauer haben, bleibe ich mit meinem Stumpen im Dunkeln. Und bald vielleicht sogar allein. Und all das nur, weil ich nicht über meiner Kindheit stehen und verzeihen kann? Das kann ja wohl nicht wahr sein. Das muss ich dringend ändern, allein schon für mein Kind. Was soll mein Baby denn von mir denken? »Tut mir leid, Robert«, sage ich und schaue auf den Boden.

»Für was jetzt?«, fragt Robert verdutzt.

»Na ja, mit dem Vertrauen und so«, nuschele ich. »Das muss nervig für dich sein.« Robert nickt rechthaberisch und schaut wieder zu Herrn Hagenfels. Der beobachtet uns interessiert mit der Hand am Kinn.

»Das ist gut«, sagt er und schreibt sich etwas auf. »Aber Miryam, da haben wir jetzt ein paar Schritte übersprungen, da müssen wir erst hinkommen. Deswegen würde ich Sie beide einfach mit der folgenden Bitte entlassen: Robert, Sie sagen bitte öfter, wenn Sie etwas stört und was Sie wollen und was nicht. Lassen Sie es nicht in sich ansammeln, sodass Sie irgendwann explodieren. Sagen Sie es direkt, in dem Moment.« Robert sieht überrascht aus, auch ich frage mich kurz, woher Herr Hagenfels das weiß, dass Robert lange nichts sagt und dann ausrastet. Aber gut, der Mann ist ja vom Fach. Herr Hagenfels schaut mich an: »Und Sie, liebe Miryam, Sie müssen bitte das Thema Vertrauen angehen. Zur nächsten Stunde gibt es für Sie eine kleine Hausaufgabe: Schreiben Sie auf, was genau Sie mit dem Wort ›Vertrauen‹ verbinden. Fünf Minuten, nicht länger! Einmal bitte alle Assoziationen notieren und zum nächsten Mal wieder mitbringen. Wir sehen uns in drei Wochen!« Herr Hagenfels steht auf und läuft zur Tür. Robert und ich folgen ihm, kicken die überdimensionalen Filzpantoletten von unseren Füßen und steigen wieder in unsere Schuhe. Bei der Verabschiedung mache ich noch einen Witz über die kalten Kacheln und die fehlende Fußbodenheizung, Robert hält mir die Eingangstür auf, und wir winken Herrn Hagenfels zum Abschied. Als wir ins Auto einsteigen, atmet Robert laut aus, schließt die Fahrertür und sagt: »Boah, Miri, ich muss zugeben, das war 'ne gute Idee von dir. Mir geht es viel besser.« Er greift nach meiner Hand, und ich spüre die Tränen in mir aufsteigen. All die Streits der letzten Monate, unsere Probleme, sogar seine gestörten Erektionen, alles verursacht durch mein Vertrauensproblem. Wahrscheinlich kann ich von Glück reden, dass Robert noch nicht gegangen ist und es mit mir aushält. Ich gebe ihm einen Kuss auf die Wange, er startet den Motor, und ich schaue durch die Windschutzscheibe auf die Straße vor uns. Vor uns liegt noch ein langer Weg. Aber der nach Hause dauert zum Glück nur zwanzig Minuten.

Je näher wir unserem Zuhause kommen, desto unruhiger werde ich wieder. Die Bilder in mir kommen zurück, jetzt wo wieder Platz im Kopf ist. Und sie werden von Minute zu Minute verstörender. Ich versuche, mich auf die Straße, die Ampeln, die Bäume am Wegesrand zu konzentrieren, schaue Robert an, wie er stoisch, aber zufrieden auf die Straße blickt. Und trotzdem ploppen die Bilder in meinem Kopf auf, wie sie wollen: Ein mir unbekanntes Baby, das ertränkt wurde, mein Baby, das erstickt, meine Mutter betrunken und bewusstlos, meine Mutter mit Tabletten, lallend, mein Baby, das nach mir schreit. Mein Herz beginnt zu rasen. Robert schaut vom Steuer kurz zu mir rüber und sieht, wie ich meine Lippen befummele. Das mache ich immer, manchmal aus Langeweile oder um die innere Leere zu füllen, aber meistens fummele ich an meinen Lippen, wenn ich angespannt bin. Robert zieht die Augenbrauen hoch: »Alles okay?«, fragt er und klingt dabei etwas streng. »Du fummelst da schon wieder, deine Lippe ist schon richtig zerfetzt.«

»Ja, alles okay«, sage ich abtuend durch meine Finger hindurch. »Ich mach mir nur Sorgen, ob meine Mama wirklich alles im Griff hat zu Hause.«

»Mach dir mal nicht immer so einen Stress«, antwortet Robert genervt, drückt aber trotzdem aufs Gas. Vielleicht, weil er auch Angst bekommt, vielleicht auch, weil er mich und mein Grübeln nicht länger ertragen kann. Als wir endlich vor unserer Haustür halten, reiße ich die Beifahrertür auf und laufe die Treppen zu unserer Wohnung hoch, drei, vier, acht, zehn Stufen, zwölf. Robert parkt unten das Auto. Vor der Wohnungstür höre ich Schreie. Die klingen, als kämen sie von einer Frau! Meine Hände zittern, als ich den Schlüssel in das Schlüsselloch stecke, ich muss mich beeilen, und genau jetzt zittere ich so stark, dass der Schlüssel mir beinahe runterfällt. Ich höre Robert die Treppe langsam zu mir hochlaufen. Geschafft, der Schlüssel steckt, ich drehe ihn um und stoße die Tür auf, als wäre ich von der Feuerwehr. Ich renne ins Wohnzimmer und sehe Mama auf der Couch sitzen. Die dreht ihren Kopf ruckartig zu mir, als würde ich sie stören: »Was *ist* denn, Miryam?«, fragt sie beleidigt. Auf dem Fernseher läuft eine True-Crime-Serie, in der gerade eine Frau massakriert wird. »Ich …«, sage ich keuchend und halte mich an der Türklinke fest. »Wo ist mein Baby?«

»Im Bett, am Schlafen, Mensch!« Meine Mutter zeigt wütend auf die Schlafzimmertür. Ich drehe mich um und öffne leise die Schlafzimmertür. Mein Kind liegt im Bettchen und schläft, das Licht von der Nachttischlampe ist gedimmt. Ich halte meine zitternde Hand vor den kleinen Mund: An meinem Handrücken kommen leichte, warme Atemstöße an. Meine Augen scannen den kleinen Körper im Halbdunkel ab: Der Body mit den kleinen Elefanten drauf ist sauber, die Haare sind leicht verstrubbelt von der Schlafposition, nirgendwo sind Kratzer oder blaue Flecken zu sehen. Mein Baby sieht zufrieden aus. Es ist alles okay.

Schwindelfrei
Februar 2020, Baby 13 Monate alt

Jetzt sieht sie wieder aus wie vorher. Wobei: Eigentlich sieht sie sogar besser aus als vorher. Die Stelle an der Wand, an der die bläulichen Granatapfelflecken waren, erstrahlt jetzt weißer als der Rest der Wohnzimmerwände. Ich habe sie neulich endlich fertig gestrichen. Und jetzt mache ich die Stelle noch schöner. In meinem Mundwinkel klemmt ein Nagel, ich schmecke den kalten, metallischen Geschmack auf der Zunge. Ich hebe einen Bilderrahmen vom Fernsehmöbel auf und drehe ihn um: Auf dem Foto sind Robert, unsere Tochter und ich. Robert und ich halten sie hoch, unsere Köpfe stecken zusammen, und wir lächeln hoch in die Handykamera, die ich mit einem Arm schräg drüber halte. Hinter uns sind Bäume und Hochhäuser. Ich ziehe den Nagel vorsichtig aus meinem Mundwinkel und platziere ihn auf einem Punkt der neu gestrichenen Wandstelle. Mein Handy steckt in der Hosentasche und lässt die Musik leicht gedämpft durch. Ich singe leise mit, während ich vorsichtig den Nagel in die weiche Wand hämmere. Placebo habe ich schon ewig nicht mehr gehört. Das erste Bild hängt. Fehlen noch vier weitere von uns als Familie, die noch auf dem Fernsehmöbel warten. 31 Jahre alt bin ich jetzt. Meinen Geburtstag letzten Monat habe ich gar nicht gefeiert, Robert hat mich den Tag über einfach in Ruhe gelassen und mir ein »Be Happy«-Badesalz geschenkt, das riecht nach Mandarine. Aber man muss den eigenen Geburtstag ja auch nicht immer feiern. Dass wir jetzt endlich eine richtige Familie sind, ist Geschenk genug. Oder zumindest eine, die nicht mehr streitet. Robert und ich leben in einer beziehungsähnlichen Gemeinschaft. Reicht doch! Und jetzt hänge ich ein Bild nach dem anderen hier auf, direkt neben dem Fernseher, damit wir sie auch immer im Blick haben. Eines von den beiden im Zoo, ein anderes von uns dreien auf der Wohnzimmercouch, mit einem Glitzer-Filter von Instagram drauf. Dann noch eines von unserer Tochter auf dem Spielplatz und eines von Robert und ihr aus dem Tierpark. Wir haben in letzter Zeit ein paar Ausflüge gemacht, so richtig zu dritt. Robert kommt ins Zimmer und lächelt mich milde an: »Och Miri, hörst du schon wieder Depri-Musik?« Er schaut mich mitleidig an.

»Das ist keine Depri-Musik«, antworte ich lächelnd. »Ich mag das. Gefühle sind nichts Schlimmes, Robert. Wenn ich mal Herrn Hagenfels zitieren darf, ne?« Robert zuckt mit den Schultern und lässt sich auf die Couch hinter mir fallen. »Mach doch das Bild vom Spielplatz ein bisschen weiter links«, sagt er und deutet mit seiner Hand an, wo ich das Bild hinhängen soll. Ich rücke es die paar Millimeter an die Stelle, auf die er zeigt, und schlage den Nagel vorsichtig in die Wand. Geschafft.

»So, und wo ist jetzt unser Kind?« Ich schaue zu Robert, der seine langen Beine auf dem Sofa ausgestreckt hat und die Twitter-Timeline abscrollt. Robert antwortet, ohne aufzusehen: »Die ist grad in der Spielküche, ich hole sie gleich.« In dem Moment krabbelt unsere Tochter zu uns ins Wohnzimmer und tut sich an der Türschwelle weh. Sie fängt an zu weinen, ich laufe zu ihr, nehme sie auf den Arm, und sie streckt die Arme zu Robert aus. Also setze ich sie auf Roberts Beine. »Alles gut«, sagt Robert beschwichtigend, »ist doch nichts passiert.« Ein Jahr alt ist sie jetzt schon, und mit jedem Tag ist sie stärker an ihren Papa gebunden. Vor einem Monat haben wir ihren ersten Geburtstag mit Kuchen und Roberts Eltern gefeiert. Martha hat im Alleingang eine Flasche Sekt getrunken und krampfhaft versucht, keine obszönen oder abfälligen Bemerkungen über mich zu machen, was ich sehr zu schätzen wusste. Gerade als wir alle zusammen die Kerze in Form einer Eins auspusten wollten, klingelte mein Handy: Meine Mutter schrieb, sie sei kurzfristig verhindert, würde aber die Woche irgendwann mal vorbeikommen. Mein Vater hatte eine Postkarte mit glitzernden Teddybären vorn drauf geschickt, aus der beim Öffnen ein 50-Euro-Schein gefallen ist. Von Deniz kam kein Wort, wie die Jahre zuvor. Er hat mir nicht zu meinem Geburtstag gratuliert, noch nicht einmal zur Geburt von der Kleinen, nichts. Deniz hat sich für einen anderen Weg entschieden, und auf dem kann ich ihn nicht mehr begleiten. Trotzdem vermisse ich ihn, sogar sehr. Neulich habe ich ein paar Polizisten an der Ampel gesehen, die irgendeine Routine-Kontrolle gemacht haben, bei der sie die Personalien von einer Autofahrerin gecheckt haben. Ich kam gerade aus dem Rossmann, bin daran vorbeigelaufen und habe ein paar Sekunden den großen Drang verspürt, zu irgendeinem von ihnen zu rennen und ihn in seiner Uniform zu umarmen. Was absurd ist, weil … na ja, weil das Polizisten sind. Als Kind habe ich die Polizei als Retter gesehen, wenn sie gekommen sind, weil Papa Mama mal wieder fast umgebracht hat. Ich war ihnen so dankbar. Und den Menschen aus der Nachbarschaft, die sie gerufen haben mussten. Heute weiß ich, dass meine Erfahrung nur ein Bruchteil des Gesamtbildes war. Und dass die Gewalt auch in ihren Reihen ist. Aber ja, ich wollte irgendeinen mittelalten Bullen umarmen, der gerade mit genervtem Blick Personalausweise aufklappte. Alles nur, weil ich Deniz umarmen wollte. Bin dann zum Glück weitergelaufen.

Ich stemme meine Hände in die Hüften und sehe Robert und die Kleine an, die schon wieder gluckst, weil Robert mit ihr Grimassen zieht. Ich habe so viel, wofür ich dankbar sein kann. Meine Tochter hat zum Beispiel einen guten Vater. Robert und ich streiten nicht mehr, einmal im Monat gehen wir zu Herrn Hagenfels, sprechen uns da aus, dann gehen wir nach Hause und umarmen uns. An Sex ist nach wie vor nicht zu denken. Aber das sei auch etwas für später, meinte Herr Hagenfels neulich. »Da muss man sich erst mal *hin*arbeiten«, sagte er und gestikulierte dabei so wild, dass sein Lederarmband schlackerte. Da war ich mal wieder zu vorschnell. Manchmal fantasiere ich von einem starken, extrem männlichen Mann, der mich einfach greift und wegschnappt, und dann fällt mir auf, dass meine Fantasien mittlerweile genauso klingen wie die billigsten Bahnhofsromane, die man sich nicht einmal traut anzusehen. Da bin ich mir selbst peinlich. Also schiebe ich meine Billo-Bedürfnisse wieder weg und mache Platz für die wirklich wichtigen Gedanken, zum Beispiel: ob wir noch Windeln haben, was wir zum Abendessen kochen sollen, so Kram. Trotz meiner Vorschnelligkeit gibt es aber schon zwei grundlegende Erkenntnisse, die ich nach drei Monaten Paartherapie mit Robert festhalten kann. Erstens: Ein Großteil unserer Probleme rührt aus *meiner*

Vergangenheit und hat hier in unserer Beziehung nichts zu suchen. Ja, Roberts Vater hat seine Mutter betrogen, aber das heißt noch lange nicht, dass Robert das auch mir antun wird. Zweitens: Ich habe in meiner Kindheit nicht gelernt zu vertrauen. Aber das heißt noch lange nicht, dass ich das nicht jetzt noch lernen kann. Wie *genau* ich das lernen kann, weiß ich noch nicht, so weit sind wir bei Herrn Hagenfels noch nicht. Aber bis dahin versuche ich einfach, Vertrauen zu imitieren. Das heißt, ich verhalte mich so, wie ich mir *vorstelle*, wie sich eine Person mit gesundem Vertrauen verhalten würde. Ist reine Fantasie. Aber ich glaube, eine Person, die vertraut, hinterfragt nichts, lässt Aussagen auch mal stehen, so was. So mache ich das gerade auch. Und wenn es dann doch mal passiert, dass mir etwas komisch vorkommt oder ich bei Robert anmerke, dass er zu viel mit dieser Clara von der Arbeit chattet, erinnert er mich an die Worte von Herrn Hagenfels: »Vertrauen ist die Basis für *alles* im Leben. Und das Gute ist: Vertrauen kann man trainieren, wie einen Muskel.« So können wir die Situationen dann ganz schnell de-eskalieren. So, wie wir jetzt leben, so sollte eine echte Familie leben, glaube ich. Dieses gute, friedliche Leben mit Robert jetzt fühlt sich an, als wäre es ein Film. Und momentan führe ich vielleicht nur Regieanweisungen von Robert und Herrn Hagenfels aus. Aber die wissen es eben besser als ich. Alles ist eine warme, taube Masse aus Alltagsbrei, die mich umwabert. Nicht unangenehm, immerhin keine starken Ausschläge oder Streits mehr. Aber ob man das Glück nennen kann? Völlig egal, ich habe jetzt die einmalige Chance, es besser zu machen als meine Eltern und mich nicht mehr von meinem Kindheitstrauma bestimmen und in meiner Gegenwart stören zu lassen. Alles ist okay. Bis es Abend wird. Am Ende des Tages, wenn ich auf dem Sofa im Wohnzimmer liege und versuche einzuschlafen, höre ich immer diesen Schrei. Einen leisen Schrei in mir, den ich nicht verstehe, der wie eine Art Hintergrundrauschen bei allem dabei ist. Keine Ahnung, was er mir sagen will. Ich rätsele schon seit Tagen, und ich habe drei Theorien, was es sein könnte. Erstens: Ist der Schrei vielleicht meine Scham darüber, dass ich hier im Wohnzimmer schlafe, statt neben meinem Kind? Seitdem Robert und unser Kind vor fünf Monaten zusammen auf dem Bett eingeschlafen sind, bin ich hier. Aus einer Nacht ist jede Nacht geworden. Und ich schäme mich, aber ich schlafe tatsächlich ein bisschen besser. Oder zweitens: Ist der Schrei nur mein alltägliches schlechtes Gewissen? Jeder Abend ist mein persönlicher Tag des Jüngsten Gerichts, ich gehe täglich durch, was ich gut und schlecht gemacht habe in Sachen Mutterschaft. Vielleicht schreie ich mich einfach innerlich an, weil ich in Situation XY nicht pädagogisch reagiert habe. Oder drittens: Ist dieser Schrei in mir vielleicht doch nur ein Hirngespinst, das aus meiner Kindheit rührt und dem ich einfach keine Beachtung schenken sollte? Es gibt doch auch dieses Zitat von Richard Kadrey: »When you're born in a burning house, you think the whole world is on fire. But it's not.« Eben. Und ich bin sogar so eine, die vielleicht selbst jeden Tag kleine Feuer in ihr Leben legt. Möglicherweise bin *ich* die Brandstifterin. Weil ich es nicht anders kenne, weil meine Augen an diese Aussicht nicht gewöhnt sind. »Alles ist Gewöhnungssache, auch das Glück.« Das hat Herr Hagenfels letztens gesagt, als er uns kurz mal einen Schwank aus seinem Leben mit seiner

Frau erzählt hatte und wie er glücklich geworden ist. Der Hagenfels hat so viele Kalendersprüche auf Lager, wie er Ringe an den Fingern trägt. Aber bestimmt hat er recht. Theorie drei wird stimmen: Mein leiser innerer Schrei ist sicher nur ein Relikt aus meiner Kindheit. Ich muss mich an ein glückliches Leben ohne Drama erst einmal gewöhnen. Ich trete noch mal vor die Bilderwand neben dem Fernseher: Alle Fotos hängen jetzt an der frisch geweißten Wand. Ich darf die Augen beruhigt schließen und meine Familie genießen. Das gute Leben kann beginnen.

* * *

»Bring mal noch Fusilli Nudeln mit und einen Joghurt, 3,5 Prozent, bitte« Ich klicke auf »An Robert Handy senden«, lege mein Telefon auf dem Esstisch ab und drehe mich um: »Kızım!«, rufe ich meiner Tochter zu, die gerade alle Blätter von der Küchenrolle entrollt. Vor ihr liegt jetzt eine lange Strecke voller Küchentücher. »Na du bist mir eine«, witzele ich und fange an, die Rolle wieder aufzuwickeln. Sie wird jetzt ein richtiges Kleinkind, sie läuft ihre ersten wackeligen Schritte, spricht ihre ersten Worte, sie hat sogar schon Wutanfälle. Sie bekommt endlich keine Milch mehr. Jetzt bin nur noch ich für die Ernährung meiner Tochter zuständig, Robert ist raus. Ich mache ihr Kartoffelauflauf, Nudeln mit Tomatensauce, hier und da mal ein Stück Gemüse, wenn sie gut drauf ist. Unser Alltag läuft reibungslos, das Leben ist gut, ich habe mich arrangiert. Die Elternzeit plätschert so vor sich hin, irgendwann kehre ich wieder in mein Büro zu meiner nervigen Chefin zurück und schreibe Texte über Midiröcke beim Lunch-

Date. Ich hab keine Erwartungen, beruflichen Ambitionen oder Träume, Karriere zu machen. Mein Fokus liegt hier, auf meiner kleinen Familie. Die Kleine präferiert nach wie vor ihren Papa, und ich versuche, damit erwachsen umzugehen. Wann immer Robert aus der Tür geht, beruhige ich sie um die zwanzig Minuten und versuche, ihr schmackhaft zu machen, dass sie den Tag mit mir verbringt. Manchmal hole ich auch einen Keks, damit sie abgelenkt ist. Ich entschuldige mich, dass sie mit mir den Tag verbringen muss, und hoffe jeden Tag, dass sich ihre Bindung zu mir noch ändert. Manchmal weine ich dann doch noch, wenn sie wieder nur auf Roberts Arm will, aber ich knalle deswegen nicht mehr die Türen. Hauptsache ist doch, sie fühlt sich wohl. Egal, wie wenig ich dazu beitrage. Außerdem: Ich bin hier nicht das Kleinkind. Und ja, ich schäme mich unendlich, dass mein eigenes Baby mir wehtun kann, ohne dass es überhaupt irgendetwas tut. Wenn sie mir – so klein wie sie ist – schon wehtun kann: Wie klein bin *ich* dann erst? Bin ich ein seelischer Säugling? Muss ja. Oder bin ich dann doch einfach Mama und Papa 2.0 geworden? Das darf nicht sein. Wird meine Tochter mal zufrieden mit meiner Mama-Leistung sein? Gerade schaut sie mit ihren großen, braunen Kulleraugen dabei zu, wie ich die Küchenrolle wieder aufrolle. Sie fängt an zu protestieren, eigentlich wollte sie weiter mit der Küchenrolle spielen. »Ja, ja, ich weiß«, sagte ich und streiche ihr über die weichen dunkelbraunen Haare, »aber die brauchen wir noch. Mama gibt dir gleich was anderes zum Spielen, ok?« Sie beruhigt sich wieder etwas, dann zerreiße ich ein Taschentuch und forme daraus kleine Mini-Kügelchen: »So, mit denen kannst du jetzt spielen. Guck mal, dein Bagger hier, der kann die so aufsammeln, uaaah.« Ich häufe die Papierkügelchen auf die Schaufel vom gelben Bagger. Den hat Roberts Mutter uns geschenkt, und die Kleine liebt den sehr. Meine Tochter steigt begeistert in das Spiel ein. »Prima«, lobe ich überschwänglich, »super machst du das. Du, die Mama wischt jetzt noch mal kurz den Staub weg, und dann koche ich uns Mittagessen, okay?«

»Keke«, antwortet sie und fummelt weiter an ihrem Bagger herum. Ich hole einen Staubwedel aus dem Schrank unter der Spüle in der Küche und fange dann im Wohnzimmer an, über die Möbel zu gehen. Ich wedele über die Regale, den Fernseher und dann den Esstisch. Überall ist Staub. Altbau-Wohnungen und Ikea-Möbel scheinen eine übergroße Staub-Anziehungskraft zu besitzen. Neben dem Salzstreuer auf dem Esstisch steht Roberts Arbeits-Laptop. Komisch, dass er den vorhin nicht mitgenommen hat. Heute ist er auf so einem Seminar, von dem ich natürlich keine Ahnung habe, was dort besprochen wird. Hat er mir sicher erzählt, und ich habe auf Durchzug geschaltet. Eventuell war es ihm heute einfach zu viel, auch noch den Laptop mitzuschleppen. Ich putze um das Gerät herum. Aber … auf den Tasten sind auch winzige Staubkörner, da müsste ich doch auch einmal kurz rübergehen. Mein Staubwedel kommt auf die Tasten, plötzlich springt der Laptop-Bildschirm an und wird hell. Da ist kein Sperrbildschirm und kein Passwort, das ich eingeben muss. Auf Roberts normalem Computer ist ein Passwort, das weiß ich, weil ich immer sehe, wie lange er auf den Tasten herumtippt, um es einzugeben. Hier auf seinem Arbeitslaptop ist jetzt einfach der komplette Inhalt freigegeben. Ich könnte reinschauen und würde sicher feststellen, dass ich ihm unrecht tue mit meinen ständigen Unterstellungen, er hätte was mit Clara. Mein Puls schießt in die Höhe, ich spüre meine Halsschlagader. Ich schaue verstohlen zu meiner Tochter rüber, die jetzt circa vier Papierkugeln in der Baggerschaufel verstaut hat. Ich will nachsehen, nur kurz. Nein, ich *muss* nachsehen. Ich muss wissen, was auf dem Laptop ist. »Das ist aber kein Vertrauen«, höre ich eine Stimme in meinem Kopf. Keine Ahnung, ob es meine ist, die von Robert, Mehdi, die meiner Mutter oder die von Herrn Hagenfels. Aber ich höre nicht auf sie. Meine Finger bewegen sich wie von alleine, und ich klicke auf das bunte Symbol für den Slack-Chat in der Leiste unten. Ich sehe die letzte geöffnete Unterhaltung zwischen ihm und Clara. »Bin heute bisschen später da«, hat er heute Morgen um 08:16 Uhr geschrieben, da war er grad aus der Tür hier raus. Sie hat um 08:22 Uhr geantwortet: »Beeil dich <3« Mir gefriert das Blut in den Adern. Mein Puls wird schlagartig ruhig. Ich lese die beiden kurzen Nachrichten auf seinem Computer noch zwei Mal, schaue zu meiner Tochter rüber, lese sie wieder, aber da steht immer noch dasselbe. Alles in mir ist ruhig. Warum auch nicht? Es ist ja alles klar. Die Nachrichten lügen nicht, es steht hier schwarz auf weiß, auf dem Laptopscreen: Robert betrügt mich. Er hat mich verarscht und mein Vertrauen missbraucht. Auch wenn es bisher nur imitiertes Vertrauen war. Ich hatte doch recht. Ich schaue auf die Uhr rechts oben am Screen und klappe den Laptop zu: noch sechs Stunden, bis er wieder zu Hause ist.

Ein paar Stunden später fällt die Tür ins Schloss. Robert ist zu Hause. Die Kleine rennt in den Flur: »Papaaaa!«, schreit sie freudig. »Naaa?«, antwortet Robert und umarmt sie wie immer, er reibt ihr dabei etwas den Rücken. »Wie geht's meinen Schönen?«, fragt er, im Glauben, hier sei noch immer dieselbe Familie, die er heute Morgen hinterlassen hat. Ich lehne im Rahmen der Wohnzimmertür mit verschränkten Armen und nicke ihm zu. »Hey«, sage ich schmallippig. Mehr schaffe ich nicht, es ist schon ein Kunststück, dass ich nicht auf ihn losgehe.

»Hey«, sagt er verwundert. »Was los, war schon wieder was? War es heute schwierig mit ihr?«

»Nee, wieso? War alles gut.«

»Na dann«, sagt er und wendet sich wieder der Kleinen zu. Sie reiben ihre Nasen aneinander. Ich schlurfe an ihnen vorbei und gehe in die Küche, um das Abendessen zu holen. Es gibt Nudeln mit Fertigpesto, mehr habe ich nicht hinbekommen, mein Gehirn ist auf 180, ich kann mich gerade so noch darauf konzentrieren, nicht auszurasten. Panik und Wut wechseln sich in mir ab. Panik, dass er mich verlässt. Wut, dass er noch da ist und ich seine Sachen nicht einfach so vom Balkon schmeißen kann. »Hier, hab alles bekommen«, sagt Robert ahnungslos und holt die Fusilli und den Joghurt aus seinem Rucksack. Ich nehme sie ihm ab und stelle beides auf die Arbeitsfläche in der Küche. Dann trage ich die Nudelteller an den Esstisch. Robert kommt mit der Kleinen an der Hand dazu, und wir fangen an zu essen.

»Wie war das Seminar?«, frage ich und versuche, dabei so zu klingen wie immer.

»Ach, ganz gut«, antwortet Robert. »Ist einfach immer dasselbe Gelaber, ne?« Ich nicke und steche eine Nudel auf. Das Pesto schmeckt überhaupt nicht, es ist richtig faserig und matschig zugleich. Aber mir ist alles scheißegal.

Robert schaut zu unserem Kind: »Na, Süße, schmecken dir die Nudeln auch nicht? Ist das Pesto bah?«, fragt er sie. Unsere Tochter kichert: »Bah, bah, bah!« Ich verziehe keine Miene. Sobald die Kleine schläft, kann ich Robert zur Rede stellen.

Ein paar Stunden später ist es so weit. »Und?«, frage ich, als Robert um kurz nach acht leise aus dem Schlafzimmer kommt. »Sie schläft jetzt«, sagt Robert und bleibt kurz vor der Couch stehen. »Samma, Miri«, sagt er, »alles ok?« Oh, er merkt mal was, na Mensch.

»Was meinst du?«, frage ich scheinheilig. Er zieht die Mundwinkel hoch und frotzelt: »Ach, ich sehe gar kein Paket im Flur, hast du heute mal nichts bestellt?«

»Setz dich mal«, antworte ich ruhig und laufe zum Esstisch.

Robert lässt sich auf die Couch fallen und holt sein Handy hervor. Mit Roberts Arbeitslaptop in den Händen laufe ich zurück zum Sofa. »Was wird das?«, fragt Robert misstrauisch.

»Na ja, du hast deinen Arbeitslaptop heute hier gelassen«, sage ich.

»Genau, weil ich ein Seminar hatte«, antwortet Robert greift nach dem Gerät. Ich behalte den Laptop aber fest im Griff.

»Ja, kriegst du gleich, Robert.«

»Was soll das denn?«

»Du kriegst ihn, wenn du ihn einmal vor mir aufmachst. Da, mach bitte auf.«

»Pffft, okay, na gut, Fräulein Rottenmeier. Mann ey, immer so dominant, genau wie meine Mutter.« Robert nimmt den Laptop aus meinen Händen, klappt ihn auf, der Bildschirm springt an. »So«, sagt er zu mir gewandt und versucht, nicht zu blinzeln. »Und jetzt?«

»Geh auf Slack«, antworte ich ruhig. Robert wird langsam nervös, glaube ich, seine Hände zittern leicht.

»Wieso? Ey Miri, das ist mein Arbeitscomputer, ne?«

»Robert, geh bitte auf Slack, sonst fliegt der Laptop vom Balkon.«

»Alter, was ist das jetzt für 'ne Aktion von dir? Echt schade. Dachte, wir wären weiter in unserer Beziehung. Aber gut, das nehm ich alles mit zu Herrn Hagenfels nächstes Mal.«

»Kannst du gern«, antworte ich unbeeindruckt. »Klick jetzt drauf.«

»Gut, wie du meinst«, sagt Robert und klickt auf das bunte Slack-Icon. Der letzte geöffnete Chat ist zwischen ihm und Clara.

»Was ist das?«, frage ich ihn in möglichst ruhiger Stimme und zeige auf den Screen.

»Das ist ein Chat zwischen mir und Clara, der PR-Trainee«, antwortet Robert stur.

»Warum schickt sie dir ein Herz?«

Robert kratzt sich am Kinn, ich sehe seine Gedanken förmlich rasen. Er bekommt kleine, rote Flecken im Gesicht. »Was für ein Hurensohn«, denke ich. Es stimmt also, was ich gelesen habe und was ich denke. Es gibt keine Ausreden, Ausflüchte oder irgendeine mildernde, rationale Erklärung, schon gar nicht meine angebliche Irrationalität. Robert versucht es trotzdem mal und antwortet schulterzuckend: »Das weiß ich auch nicht.«

»Wie bitte?«

»Ja, keine Ahnung die Nachricht hatte ich jetzt nicht mehr gelesen, war dann schon auf dem Seminar! Weiß *ich* doch nicht, wieso die mir ein Herz schickt, musst du *sie* fragen!« Okay, er ist dreister, als ich dachte. Er tut ernsthaft so, als wüsste er von nix. Ich zische ihn an: »Willst du mich komplett verarschen, Robert?«

»Nein! Krieg ich jetzt von dir noch Schuld für Sachen, die *andere* machen? Reicht es nicht, dass alles, was *ich* mache, schon falsch ist, Miri?«

Ich lasse mich nicht triggern.

»Scroll mal bitte nach oben«, antworte ich in bemüht ruhiger Stimme und zeige auf den Chat. Ich hatte bisher nur diese Nachricht gelesen und mich dann nonstop mit der Kleinen beschäftigt, damit ich nicht weiterlese. Das war nicht einfach.

»Äh Miri, Herr Hagenfels hat doch letztens erst gesagt, das Vertrauensding ist *dein* Problem und wird einfach dadurch zu *unserem* Problem, als Paar! Denk da doch mal bitte dran.«

»Ich gebe einen FICK auf Herrn Hagenfels«, sage ich mit Nachdruck. Ein bisschen wie in Caps Lock. Robert bekommt Angst, das sehe ich an seinem Blick. »Scroll jetzt nach oben, Robert.«

»Okay gut«, antwortet Robert schnaubend, »wenn du unbedingt meinst! Aber dann heul nicht rum, wenn du irgendwas hiervon falsch verstehst!« Er scrollt weiter nach oben, und ich sehe Fotos. Von einem Kussmund, von beiden zusammen, ich sehe Nachrichten mit Herzen, die ich in der Schnelle, mit der Robert scrollt, nicht lesen kann.

»Stopp«, sage ich und zeige auf eine bestimmte Stelle

auf dem Laptopscreen. An der hatte Robert vor drei Wochen eine etwas längere Nachricht geschrieben.

Da steht:

> »Clari – kann das nicht mehr. Ständig ist was, ich hasse das Leben zu Hause. Jeder Tag ist nervig, irgendwie. Ich hol ihr schon immer Badesalze, kaufe ein, kümmer mich rund um die Uhr, und trotzdem kommt die nicht klar. Sie ist sooo belastend! Sorry, dass ich dann gestern nicht mehr schreiben konnte, aber sonst kriegt die das mit und rastet aus. Warum kann nicht jede so sein wie du? Sehen wir uns gleich nach dem 12-Uhr-Meeting? Hab noch was für dich.«

Am Ende der Nachricht hat Robert ein Herz-Emoji und ein Brokkoli-Emoji platziert. In mir tut sich eine dunkle Schlucht auf, Roberts Worte und mein Schmerz fallen ganz tief in mich hinein, immer weiter durch meine Seele. Mein Misstrauen war berechtigt, es waren keine Paranoia oder mein Kindheitstrauma. Es war alles echt. Ich kann nicht glauben, dass ich mit allem recht hatte! Robert *ist* ein Betrüger, genau wie sein Vater. Und hat er etwa wieder gekifft, zusammen mit Clara, auf der Arbeit? Wofür soll der bescheuerte Brokkoli sonst stehen? Aber das ist gerade meine kleinste Sorge. Er hat mich hintergangen. Das an sich tut schon weh, ist aber nicht das Schlimmste. Zu lesen, wie sehr er das Leben mit mir verabscheut, verletzt mich wie noch nichts jemals zuvor. Jede Ohrfeige, die ich je bekommen habe, war weniger schmerzhaft. Der emotionale Schmerz bohrt sich durch meine Rippen und dann in mein Gehirn. Mein Hals beginnt zu pochen, aber das ist mir egal, eine Mandelentzündung macht den Kohl jetzt auch nicht fett. Hier auf unserer Couch, während meine Tochter nebenan seelenruhig schläft, stürzt meine Welt komplett ein.

Robert sieht mich mit strengem Blick an: »Miri, chill bitte, es wirkt geschrieben alles viel schlimmer, als ich es meine.«

Aber auch er weiß, dass das nichts mehr bringt. Wie ein Roboter stehe ich wie in Zeitlupe und mit kerzengeradem Rücken von der Couch auf, dann laufe ich mit langen Schritten im Wohnzimmer auf und ab. Im Kopf gehe ich meine Optionen durch: Schnappe ich mir die Kleine aus dem Bett und gehe zu meiner Mutter? Die hat ja keinen Bock auf uns. Oder schmeiße ich Robert einfach raus? Aber was, wenn die Kleine dann nach ihrem Papa schreit? Alleine schaffe ich es ja doch nicht, meine Tochter mag mich ja nicht, glaube ich. Selbst weggehen möchte ich auch nicht, damit wäre ich dann ganz offiziell die schrecklichste Mutter der Welt. »Ich bin hier gefangen«, schießt es mir durch den Kopf. Wieder einmal, wie damals als Kind. Dann fällt es mir wie Schuppen von den Augen: Ich bin wieder die kleine Miryam, die nicht aus den eigenen vier Wänden rauskann. Die immer nach Hause gehen *muss*, egal wie schlimm sie es dort findet. Ich bekomme Panik, habe das Gefühl, in meiner Hilflosigkeit zu ertrinken, und dann überrollt mich eine unbändige Zerstörungswut. Wie eine dickflüssige Welle Lava steigt sie von meinem Bauch hinauf bis in meinen Kopf. Ich hasse diesen Typen, der da auf der Couch sitzt und mich mit seinen eisblauen Augen anguckt, als hätte *er* Angst vor *mir*. Als wäre *ich* das Problem. Als wäre er unschuldig. Mein Blick wandert zu den

Bildern von uns, die an der Wand hängen, und ich muss auflachen, wie eine Hyäne, der man grad auf den Fuß getreten ist. Dann drehe mich wieder zum Sofa: Da sitzt der und wartet auf meine Absolution. Darauf, dass ich wieder alles vergesse. Aber diesmal nicht. Ich hole mit der rechten Hand aus und haue zu. Es macht laut KLATSCH. Roberts glatte Wange klebt an meinen Fingerinnenflächen, seine Wange wird rot, alles fühlt sich warm an. Auch in mir drinnen. Es fühlt sich gut an. Eine Art beruhigender Balsam breitet sich in mir aus, und Roberts schockierter Blick gibt mir eine seltsame Befriedigung. In diesem Moment, in dem ich Robert eine laute Ohrfeige gebe, bin ich zurück am Hebel. Ich fühle mich nicht mehr hilflos, zumindest ein paar Sekunden lang. Robert hält sich die Wange, schaut mich angewidert von oben bis unten an und stürmt dann aus dem Wohnzimmer. Ich bleibe stehen. Und in Gedanken schlage ich weiter auf ihn ein. Ich prügele auf seinen manipulativen Kopf ein, auf seine knochigen Wangen, die lange Nase, auf die hängenden Schultern. Ich schlage alles, was ich sehe, ich bin in einem Rausch. Robert fällt vor meinem inneren Auge auf den gut abwaschbaren Küchenboden. Dieser Hund hat mich jahrelang belogen, mich für dumm verkauft, meine Wunden gegen mich verwendet. *Ich* bin die Paranoide, ja? Na, da schauen wir mal, Robert Dachser! Kinnhaken. Ich rupfe ihm die Kopfhaare büschelweise aus. Jedes straßenköterblonde Büschel, das ich in den Händen halte, ist für eine seiner Lügen. Ich boxe ihm in die Magengrube, schlage auf seine knochigen Schienbeine ein und tue mir dabei selbst weh, aber es ist egal, ich zertrümmere seine Knie mit dem Spielzeughammer unserer Tochter. Ich muss einfach weitermachen und weiter schlagen. Bis nichts mehr da ist, in mir und in der anderen Person unter mir. Ich muss alles aus mir und ihm rausprügeln. Robert bittet in meiner Vorstellung um Verzeihung, verspricht, mich nie wieder respektlos zu behandeln, und hört auf zu atmen. Aber ich höre nicht auf zu schlagen, zu reißen, zu zertrümmern. Endlich habe *ich* wieder die Kontrolle. Auch wenn ich sie komplett verliere.

Plötzlich schrecke ich aus meiner Fantasie auf: Ich habe Robert gerade geohrfeigt. Und zwar nicht aus Notwehr, nicht zur Selbstverteidigung, wie der Biss damals bei meinem Ex-Freund. Robert hat mich nicht geschlagen. Er saß da einfach und hat mich angeguckt, und ich habe ihm eine gescheuert! Ich habe angefangen. Und das Schlimmste ist: Es hat sich gut angefühlt. Schlagen fühlt sich gut für mich an! Ich bin zur Täterin geworden. Ich bin wie mein Vater! In mir rauscht Angst vom Kopf in den Magen, eine Panikattacke kündigt sich an, ich greife mir an den Hals: was habe ich hier gerade getan? Habe ich Robert wirklich geschlagen? Ich, die doch weiß, wie sehr Gewalt schadet? Die ihr Leben lang darunter gelitten hat? In mir steigt der Kreidestaub auf, der auf meinen blutigen Wunden scheuert. Die Verzweiflung überkommt mich: Wo soll ich jetzt hin? Ich bin eine Gefahr! Meine Tochter, die gerade nebenan schläft, wird dieselbe Kindheit durchmachen wie ich! Ich werde ihr Leben ruinieren. Die Panik schüttelt mich am ganzen Körper, ich beginne heftig zu zittern. Ich laufe orientierungslos aus dem Wohnzimmer, durch den Flur, dann zur Küche: Robert steht am Herd, er schmiert sich sorgfältig ein Nutella-Toast. Er nimmt gerade Abstand von allem. Zu Recht. »Robert«, sage ich außer Atem und laufe dabei weiter hin und her. Er reagiert nicht auf mich. Klar, habe ihn ja auch gerade geohrfeigt. Ich drehe mich um, renne wieder in den Flur, dann ins Wohnzimmer. Keine dieser Zimmerwände kann mich aufhalten, irgendwo muss ich hin. Bei mir kann ich nicht bleiben. Ich habe gerade jemanden geschlagen. Wie konnte ich nur so werden? Da leide ich mein Leben lang unter der Gewalt meines Vaters, nur um selbst so zu werden? Ich bin die größte Verräterin: Ich habe mein inneres Kind, meine Werte, meinen Kampf für ein gutes Leben verraten. Im Endeffekt hatten alle recht: Ich bin zu kaputt. Robert tut mir leid, er hat es nicht einfach mit mir. Meine Tochter soll nie unter mir leiden müssen. Mein Blick fällt auf die Balkontür im Wohnzimmer, ich öffne die Messinggriffe und steige hinaus in die kalte Februarluft. Ich habe nur ein leichtes T-Shirt an und eine Leggings, die Luft sticht sofort auf meine nackte Haut am Oberkörper ein. Wie soll ich jetzt bloß Robert verzeihen? Und mir selbst? »Wie wollen Sie sonst in Beziehung bleiben?«, hatte Herr Hagenfels gefragt. Ja, gar nicht, sieht man ja. Ich klettere auf den weißen Stuhl in der Ecke vom Balkon, der steht hier das ganze Jahr über. Von der Witterung ist er ganz dreckig. Von hier oben sehe ich auf den Bürgersteig und auf mein eigenes Ende. Ich bin lächerlich und armselig. »Eine gescheiterte Mutter und Frau, aber Miryam Topal war immerhin freundlich genug, sich selbst aus dem Verkehr zu ziehen, bevor sie noch mehr Schaden anrichtete«, höre ich eine männliche Erzählstimme in meinem Kopf. Meine Füße wackeln, der Stuhl wackelt, ich zittere. Ich bin eine Täterin. Und ein Opfer zugleich. Aber meine Tochter soll nicht auch noch eins werden, deswegen gehe ich. Jetzt.

»Miri, hast du komplett den Arsch offen?«, höre ich Roberts Stimme. »Komm sofort rein!« Ich drehe mich zu ihm um und dann wieder zur Straße, ich schluchze, halte mich an mir selbst fest und schlinge die Arme um meinen Oberkörper, als würde ich mich selbst umarmen. Ich werde das hier echt machen. Der Schmerz in mir ist so groß, ich bin überzeugt, dass es für alle besser ist, wenn ich hier niemanden mehr störe mit meiner Undankbarkeit, mit meinem Zuvielsein, mit meinen Sehnsüchten, Wünschen, Grenzen. Am Ende des Tages bin ich einfach eine egozentrische, narzisstische Bitch. Mehdi hatte wie immer recht. Und dieser Sprung in den Tod könnte meine erste selbstlose Handlung sein. Ich denke an Mehdi, an Diego, an Mama, Papa, Deniz, an alle. An alle, die unter mir gelitten haben. Sogar an meinen schlimmen Ex-Freund denke ich. Der konnte doch auch nicht anders, die paar Schellen damals, die hatte ich doch verdient. Alle tun hier auf der Erde doch nur ihr Bestes. Und mein Bestes war eindeutig nicht genug. Ich probiere es im nächsten Leben noch mal. Tut mir leid, meine Tochter. Eventuell hasst du mich, aber bestimmt weniger, als wenn ich da wäre und dich über Jahre kaputt mache. Du sollst die Gewalt, die ich in mir trage, nicht mitbekommen. Ich hoffe, ich zerschneide damit den roten Faden, der sich durch unsere Familien zieht. Ich hoffe, du bleibst verschont.

»Silke, rede mal bitte mit deiner Tochter«, höre ich Robert sagen. Er kommt vorsichtig zu mir an den weißen Stuhl gelaufen und hält mir sein Handy hin. »Mimiiii«, höre ich aus dem Lautsprecher. Meine Mutter klingt schon wieder besoffen. »Mimiiii, die Mama will mit dir sprechen!« Ich greife zitternd nach dem Hörer. »Mama«, sage ich mit tränenerstickter Stimme, »Mama ich glaub', es geht nicht mehr, ich bin ein schlimmer Mensch, ich will springen.«

»Von wo? Vom Balkon bei euch?«, sagt meine Mutter ungläubig.

»Ja, ich kann nicht mehr, ich …« Mein Tränenschwall unterbricht mich, ich schluchze ins Telefon. Plötzlich höre ich ein Lachen am anderen Ende der Leitung. Meine Mutter bekommt einen Lachflash: »Miryam, ihr wohnt im zweiten Stock«, sagt sie und kichert weiter. »Mein liebes Kind, das reicht leider nicht zum Sterben.«

»Was?« Die Worte meiner Mutter wirken wie eine Schelle.

»Na, wie willst du denn vom zweiten Stock aus sterben?«, fragt sie, noch immer kichernd. »Da brichst du dir vielleicht den Arm, und *das* ist doch nervig, mit Notaufnahme und so. *Ich* kann heute nicht vorbeikommen, ich hab Magen!« Ihre Worte, ihr Ton, ihre Prosecco-Stimme zeigen überraschenderweise Wirkung. Sie lassen mich aus meinem Panik-Trauer-Selbstmitleid-Strudel plötzlich aufwachen. Ernüchtert und verdattert lege ich auf und steige mit zitternden Beinen vom Balkonstuhl. Robert nimmt mir das Handy aus der Hand und stützt mich beim Laufen. Er setzt mich auf die Couch, ich starre stur geradeaus. In meinem Kopf ist dieses Vakuum, das immer kommt, wenn ich zu viel in der Brust fühle. Ich spüre dann nichts mehr, meine Finger nicht, die Füße nicht, meine Gefühle nicht, alles ist irgendwie taub. Dissoziation ist ein Gottesgeschenk. So macht mein Kopf zumindest kurz Pause, und ich muss nichts mit der Person zu tun haben, die gerade auf einen Balkonstuhl geklettert ist. Robert stampft mit seinen langen, aber nervösen Schritten aus dem Raum, kurz darauf höre ich das Rauschen eines Wasserstrahls im Badezimmer. Dann zieht ein süßer Vanille-Duft zu mir auf die Couch. Den Duft kenne ich, das ist das »Alles Wird Gut«-Badesalz.

III

NACHWEHEN

Alles gut

August 2020, Tochter 1,5 Jahre alt

Vieles von früher kann ich heute verstehen. Zum Beispiel, warum meine Mutter immer ein Gummiband um eine Packung offener Kekse oder Chips gewickelt hat. Ich fand immer, es sieht so hässlich aus. Das tut es auch, aber heute verstehe ich: So bleiben die Kekse wirklich länger frisch. Ich verstehe auch, wieso sie immer eine ganz bestimmte Menge an Milch in ihrem Kaffee wollte: anderthalb Schlucke. Dafür musste ich aus der Milchpackung einmal länger eingießen und einmal kurz. Aber ich hatte kein gutes Händchen: Wann immer ich ihr einen Kaffee gemacht habe, war es entweder zu wenig oder zu viel Milch. Die richtige Dosierung habe ich in meinem ganzen Leben nur vier Mal hinbekommen. Diese vier Male musste meine Mutter sich nicht noch mal nachschenken oder ihren Kaffee ganz neu machen. Diese paar Male war die Milchmenge perfekt, und ich war glücklich. Damals dachte ich oft, sie übertreibt, sie macht sich wichtig, sie will mich nur ärgern mit ihrem Milch-Regiment. Manchmal war es ja wirklich nur ein Tropfen Milch, der gefehlt hatte, und ich musste ihr genervt dabei zusehen, wie sie den fehlenden Tropfen extrem vorsichtig in ihre Tasse tröpfelte. Dafür hatte sie mich angemeckert? Konnte sie nicht einfach mal einen Kaffee mit meiner Milchmenge trinken? Aber heute verstehe ich das. Heute brauche auch ich eine ganz bestimmte Menge Milch im Kaffee. Die Milchmenge bestimmt, ob ein

Kaffee lecker wird oder ob das schon die erste Sache ist, die mir den Tag versaut. Wie oft habe ich Robert schon morgens angemeckert, weil er mir zu viel oder zu wenig Milch in den Kaffee gegossen hatte? Heute verstehe ich auch, warum sie so selten auf unseren Videoaufnahmen und Fotos zu sehen war. Auch sie fühlte sich bestimmt unwohl in ihrem Körper, in ihrem Käfig. Und meine Mutter hatte damals eben keine Instagram-Filter, die ihr ein schmaleres, porenfreies Gesicht machten. Gäbe es diese Filter nicht, gäbe es auch von mir so gut wie kein Foto aus dem letzten Jahr, leider. Ich kann auch nachvollziehen, wieso meine Mutter nie mit uns spielen wollte. Deniz und ich haben sie so oft gebeten, dass sie doch mitspielen soll. Zum Beispiel, als wir Gesellschaftsspiele spielten, bei denen man eine bestimmte Anzahl an Mitspielern braucht. Aber meine Mutter war immer beschäftigt: in der Küche, am Putzen, vorm Fernseher, mit sich selbst. Wir waren damals so enttäuscht. Aber auch das verstehe ich heute. Außerdem macht es einfach keinen Spaß, Klötze aufeinanderzustapeln, auf nassem Spielplatzsand zu stehen, gelbe Spielzeugbagger hin und her zu bewegen. Also nicht solchen Spaß, wie aufs Handy zu schauen oder eine neue Serie zu bingewatchen. Im Klötzestapeln bin ich zwar nicht gut, aber ich suche mir dafür andere Spielstärken: Ich erfinde zum Beispiel ganz gute Stimmen, erwecke damit Stofftiere zum Leben, und ich lese gern vor. Heutzutage verstehe ich auch, wie hilflos mein Vater sich damals gefühlt haben muss. Im Teenageralter, in einem fremden, kalten Land, in dem er sich über-anpassen musste, um Geld zu verdienen für uns. Ich bewundere, wie viel er aus dem gemacht hat, was er mit siebzehn aus seinem kleinen

Dorf mitgebracht hatte: Familiäre Traumata, ein bisschen Erspartes und viele Vorstellungen von einem guten Leben. Mittlerweile kann ich sogar das Undenkbare, nämlich seine Aggressionen, in mir erkennen. Seine Taten verurteile ich nach wie vor. Aber ich habe selbst erlebt, wie sich die Gewalt unbemerkt in einen reinfressen kann. Die Gewalt liegt dir jahrelang im Blut wie ein Herpesvirus, und ehe du dich versiehst, brichst du aus und bist eine von denen, die dir wehgetan haben. Und was tust du dann? Bewertest du deinen Täter anders? Oder dich? Siehst du dich selbst an und die, denen du wehgetan hast? Oder kneifst du die Augen stur zusammen und erwartest dasselbe von deinen Mitmenschen? Ich verstehe auch, wie meine Mutter damals tagelang nur im Bett liegen konnte, sich nicht mehr um uns Kinder scherte, heute kann ich sogar ihre halbherzigen Suizidversuche einordnen, auch wenn sie uns Kinder innerlich jedes Mal umbrachten. Ich stand doch selbst vor ein paar Monaten auf dem klapprigen Balkonstuhl und schaute auf den Bürgersteig ein paar Meter unter mir. Ich habe Robert doch eigenhändig geohrfeigt. Ich war doch auch depressiv, auf der Sonnenliege in Ägypten und dann zu Hause, nach der Geburt von meiner Tochter Kaya. Ich lag doch auch tagelang im Bett, auf dem Sofa, in der Badewanne, bis das Wasser kalt wurde. Das war alles ich. Mittlerweile war ich selbst noch mal an jedem dieser Punkte, die mir als Kind und auch Jahre danach so wehgetan hatten. Nur war ich dieses Mal die (vermeintlich) Erwachsene. Meine Mutter hatte immer behauptet, dass ich sie eines Tages verstehen würde, wenn ich selbst mal Kinder habe. Tatsache, damit hatte sie recht. Und gleichzeitig liegt sie komplett falsch. Denn ihre Vorstellung von verstehen beinhaltete immer, dass ich alles verzeihen müsse. Aber nur, weil ich heute manches verstehen kann, heißt das nicht, dass ich meinen Eltern alles verzeihe. Komischerweise ist genau das Gegenteil der Fall, ich habe nach dem Balkontelefonat auch mit meiner Mutter Schluss gemacht. Jetzt habe ich keinen Kontakt mehr, zu niemandem. Deniz, meine Mutter, mein Vater, alle sind in meinem aktuellen Leben und auf meinem Telefon blockiert. Nach und nach habe ich mich von ihnen getrennt, von jedem aus einem anderen Grund, in einem anderen Zeitraum. Bis dahin hatte ich in unregelmäßigen Abständen entblockt, geblockt, gesprochen, versucht, geschwiegen, versucht, umarmt, Distanz bewahrt, mich selbst vergessen, die Vergangenheit vergessen, um den vermeintlichen Frieden zu wahren. Und trotz all dieser Bemühungen kam nie das auf, was ich mir gewünscht hatte: Aufarbeitung und Annäherung. Also habe ich aufgegeben. Ja, Mama, ich habe endlich losgelassen. Nur anders, als du immer wolltest. Aber es war überfällig. Ich konnte ja nicht ewig auf meine Eltern warten, ich bin jetzt selbst Mutter. Meine Eltern werden nie die Menschen sein, die ich brauche. Mein Wunsch nach ihnen, die Sehnsucht nach einer richtigen Familie wird nie weggehen. Und das ist okay. Ist das etwa diese Selbstliebe, von der alle immer sprechen?

Die Selbstliebe-Hochzeit von Assya ist jetzt etwas über ein Jahr her. So lange haben wir beide uns auch nicht mehr gesehen. Zum Jahrestag vor zwei Wochen hatte ich Assya eine Nachricht auf Instagram geschrieben und ihr gratuliert:

»Hey Assya, alles Liebe zum Hochzeitstag! Ein Jahr lebst du jetzt schon mit deiner Selbstliebe zusammen. Wie geht es dir damit? Hast du das Gefühl, die Zeremonie und die Feier haben dir auch im Alltag Selbstliebe gebracht? Ich sende dir eine Umarmung. Miryam.«

Am Tag darauf hatte Assya geantwortet:

»Yo Mirilein, danke dir, LOL! Schon wieder so lange her! Das war echt eine schöne Hochzeitsfeier, meine Mama hätte mir die zwar fast ruiniert, weil sie sauer war, dass sie kein eigenes Buffet bekommen hat und ich keinen Mann, sondern mich selbst heirate, aber hey: Selbstliebe und ich haben uns trotzdem getraut. Und zu deiner Frage: Ja, mir hat das schon geholfen. Ich werde immer wieder an Selbstliebe erinnert, wenn ich Fotos von dem Tag sehe. Ich empfehle dir das sehr! Bin dann auch gern Trauzeugin bei euch, hehe. Lemme know :-) #selflove, Assya«

Es ist schon kurz vor drei, ich muss gleich los, Kaya abholen. Ich nehme meine Jeansjacke vom IKEA-Garderobenhaken, wobei die eigentlich zu warm für das Wetter ist. Ich greife nach den Schlüsseln, die auf dem alten Regal aus meiner Kindheit liegen. Ich brauche dringend neue Möbel. Aber immerhin riecht es hier nicht mehr nach Rauch, so wie früher. Unter der Matratze im kleinen Zimmer liegt jetzt immerhin auch ein Lattenrost, aber ich brauche bald ein richtiges Bett, mein Rücken ist schließlich nicht mehr der von damals. Meine Tür knarzt noch genauso wie vor fünf Jahren, der Innsbrucker Platz vor meinen Fenstern klingt immer noch wie ein lautes Meeresrauschen. Und meine alte Wohnung gehört wieder mir.

Ich mache einen letzten Check: Wohnungsschlüssel sind eingepackt, die Jeansjacke habe ich dabei, meine Handtasche mit Windeln, Feuchttüchern und Kayas Snacks halte ich in der Hand. Bevor ich aus der Tür gehe, schaue ich noch mal kurz aufs Handy: Es ist 15:02 Uhr. Das bedeutet, ich müsste pünktlich um halb vier bei Robert sein, so wie abgemacht. Ich bin aufgeregt, Kaya wiederzusehen, ich habe richtig Herzklopfen, als ich meine Wohnungstür abschließe. Die Nächte ohne Kaya sind einsam, aber erholsam. Meine Brust dehnt sich jedes Mal ein bisschen mehr aus, wenn ich sie sehe. Und weil ich sie täglich sehe, ist meine Brust schon jetzt ganz weit. Vor knapp sechs Monaten war sie noch das genaue Gegenteil von weit. Alles war eng und kurz vorm Platzen. Ich konnte kaum noch atmen.

Ausbruch

Rückblende: März 2020, Kaya etwas über ein Jahr alt

Langsam kehre ich in meinen Körper zurück. Ich spüre meine Augenlider, die auf meinen Augäpfeln liegen. Ich lasse sie geschlossen. Ich spüre meine Nase, meine Wangen. Meine Glieder fühlen sich wie zertrümmert an, meine Brust ist wie eingefallen, alles in mir ist eingequetscht. Mein Hals brennt, meine Mandeln sind große Kugeln links und rechts. Ich versuche, die Augen zu öffnen, obwohl ich doch eigentlich viel lieber in meinem Traum bleiben will. Da war ein Mann, der nicht Robert war. Ich kannte ihn nicht, ich hatte sein Gesicht noch nie gesehen, aber im Traum war er mir vertraut. Es hilft alles nichts, ich muss die Augen öffnen und der Realität ins Auge blicken. Langsam ziehe ich meine Augenlider auseinander. Ich greife mir an den Hals: schon wieder eine Mandelentzündung. Ich dachte, die sei ich endlich losgeworden. Aber alles wiederholt sich offenbar: Die Jahreszeiten, die ewig langen Tage, meine Gefühle, meine Mandelentzündungen, meine Kindheit. Ich kann das alles nicht mehr. Meine Wirbelsäule fühlt sich an wie zerbrochen, die scheiß Couch im Wohnzimmer tut mir nicht gut. Aber neben Kaya schlafen kann ich ja auch nicht. Auf meinem Handyscreen steht mein Versagen in großen, fetten Zahlen: es ist schon kurz nach elf Uhr. Scheiße. Ich war wieder bis vier Uhr morgens wach und habe nachgedacht. Mich gequält und immer wieder gefragt, was für eine Mutter, was für ein

Mensch ich bin, ich sein will. Im Schlaf kann ich kurz vergessen, dass Robert mich mal wieder belogen hat und dass meine ganze Beziehung, meine kleine Familie eine Lüge ist. Auf meinem Handy ist eine Nachricht von Robert, von vor einer Stunde: *»Sind auf dem Spielplatz, bis gleich, steh mal auf und mach heute vielleicht mal Mittagessen für uns, wäre ganz nett von dir.«* Ich sende einen Daumen-Emoji zurück. Ja, wach bin ich, Robert. Leider.

Mit einem lauten Ächzen stehe ich vom Sofa auf, versuche, mich und meine zusammengefallene Brust auseinanderzuziehen wie ein Akkordeon und breite die Arme aus. Es gelingt mir nicht, ich bekomme kaum Luft, aber Atmen tut ohnehin weh mit meinen entzündeten Mandeln. Also schlurfe ich mit rundem Rücken in die Küche, um mir einen Kaffee zu machen. Als ich gerade den Kaffeefilter in die Maschine lege, geht die Wohnungstür auf: Kaya und Robert kommen herein. Ich gebe Kaya einen Kuss auf die Stirn und umarme sie. »Mama, draußen Hebebühne!«, erzählt sie aufgeregt. »Was?«, erwidere ich möglichst begeistert und reiße die Augen so weit auf, wie es ohne Kaffee eben geht. »Kaya-Maus, du hast eine Hebebühne gesehen? Das ist ja unglaublich!« Meine Mandeln bringen mich um, ich muss dringend die Klappe halten. »Hallo«, sage ich nüchtern in Roberts Richtung und beäuge dabei seine Wangen, die haarlos-glatt sind wie immer, mit ein paar roten Flecken, von der kalten Luft draußen. Robert läuft wortlos ins Badezimmer zum Händewaschen. »Bitte gründlich waschen«, rufe ich ihm zu, als wäre ich seine scheiß Mutter. Gerade ist irgendein neues Virus in China entdeckt worden, da waschen wir uns lieber noch drei

Mal öfter die Hände. Und Robert ist da oft nicht sorgfältig genug, der denkt, einmal kurz unter Wasser halten reicht. Dem ist echt auch alles zu viel: Emotionen, Hygiene und am Ende auch Paartherapie. Dahin gehen wir nämlich nicht mehr, es ist Robert dann doch zu viel geworden, als es an der Zeit war, sein Fremdgehen mit Clara zu adressieren und welche Verbindungen es da wohl zu seinem Vater gibt. Also hat Robert Herrn Hagenfels geschrieben, dass wir jetzt wieder gut alleine klarkommen. Manchmal würde ich Herrn Hagenfels gern eine Mail schreiben, dass das nicht stimmt, und ihm erzählen, dass ich doch recht hatte, dass es gar nicht mein Misstrauen oder meine *Daddy Issues* waren. Dass ich nicht zu vertrauen brauche, zumindest nicht Robert. Aber ich bin viel zu müde.

Vorsichtig ziehe ich an Kayas Jackenärmel. Die zieht ihren Arm zurück, also ziehe ich wieder daran, aber Kaya zieht noch einmal zurück. Dann schreit sie: »Papa ausziehen, Papa ausziehen!!!«

»Ich weiß, Schatzi«, sage ich möglichst sanft, »aber Papa wäscht sich kurz Hände. Komm, Mama zieht dir die Jacke aus.«

»Papaaaaa!«, schreit Kaya und klingt dabei verzweifelt.

»Komm Süße«, sage ich flehend und schließe die Augen genervt, »bitte lass *mich* mal die Jacke ausziehen, dann können wir gleich was spielen!«

»Mama weg, Papa!« Kaya zeigt auf die Badezimmertür. Robert kommt aber nicht aus dem Bad, er muss auf die Toilette gegangen sein. Während Kaya mir ins Ohr schreit, vibrieren meine Mandeln. Es tut so weh. Ich habe die Schnauze voll, ich kann nicht mehr. »Ja, dann bleib in deiner Jacke, du undankbares Kind!«, schreie ich aus vollem

Hals. Und das tut nicht nur an den Mandeln weh, sondern auch in meinem Herz. Kaya guckt mich an, als hätte ich ihr grad einen Stich versetzt. Habe ich ja auch. Sie schiebt ihre Unterlippe vor, guckt ängstlich und hört schlagartig auf zu schreien. Robert stürzt aus der Badezimmertür und brüllt mich an, während er seinen Gürtel zumacht: »Hast du 'n Arsch offen, Miri?« Ja, habe ich. Ich habe echt versucht, das Fremdgehen zu vergessen. Hab versucht, mir zu verzeihen, dass ich auf den Balkonstuhl geklettert bin, dass ich nicht die Mutter bin, die ich sein wollte. Aber ich kann weder anderen noch mir selbst verzeihen. »Tut mir leid, Kayalein«, sage ich und drücke meine Stirn sanft an ihre kleine Stirn. »Mama hat falsch reagiert, das war blöd von Mama.« Kaya tätschelt mir ratlos den Kopf. Ich nehme ihre kleine Hand vorsichtig von meinem trockenen, splissigem Haar und schaue sie traurig an: »Mama geht jetzt mal los einkaufen, und wir sehen uns später wieder, okay?« Kaya nickt, als wäre das kein Problem für sie, Robert zieht ihr die Jacke aus, und ich streife meine Stiefel über die Beine. »Wohin?«, fragt Robert streng, während Kaya schon ins Wohnzimmer vorausstapst.

»Einkaufen«, antworte ich, aber mehr in den Reißverschluss meiner Stiefel hinein.

»Was?« Er hat mich nicht gehört.

»Ein-kau-fen!« Ich komme wieder hoch und schaue ihn entschuldigend an. »Ja, Robert, sorry, ich hab sie gerade angeschrien, das geht gar nicht. Ich will das alles hier nicht mehr.« Robert sieht mich ungläubig an: »Na dann. Bring mal noch zwei Milch mit.« Robert schlurft mit seinen langen Beinen ins Wohnzimmer, und ich flüchte aus der Enge meiner Familie in die kalte Welt hinaus.

Ich weiß absolut nicht, wo ich jetzt hingehen soll. Ich stehe auf dem Gehweg in unserer Straße, es ist kalt, Nieselregen weht mir ins Gesicht. Soll ich in ein Café? Aber was soll ich da? Zu Mama geht *obviously* nicht, Papa eh nicht, Freundschaften habe ich auch nach wie vor keine. Eine Mama aus der Kita von Kaya wirkte letztens ganz nett, die ist auch gerade bei der Eingewöhnung ihres Kindes. Sie hat einen kleinen Sohn und stand auch lange am Fenster und winkte weinend durch die Scheibe. Aber ich habe ihre Nummer nicht. Ich muss an Mehdi denken und werde traurig. Bei ihm könnte ich jetzt bestimmt Muffins und die Wärme seiner strengen psychotherapeutischen Einordnungen genießen. Er würde mir sagen, was alles nicht stimmt mit mir. Als wüsste ich das nicht selbst. Ich vermisse meine Wohnung am Innsbrucker Platz. Ich glaube, ich brauche eine Höhle. Am liebsten mit zugezogenen Vorhängen, schön dunkel, damit ich nie wieder rauskomme und die Welt draußen in Ruhe lasse. Dann fällt mir ein, dass meine Nachmieterin Elena mal meinte, ich solle Bescheid sagen, wenn ich in meiner alten Wohnung vorbeikommen möchte. Ich ziehe mein Handy aus der Manteltasche und schicke ihr eine Instagram-Direktnachricht:

> »Hey Elena, sorry, dass ich dir so spontan schreibe. Hoffe, dir geht es gut! Du meintest doch mal, ich könnte vorbeikommen, wann ich will. Bist du zufällig gerade zu Hause und passt es dir, dass ich kurz vorbeikomme? Ich vermisse meine alte Wohnung sehr. Das wäre mega, sag einfach Bescheid! Danke, LG, Miryam :)«

Zu meiner Überraschung antwortet Elena sofort: *»Hallo Miryam! Claro, komm vorbei, bin da. Bis gleich :)«*

Erleichtert stecke ich mein Handy ein und laufe mit schnellen Schritten zur S-Bahn. Die Bahn kommt in sieben Minuten. Ein paar andere Menschen sind unterwegs, niemand sieht zufrieden aus, vielleicht flüchtet hier auch der ein oder andere vor seinem neuen Leben mit Happy End. Als die S-Bahn einfährt, überkommen mich kurz Zweifel: Kann ich jetzt einfach so in eine S-Bahn steigen und wegfahren? Aber ich steige ein. Das graue, winterliche Berlin zieht hinter den S-Bahn-Fenstern an mir vorbei. Sechs Stationen später bin ich angekommen. Ich gehe die große Treppe runter, sehe den kleinen, beleuchteten Backstand, an dem ich immer viel zu süße, pappige Croissants oder trockene Donuts gekauft habe. Manchmal auch einen Plastikbecher voller rotem, öligen Kısır, den ich mit einem scharfkantigen, weißen Plastiklöffel in mich reingeschaufelt habe. Ich habe es geliebt. Ich lächle dem Verkäufer zu und nehme den rechten Bahnhofsausgang, der an der Busstation vorbeiführt. Ich schlängele mich durch die wartenden Fahrgäste und laufe den Innsbrucker Platz entlang. Alles ist noch wie früher: Das Schild für den LIDL-Supermarkt im Bahnhof bei der U4, die lauten S-Bahn-Gleise über mir, die dieses schrille Geräusch machen, wenn die S-Bahn darüberfährt. Die riesige Videothek, in der ich so oft war, obwohl es schon das Internet gab, ist jetzt geschlossen. Kurz vor der Pizzeria Del Corso ist meine alte Wohnung. Ich schaue hoch, zu den Fenstern im ersten Stock: Elena hat halbtransparente, rostrote Vorhänge angebracht, die sehen gut aus. Ich drücke auf das Klingelschild, auf dem jetzt der Name »Vazquéz« steht. Die Tür geht mit diesem Surren auf, das früher alle immer gehört haben, wenn sie mich besucht haben. *Never forget*, als ich noch Besuch und Bekanntschaften hatte. Ich laufe die paar Stufen hoch in den ersten Stock. Elena steht da, eingerahmt von der Wohnungstür, in einem ausgeleierten, weißen T-Shirt, auf dem hier und da bunte Farbflecken sind. Sie trägt eine neongrüne, kurze Radlerhose, und das im März, bei circa sechs Grad Außentemperatur. Das respektiere ich, ich laufe auch ganzjährig barfuß zu Hause rum. »Hey Miriii«, ruft sie fröhlich und winkt mich herein, als wären wir schon ewig befreundet. Ihre dunkelbraunen Locken sehen perfekt aus, jede einzelne Locke springt und glänzt, als wäre sie gerade frisch geölt worden. Ich fummele meine trockenen Haare unter der Wollmütze zurecht. »Hey«, sage ich erschöpft, »danke, dass ich so spontan vorbeikommen darf. Hoffe, ich störe nicht.« Elena winkt ab und verneint, ich trete durch die Tür in die Wohnung. Ich lege meine Jacke an der Garderobe ab, aber lasse meinen Schal an. Mein Hals tut immer noch weh. Ich setze die Mütze ab und versuche, mir eine Frisur zurechtzuzupfen, da rieche ich eine Ladung Sandelholz. Der Geruch erinnert mich an Herrn Kemmers. Ich fühle mich sofort wohl: Elena hat diese Wohnung so viel gemütlicher gemacht, als ich es je gekonnt hätte. Überall sind kleine Lämpchen, Teppiche, Vorhänge, ein Teil ihrer Kunstwerke, Räucherstäbchen, die nach Sandelholz duften. »Ay bitte, komm, setz dich, hab auch noch Tee!« Elena eilt in die Küche, ich setze mich vorsichtig auf ihre hellbraune Chippendale-Ledercouch. Ich erkenne meine kleine Wohnung kaum wieder, so schön wie sie die eingerichtet hat. Elena kommt mit einer dampfenden Tasse Rooibuschtee zu mir auf die Ledercouch und reicht mir eine dünne Wolldecke mit Paisleymuster. »Na, wie ist es, wieder hier zu sein?«, fragt sie vergnügt und zieht die Schultern hoch. Ich lächele müde: »Schön«, antworte ich. »Und komisch. Aber ey, Elena, du hast die Wohnung echt tausendmal schöner gemacht. Das hätte ich im Leben nicht geschafft, wow!« Elena winkt geschmeichelt ab: »Jeder hat einen anderen Stil«, sagt sie. »So wie jeder Mensch ein anderes Leben hat!«

»Ja? Na ja ...«, sage ich und schaue in den roten Tee in meiner Tasse.

»Oh«, sagt Elena überrascht. Ich schaue auf, sie klemmt sich eine Locke hinter das rechte Ohr. »Das klingt aber nicht so gut.«

»Nee«, sage ich und lache auf. »Ich fühle mich gerade nicht so lebendig.« Elena neigt den Kopf zur Seite und kneift die Augen zusammen: »Du bist Mama, oder? Du hast eine Tochter? Sie ist so ... total süß, ihre Augen sind wow! Habe ich gesehen auf deinem Instagram.«

»Danke dir«, sage ich müde lächelnd. »Aber darf ich ehrlich sein?«

»Klar, wieso nicht?«

»Na ja, wir kennen uns ja nicht so gut.«

»Stimmt, aber wen kennt man schon wirklich?« Elena lacht. Was habe ich schon zu verlieren? Wenn sie mich auch noch verurteilt, macht das den Kohl doch auch nicht mehr fett, tun ja eh schon alle, inklusive mir. Aber ich will trotzdem mal sichergehen: »Okay, aber du versprichst mir, du *judgest* mich nicht, ja?«, frage ich und schaue sie hoffnungsvoll an. Elena nickt und schließt die Augenlider dabei.

»Ich fühle mich gefangen und hasse mein Leben.« So, jetzt ist es raus. Ich ducke mich gedanklich. Keine Ahnung, was ich erwarte: einen Knall, dass der Raum zusammenbricht, dass ich zusammenbreche, ein erschrockenes Gesicht – aber nichts davon passiert. Elena verzieht keine Miene, sie blinzelt nicht einmal, sie schaut noch genauso wie vor meinem letzten Satz. Also ziehe ich meinen Schal aus und spreche weiter. Aber ich spreche nicht einfach, nein, ich erbreche mein gesamtes Innenleben der letzten sieben Monate auf ihr. Und spüre meine Mandeln dabei nicht mehr. Ich erzähle Elena, dass ich nicht mehr kann, dass ich Kaya eben angeschrien und undankbar genannt habe, obwohl ich das nie wollte, dass Robert mich hintergangen hat, dass wir keinen Sex haben, ich seit Monaten auf der Couch schlafe, dass ich schlimme Gedanken habe, vor ein paar Wochen auf dem Balkonstuhl stand, was eine absolut lächerliche Aktion von mir war. Dass Robert mir immer Badesalze kauft, statt mit mir zu reden. Dass ich genau wie meine Eltern geworden bin, dass ich allein bin, einsam, die Tage nicht rumkriege, egal, in wie viele Slots ich sie einteile. Dass ich wieder arbeiten will, woanders, aber nicht weiß, wo. Dass meine Tochter mir leidtut, weil sie mich als Mutter hat. Dass ich meine Mama seit der Balkon-Aktion überall blockiert habe, dass ich nicht mehr weiß, wohin mit mir. Dass ich die Wände unserer kleinen Wohnung mit Granatapfelkernen bewerfe, weil sie mir so eng vorkommen. Dass ich Robert geohrfeigt habe. Dass ich mein Kind jeden Tag weiter von mir entferne. Dass ich den Kreislauf durchbrechen wollte und mich aber nur im Kreis drehe. Dass ich wie meine Mutter bin, wie Roberts Mutter bin, wie mein Vater. Während ich all das erbreche, sitzt Elena ganz ruhig neben mir. »Sorry«, sage ich und wische mir den Schnodder und Tränen mit meinem Pulloverärmel aus dem Gesicht. »Ich weiß, wir kennen uns gar nicht, ist bestimmt zu viel, aber ich bin immer zu viel.« Mir dämmert, dass ich hier gerade all das, was ich seit Monaten nicht einmal vor mir selbst zugeben wollte, gerade einer – im Grunde genommen – Fremden erzähle. Als ich die Scham in den Hals kriechen spüre, rückt Elena aber ein Stück an mich heran. Sie neigt den Kopf zur Seite und sieht mich mitleidig an. »Mensch«, sagt sie ehrlich bedrückt. »Du verurteilst dich so. Das ist ein schwieriges Leben.« Sie streicht mir über den Rücken: »Wieso ziehst du nicht aus?« Ich höre schlagartig auf zu weinen. Ich muss mich verhört haben. Ich schaue auf und sehe sie erschrocken an: Allein der Gedanke schockiert mich, obwohl ich ihn natürlich schon oft hatte, erst heute Morgen wieder. Aber das sind so Gedanken, die ich nicht mal vor mir selbst ausgesprochen habe.

»Äh, was, ausziehen? Allein? Wie kommst du denn darauf?«

»Ich weiß nicht, mir hilft immer Raum, wenn es mir schlecht geht. Oder zumindest ein Raum*wechsel*.«

»Ja, okay, aber das geht bei mir nicht«, sage ich bestimmt.

»Wieso?« Elena schaut mich interessiert an. Sie meint das offenbar ernst.

»Na weil ich doch Mama bin«, antworte ich leicht irritiert.

»Na und?« Elenas dunkelbraunen Augen schauen mich fragend an. Da ist keine Provokation, kein Necken, sie will es wirklich wissen. Ich sammle mich kurz und antworte dann: »Na ja, die Mama ist die Mama, die *muss* immer da sein, oder?« Es ärgert mich, wie mühelos Elena meine mühsam zusammengezimmerten gesellschaftlichen Glaubenssätze herausfordert. Elena zuckt mit den Schultern: »Ja, weiß nicht, vielleicht. Bestimmt. Weißt du, meine Mama war auf jeden Fall *zu viel* da!« Elena lacht hell und zieht dann eine Zigarette aus einem silbernen Etui, das in der Ritze vom Sofa lag. »Im Ernst Miryam, eine Mutter muss auch glücklich sein, oder?«

»Ja, na ja, glücklich …«

»Okay, aber zumindest lebendig! Was will deine Tochter mit einer Zombie-Mutter? Meine Mama war auch unglücklich zu Hause, und deswegen war sie … wie nennt man das bei euch? Eine Helikoptermama. Sie war immer da! Ich sage dir, sie hat mir nie Privatsphäre gegeben, sie war schlecht gelaunt, hatte immer Angst um uns, wollte in unserer Nähe sein … Mama, Mama, Mama. Sie hat all ihre Kraft auf uns Kinder gelenkt, sich nie um sich selbst gekümmert. Sie hat durch uns gelebt. Diesen Freiraum hier in Berlin, dafür habe ich Monate gekämpft, sie wollte mich natürlich nicht gehen lassen, weißt du?«

Ich nicke stumm. Elena fährt fort: »Ich war immer der Meinung, dass Mama wegen *mir* traurig ist, dass nur *ich* sie glücklich machen kann, wenn ich mich benehme, immer gute Noten, und so weiter. Das war kein *Leben*, für niemanden von uns zu Hause! Ich weiß, es klingt radikal, aber ich glaube, wir hätten ein viel besseres Verhältnis, wenn sie ab einem gewissen Alter nicht bei uns gelebt hätte.« Elena zündet sich die Zigarette mit einem schweren silbernen Feuerzeug an und legt es auf ihren gläsernen Couchtisch. Sie nimmt einen tiefen Zug und kneift die

Augen zusammen: »Du brauchst wieder Raum, um zu dir zu kommen. Den du füllen kannst. Das Gefühl erkenne ich sofort.«

»Ja, bestimmt«, sage ich sehnsuchtsvoll. »Aber ich könnte Kaya niemals verlassen.«

»Aber vielleicht kommst du so überhaupt erst bei ihr an?« Ich schweige einen Moment lang. So eine Reaktion hätte ich von Elena nicht erwartet, die hätte ich von niemandem erwartet. Am liebsten würde ich ihr laut zustimmen, aber da ist eine riesige Sperre in mir.

»Ich weiß nicht«, sage ich. »Lieber lebe ich unglücklich mit ihrem Vater, um bei Kaya zu bleiben, als alleine und glücklich, und dann sagt Kaya irgendwann, ich hab sie allein gelassen.« Ich sage das, aber spüre dabei gleichzeitig, wie allein der Gedanke, mich von Robert zu trennen, mir Kraft gibt. Trotzdem fühlt es sich wie ein riesiges Tabu an. Kaya würde niemals bei mir wohnen können, ich kann sie ja nicht einmal mehr abends ins Bett bringen. Außerdem: Ich weiß doch gar nicht mehr, wie Leben ohne Robert geht. Er hat so viel geregelt die letzten Jahre, mir immer die Badewannen eingelassen, mit Kaya gespielt. Selbst wenn ich Kaya jeden Tag sehen würde: So was macht man nicht, sein Kind verlassen. Eine Mutter muss doch bei ihrem Kind wohnen. Meine Tochter muss bei mir wohnen.

»Ja, verstehe ich voll«, sagt Elena. Sie hat ihre Zigarette aufgeraucht und schnippst sie aus dem Wohnzimmerfenster in den Hof. »Aber irgendwas beklagen Kinder später immer, glaube ich, so wie ich. Und zu Recht, niemand ist perfekt! Vielleicht musst du dich fragen, womit du besser leben kannst: dass du da warst und jeden Tag unglücklich oder dass du woanders gelebt hast und *wenn* du dann da warst, glücklich.« Ich spüre, dass Elena recht hat. Und ich bin an meinem persönlichen *breaking point* angekommen, ich kann so, wie es jetzt ist, nicht mehr leben. »Du brauchst Raum«, sagt Elena noch mal. »Und weißt du was? Ich habe welchen.«

»Wie, was meinst du?«

»Ich will wieder nach Barcelona«, verrät Elena und lächelt verschmitzt. »Eigentlich schon seit ein paar Monaten. Aber nicht zurück zu meiner Mutter, natürlich. Ich will in eine eigene Wohnung im Stadtzentrum, wieder Wärme spüren, und zu meinem Freund. Ich liebe meinen eigenen *space*, aber Fernbeziehungen sind doch nichts für mich, glaube ich.«

»Okay«, sage ich und werde kurz traurig. Ich hatte kurz gehofft, dass Elena eine neue Freundin von mir werden könnte. Aber sie wird wohl nicht mehr lange hier sein.

»Komm du wieder hierher«, sagt Elena, als hätte sie einen Geistesblitz. Sie zeigt auf den dunklen Wohnzimmerboden und reißt die Augen verschwörerisch auf:

»Ich schreibe Frau Adler von der Hausverwaltung, sie nehmen dich bestimmt wieder!«

Mein Kopf dreht sich: Ich könnte womöglich wirklich wieder hier wohnen! Die Vorstellung, wieder hier zu sein, mein eigenes Bett zu haben, meine Räume, meine alte Wohnung – all das lässt mein Herz höher schlagen. Wage ich das? Nein, niemals. Oder? Arme Kaya. Endlich frei! Endlich wieder ich sein. Miryam, du Rabenmutter. Deine Tochter wird dich hassen, für immer. *Ich* werde mich hassen, wenn ich so weitermache. Vielleicht spring ich sogar wirklich irgendwann mal vom Stuhl. Ich traue mir nicht mehr, ich traue mir alles zu. Vielleicht ist das hier meine einzige Chance.

»Wann denn, wie denn?«, bringe ich stotternd hervor.

»Ich würde sagen, in drei Monaten bin ich mit allem durch, also so …« Elena zählt mit ihren Fingern die Monate ab. »… so Juli?«

Qualverwandtschaften
Dezember 2020, Kaya fast zwei Jahre alt

Dieses Mal mache ich alles anders. Viel, viel besser. Dieses Mal stelle ich den Couchtisch neben die Couch, nicht davor. So wirkt der Raum offener, und das Braun der Ledercouch kommt richtig gut raus. Elena hat mir ihre Couch überlassen, sie hatte bemerkt, dass mir die gut gefallen hat. Ansonsten hat sie viel nach Barcelona mitgenommen und den Rest auf Ebay verschenkt.

Anfang Juli ist sie dann tatsächlich wieder zurück nach Barcelona gezogen und ich wieder in meine alte Wohnung. Ich habe ihr beim Packen geholfen, und sie hat mir ein bisschen was von ihrer Kunst gezeigt. Elena malt richtig bunte Bilder, in denen sie ihre beengte Kindheit verarbeitet. Eines gefällt mir besonders gut, auf dem steht in bunten Buchstaben: »Werden tut weh«. Manchmal macht sie sogar so aufwendige, detaillierte Holzschnitte, an denen sie wochenlang arbeitet, die sie dann anmalt. Sie ist unglaublich. Als sie sich vor zwei Jahren auf meine Insta-Story meldete, in der ich meine frei werdende Wohnung gepostet hatte, fand ich sie gleich sympathisch. Die Hausverwaltung war mit ihr als Nachmieterin auch einverstanden, und so kam es dann, dass Elena in meine alte Wohnung gezogen ist. Nach ihrer Schlüsselübergabe hatte Elena mir noch eine Nachricht geschickt, in der sie schrieb, ich solle ruhig vorbeikommen, wenn ich meine alte Wohnung mal vermisse.

Damals hab ich nur irritiert auf mein Telefon geschaut und milde gelächelt: Ich hatte ja jetzt eine eigene, glückliche Familie und war beschäftigt damit, ein Happy End zu leben. Ich war sicher, ich sei fertig mit der Wohnung und meinem alten Leben. Aber wie so oft kam es anders, und im März dieses Jahres stand ich dann doch vor ihrer, beziehungsweise meiner alten Tür. Und sie hat mich reingelassen und mir eine neue Perspektive gezeigt. Obwohl Elena jetzt schon seit fünf Monaten wieder in ihrer Heimatstadt ist und zwischen uns jetzt viele Kilometer Entfernung liegen, fühle ich mich, als hätte ich endlich eine echte Freundin gefunden. Auf jeden Fall schreiben wir uns regelmäßig. Irgendwann mal werde ich Elena in Barcelona besuchen. Aber jetzt bin ich ja erst mal hier, bei mir.

Ich lebe zwar wieder in meiner alten Wohnung, trotzdem ist alles irgendwie neu: zuallererst natürlich die Miete, die ist jetzt doppelt so hoch im Vergleich zu damals. Aber sei's drum, es ist immer noch vergleichsweise wenig, und die Hausverwaltung hat mich tatsächlich wieder als Mieterin akzeptiert. Das ist ungefähr so wahrscheinlich wie ein Sechser im Lotto, dementsprechend dankbar bin ich dafür.

An der Wohnzimmerwand habe ich ein Bild von Kaya und mir hängen und eines von der Sängerin Björk mit ihrem Sohn. Da schwimmen die beiden in einer Thermalquelle, hinter ihnen ist ein riesiger Berg, sie sieht ihren Sohn stolz und zufrieden von der Seite an, er guckt in die Kamera und hebt die Hand, als würde er einen Alien begrüßen. »Hi, ich bin einer von euch«, denke ich immer, wenn ich davor stehe. Auch die Küchengeräte hier sind alle neu, genauso die Waschmaschine und das Bücherregal im Wohnzimmer, das ist diesmal nicht von Ikea, sondern von Otto und so nischigen Websites, die mir permanent auf Instagram angezeigt werden. Mein Online-Shopping-Problem habe ich leider noch nicht ganz im Griff. Unseren gemeinsamen Hausrat habe ich bei Robert gelassen, auch ein paar meiner Klamotten, falls ich doch mal außerplanmäßig wieder bei ihm und Kaya schlafen muss. Kann ja immer etwas sein. All meine alten Möbel von damals habe ich natürlich auch nicht mehr, die hatte ich auf Ebay verschenkt und weggeschmissen, als ich noch schwanger war. Da dachte ich ja auch noch, dass ich für immer mit Robert und Kaya zusammenleben würde. Nur ein Gegenstand von früher hat die letzten Jahre überlebt: mein altes Regal aus meiner Kindheit. Das, was die vielen Placebo-Sticker drauf hatte. Die habe ich neulich endlich mal abgekratzt.

Seit August arbeite ich sogar wieder, in Teilzeit, immer bis 14:30 Uhr, dann hole ich Kaya aus der Kita. Diesmal bin ich aber in einer richtigen Nachrichten-Redaktion. Mit so ein bisschen Abstand und Raum für mich habe ich gemerkt, dass ich eigentlich lieber über die Realität statt ausgedachte Fashion-Situationen schreiben möchte. Dass ich Geschichten von echten Menschen wiedergeben möchte. Also habe ich bei der Arbeit Bescheid gesagt, dass ich nach der Elternzeit doch nicht mehr wiederkomme, und mich hier, in der Redaktion beworben, auf gut Glück. Und tatsächlich wurde ich nach einem Probetag dann auch genommen. Jetzt schreibe ich darüber, dass der Aufzug am U-Bahnhof Dahlem-Dorf mal wieder kaputt ist, ich schreibe über anstehende Events in der Nachbarschaft, und neulich habe ich sogar mal einen Meinungsartikel geschrieben. Darüber, dass man Müttern, die auch mal am Handy sind, nicht unterstellen soll, sie seien unaufmerksam. Das war meine persönliche Aufarbeitung zu all den blöden Bemerkungen das letzte Jahr. Ich möchte bald Porträts schreiben und anderen Menschen die Möglichkeit geben, ihre Wahrheit zu erzählen. Ich bin total glücklich, hier arbeiten zu können. Und endlich habe ich mal so etwas wie berufliche Ambitionen. Meine bisherigen Jobs haben mich nie erfüllt oder interessiert – in all dem Trauma und meinen ächzenden Versuchen, mich von der Vergangenheit zu lösen und mit Robert die perfekte Familie zu sein, gab es gar keine Zeit für etwas abseits davon. In all den Bemühungen, heile zu werden, habe ich gar nicht gemerkt, dass ich mich nur noch kaputter mache. Nicht, dass ich jetzt heile wäre, um Gottes willen. Vor allem abends, wenn ich alleine bin, überkommt mich manchmal wieder die Traurigkeit. Oder wenn ich andere Mütter sehe, die sicherlich alle mit ihren Kindern zusammenwohnen. Aber ich kann mich und meine Gefühle jetzt etwas besser tragen. Ich habe das Gefühl, ich bin für mich keine Belastung mehr. Vielleicht werde ich jetzt auch einfach *wirklich* erwachsen. Vor allem die Wut hilft mir dabei. Eine heilige, nach außen gerichtete Wut. Auf meinen Vater, meinen schlimmen Ex-Freund, meine Mutter, ja auch auf Deniz, sosehr ich ihn liebe. Die Wut trägt mich, sie ist mein Antrieb, meine Abgrenzung, meine Form der Selbstliebe.

Ich nehme mein Handy vom Ledersofa und mache »Silence« von PJ Harvey an. Dann wechsele ich zur Handykamera und mache ein Selfie von mir, wie ich zwischen den zwei letzten Umzugskartons sitze. Ob ich die noch auspacke, weiß ich gerade noch nicht. Darin ist ja ohnehin nur alter Ballast aus einem alten Leben: In dem einen Karton sind meine Kindheitsbilder und in dem anderen die DIN-A5-Hefte von Mehdi und mir, die wir in der Schule vollgekritzelt haben. Brauche ich die noch? Jetzt ist doch ein neues Leben angebrochen.

Ich öffne das Selfie in meiner Instagram-Story und scrolle mich wie immer durch die Beauty-Filter. Seit einiger Zeit kommen mir die künstlich verschmälerten Nasen und vergrößerten Lippen unangenehm vor. Wenn ich mir das mal richtig ansehe: Wie schaue ich denn aus? Jeder Mensch ahnt ja sicher, dass meine echte Nase keinen komischen glänzenden Punkt auf der Nasenspitze hat oder meine Wangenknochen quasi unter meinen Augen beginnen! Also warum tue ich noch so? Ich klicke weiter und bin versucht, wieder einen Filter zu nehmen, der zumindest die Haut etwas verschwimmen lässt. Aber ich traue mich jetzt; ich lege jetzt mal gar keinen Filter auf mein Bild. Kurz zieht sich alles in mir zusammen: Man sieht meine Augenringe, die feinen Linien im Gesicht, mein leichtes Doppelkinn, das immer da ist, egal wie viel mein restlicher Körper wiegt. Man sieht auf diesem Selfie alles von mir, auch die negativen Sachen. Traue ich mich das? Aber was soll schon passieren? Werde ich von irgendjemandem verhaftet, weil ich zwei Linien unter den Augen habe, oder wird irgendjemandem das Mittagessen wieder hochkommen? Wohl eher nicht. Außerdem: Kaum jemand kann mich mehr verurteilen, als ich es selbst getan habe und manchmal noch tue. Ist doch egal, wenn alle die Umzugskartons auf meinem Selfie sehen, wenn sie eins und eins zusammenzählen und feststellen, dass ich ausgezogen bin. Wenn sie bemerken, dass ich eine »Rabenmutter« bin. Niemand da draußen weiß, was mich hierhergeführt hat. Und wo ich vielleicht noch hinkomme. Gestern waren Kaya und ich eine ganze Stunde auf dem Spielplatz, obwohl es arschkalt war. Ich war richtig anwesend, ich habe mich auf meinen persönlichen Hassort, den Spielplatz, eingelassen, und ich konnte sehen, wie sehr Kaya sich darüber freut. Ihre kleinen Augen waren weit aufgerissen, ihr Lächeln war richtig breit und voll, als sie mit dem kalten Sand in der Hand zu mir gelaufen kam. Und mein Herz, meine Brust waren richtig weit. Ich will ehrlich mit mir bleiben; mit Kaya zu spielen ist für mich wie Sport machen: Ich habe meist keine Lust, aber hinterher fühle ich mich immer besser. Und Kaya ist es wahrscheinlich weitestgehend egal, ob wir durch die Gänge im Rossmann schlurfen oder auf dem Spielplatz schaukeln, solange ich da bin. Vor allem emotional. Ich hoffe, sie fühlt, wie sehr ich sie liebe. Und wenn nicht, finde ich einen anderen Ausdruck, eine Sprache, die sie versteht. Diese Tage, die Zeit mit mir werden Kayas Erinnerungen sein. Ihre *core memories*. Ich wünsche mir, dass Kaya in meinem Gesicht, in meinem Leben eine Zukunft sieht, vor der sie nicht davonlaufen möchte. Dass meine Hände sie nicht gruseln. Dass sie mich nie retten oder mir eine Mutter sein muss. *Ich* bin ihre Mutter. Und diesen Platz nehme ich jetzt ein, so gut *ich* es eben kann. Selbst wenn ich mich dabei manchmal noch wie eine Teeniemutter im Körper einer 31-Jährigen fühle.

Ich poste das filterlose Selfie in meiner Insta-Story und lege ganz schnell mein Handy weg. Ich habe es getan, ich schaue jetzt nicht weiter drauf, sollen die Leute doch gucken. Ich muss mich jetzt ablenken, also packe ich mal weiter aus. Ich öffne die Umzugskartons und sehe die vielen Bilder, Hefte, Erinnerungen darin. Ganz oben liegt eine Postkarte von meiner Mutter. Auf der Karte sind eine Sonnenblume und zwei Hände, die eine Sonne halten. Weil sie seit dem Balkontelefonat überall geblockt ist, hatte meine Mutter mir eine Karte geschrieben. Das an sich, ihre Mühe, fand ich irgendwie schön. Aber was sie geschrieben hat, nicht so sehr. Meine Mutter hat meine Entscheidung auszuziehen ganz und gar nicht verstanden. Wie sie davon erfahren hat, weiß ich nicht genau. Robert muss ihr davon berichtet haben, nach unserem Gespräch. Ich hatte ihm gesagt, dass ich so nicht mehr mit ihm leben möchte, dass ich nicht mehr kann, dass er doch mit mir auch nicht die Beziehung lebt, die er will und verdient. Dass ich in meine alte Wohnung ziehe, dass die Hausverwaltung zugestimmt hat, dass Elena wieder nach Barcelona zieht. Das war an einem warmen Maiabend, wir saßen auf dem Balkon, als Kaya schon längst schlief. Robert ist komplett ausgerastet, ist in die Küche gerannt und hat zwei Frühstücksteller an die Wand geschmissen. Kaya ist aufgewacht, Robert konnte sie aber beruhigen und dann wieder ins Bett legen. Im Endeffekt reicht es mir doch nicht, einfach nur nicht geschlagen zu werden. Ich möchte geliebt werden. Und ein paar Tage später musste auch Robert einsehen, dass eine Trennung, vor allem eine räumliche, für alle das Beste ist. Er hatte doch auch keine Lust mehr, Badesalze zu kaufen oder mich immer nur aus dem Bett zu schleifen. Gleich am nächsten Tag haben wir ausgemacht, dass ich Kaya jeden Tag sehe. Und jetzt hat irgendwie jeder so seinen Aufgabenbereich: Robert bringt sie weiterhin jeden Abend ins Bett, so wie sonst auch. Ich verbringe dafür die Nachmittage mit Kaya, wenn ich von der Arbeit komme, bereite Abendessen vor und schlafe auf der Couch, wenn sie krank ist. Ich mache die lustigen Stimmen beim Vorlesen, er rennt meist mit Kaya über den Spielplatz. Ich gehe mit Kaya zu Arztterminen, er bringt sie morgens in die Kita. Weihnachten werden wir morgen zusammen feiern, meine Geschenke für die beiden habe ich alle zusammen. Es ist endlich so, wie es sein sollte. Nur eben ganz anders.

Jedenfalls hatte meine Mutter irgendwie davon mitbekommen und mir in der Karte geschrieben, dass sie nicht verstehe, wie ich einen »so tollen Mann wie Robert« verlassen könne. Das mit dem Fremdgehen, das hätte ich doch verstehen müssen. Robert sei doch auch nur fertig gewesen, weil ich es ihm mit meinen Launen, meiner Depression so schwer gemacht habe. Sein Fremdgehen sei nur ein Hilfeschrei gewesen, den ich hätte erhören müssen. Es gehe so vielen Frauen auf der Welt so viel schlechter als mir. Es gebe so viele Väter, die sich nicht um ihre Kinder kümmern. Jeder Mensch habe doch Fehler, auch ich. Ganz unten auf der Karte fügte sie noch in ihrer gewohnten Krakelschrift hinzu:

> »Sei nicht so streng mit deiner Umwelt. Auch DU bist längst nicht perfekt, liebe Tochter. Ich hoffe, du lernst irgendwann mal, loszulassen und manches ad acta zu legen. Alles wird gut, und wenn es noch nicht gut ist, ist es noch nicht zu Ende. Ich denke an euch. LG und Kussi, deine MAMA«

Kaya hat sie seit über einem halben Jahr nicht mehr gesehen. Aus meinem Handy singt jetzt Laura Marling mit

»New Romantic«. In dem Song singt sie davon, wie sie erwägt, einfach aufzugeben und genauso wie ihre Mutter zu werden. Denn: »God knows I love her«, singt sie, und ich summe leise mit. Ja, ich liebe meine Mutter auch, trotz allem. Und sie hat recht: Es gibt Milliarden Menschen auf der Welt, die es viel schwerer hatten als ich. Aber darf ich nicht auch hier sein? Darf ich nicht auch Ansprüche stellen? Bin ich etwa nicht liebenswert, nur weil ich mich nicht so gut lieben kann? Weil Vergessen und Vergeben nicht meine Stärken sind? Mit wem sollte ich denn über meinen Schmerz sprechen, wenn mir immer nur der Hals zugeschnürt wurde? Mit der Wut meines Vaters, mit den Tränen meiner Mutter, mit Scham, Schuld, erzwungener Dankbarkeit. Wie sollen wir heilen, wenn wir immer nur verdrängen? Wenn niemand anfängt, anzusprechen und ja – auch mit dem Finger dahin zu zeigen, wo der Schmerz herkommt? Wenn Kaya eines Tages ihren Finger auf mich richtet, hoffe ich einfach, dass ich offen bleibe und ihr zuhöre. Egal, wie weh es tut. Sicher kann ich da nie sein, das weiß ich jetzt. Und manchmal wünsche ich mir trotzdem insgeheim, dass ich eine Art Fehler-Freibetrag bei ihr habe. Aber ich bin bereit für jede Abrechnung und meinen Anteil daran.

Ich schließe die zwei Kartons wieder und treffe eine finale Entscheidung: Die beiden kommen ungeöffnet in den Keller. Ich schaue jetzt doch noch mal aufs Handy, ich muss schauen, ob jemand das geliked hat. Und tatsächlich: Schon zwölf Herzaugen-Emojis sind auf mein filterloses Selfie reingeflattert. Mir fällt ein, dass ich heute ja noch etwas anderes posten wollte. Also gehe ich auf das kleine Symbol unten rechts auf dem Profil und wechsele das Konto. Seit einigen Tagen habe ich einen zweiten, anonymen Account auf Instagram. Auf dem möchte ich meine Kindheitserlebnisse, meine jetzigen Gedanken und Gefühle posten. Er soll eine Art Tagebuch mit verschiedenen Oberthemen sein. So wie Elena alles in ihren Bildern verarbeitet, möchte ich dort in kleinen, quadratischen Instagram-Posts verarbeiten. Einen ersten Beitrag habe ich schon gemacht, auf dem steht in roten Buchstaben: »Willkommen.« Und das ist nicht die einzige Neuerung in meinem Leben. Im Juli, in einer der ersten Nächte allein in meiner neuen, alten Wohnung, habe ich nämlich eine ganz neue App auf mein Handy geladen: TikTok. Irgendwie hatten auf der Arbeit alle davon geredet, und erst dachte ich, dass die App ganz bestimmt nichts für mich ist. Also, wer guckt bitte Tanz-Challenges? Außerdem war sie mir zu unübersichtlich; überall stand irgendetwas geschrieben, und man musste sich permanent durch bunte, laute, verwirrende Videos hoch-*swipen.* Aber in dieser einsamen Juli-Nacht habe ich sie dann doch heruntergeladen und schnell festgestellt, dass ich dort richtig viel lernen kann. In den letzten Monaten habe ich auf TikTok Menschen gesehen, die ähnliche oder noch schlimmere Erlebnisse in ihrer Kindheit hatten. Manche Menschen berichten in TikTok-Videos, dass sie, wie ich, keinen Kontakt mehr zu ihren Eltern haben. Sie erzählen, warum sie sich dazu entschlossen haben und wie es ihnen damit heute geht. (Meist gut.) Ich habe einen Clip gesehen, in dem ein brennendes Streichholz neben andere gelegt wurde, das Feuer greift in Sekundenschnelle von einem Streichholz auf das andere über. Dann wird eines herausgezogen, und dank diesem einen entfernten Streichholz wird das Feuer nicht mehr an die nachfolgenden Streichhölzer weitergegeben. »It ends with you«, stand darüber in bunten Buchstaben. Ich habe gelernt, dass ich meine Eltern und Deniz »Herkunftsfamilie« nennen kann. Dass man Missbrauch nicht akzeptieren muss. Auch nicht, wenn man verwandt ist. Mittlerweile kommt es mir so vor, als gäbe es eine Art kollektives Trauma in uns Menschen. Bestimmte Kindheitserfahrungen, die jeder mehr oder weniger durchmacht. So, wie offenbar alle als Kind mal den Albtraum hatten, Auto zu fahren, obwohl sie es nicht konnten. Außerdem sehe ich auf TikTok täglich Fachmenschen, die ihr Wissen teilen oder in 15 bis 60 Sekunden erzählen, wie man bestimmte Gefühle oder Verhaltensweisen bezeichnet. Die erklären, was »kognitive Dissonanz« ist, oder warum sich »emotionally immature parents« schwer tun mit Verantwortung. Dass der Generationsfluch »avoidance«, also Vermeidung ist. Und dass ich – Miryam Topal – vielleicht ein »cycle breaker« bin. Also eine Person, die den generationsübergreifenden Kreislauf aus Gewalt, in dem auch meine Eltern stecken, erkannt und durchbrochen hat. Na ja, zumindest versuche ich es irgendwie. Und damit bin ich nicht allein, wie ich festgestellt habe. Auch auf meinem neuen Instagram-Account sehe ich so einige Menschen wie mich. Ich habe ihn »Qualverwandtschaften« genannt. Der Name schien mir passend, weil wir uns doch alle quälen, irgendwo, mit irgendwem. Zum Beispiel mit uns selbst. Das Buch von Goethe habe ich nie gelesen. Wann auch?

Ich gehe noch mal in meine Notizen-App im Telefon, den Post hatte ich dort nämlich schon gestern fertig geschrieben, der handelt von Lästereien in Familien. Ich kopiere den vorgeschriebenen Text und füge ihn in das das leere Feld unter dem Bild ein. Ich gehe auf »posten«, dann checke ich meine Benachrichtigungen: zweiundvierzig neue Follows. Zweiundvierzig neue Menschen, die auch nicht mehr allein mit ihrer Geschichte sein wollen. Die ihr Trauma auch nicht mehr als ihre Schuld empfinden und sich wieder als Mensch wahrnehmen wollen. Es klingt für mich noch komisch, oft sogar unglaubwürdig, aber ich glaube, ich bin einfach nur ein Mensch. Genau wie meine Eltern, wie Deniz, ja, auch wie mein Ex-Freund. Sie alle haben ihre Traumata, tun ihr Bestes und verdienen Liebe und Respekt. Sogar ich. Und trotzdem darf ich wütend auf sie sein, trotzdem muss ich nicht bei ihnen bleiben. Vor allem dann nicht, wenn das bedeutet, dass ich dafür von mir weggehen muss. Herr Kemmers hatte im Endeffekt doch recht, wie immer: Man muss nicht verzeihen. Ich dachte, ich müsste allen verzeihen, damit ich glücklich sein kann. Damit die Beziehungen erhalten bleiben. Aber inmitten all dieser krampfhaften Versuche von mir, in den Aufforderungen von meiner Mutter, die Vergangenheit loszulassen, und dem Warten auf meine Eltern ist mein Geduldsfaden irgendwann gerissen. Ich bin aus meinem Zuhause mit Kind ausgezogen und habe mich in meinen schlimmsten Albtraum hineinfallen lassen: eine »schlechte Mutter« zu sein. Und kurz darauf bin ich ironischerweise in meiner Wahrheit aufgewacht. Ich bin ein Mensch. Keine Heilige, keine Sünderin, keine Mutter Teresa, keine Undankbare, kein Kind mehr und ständig am Wachsen. Werden tut eben weh. Und ja, ich *werde* regelmäßig laut, auch bei Kaya. Erst neulich, als sie beim Kochen unbedingt auf die heiße Herdplatte fassen wollte und sich verbrannt hat. Ich habe reflexartig gebrüllt, sie auf den Schoß genommen, und als ich ihre kleinen Finger angepustet habe, ist sie in Gelächter ausgebrochen. »Scheiße, sorry«, seufzte ich und sackte lächelnd in mir zusammen. Das nächste Lied auf meinem Handy ist angegangen, es ist Cat Power mit »The Greatest«. Ich singe leise mit, während ich mich weiter durch meinen neuen Instagram-Account und die vielen Nachrichten scrolle: Die Menschen hier schreiben, sie sind total dankbar, dass ich da bin und ihnen einen Raum gebe, dass sie sich endlich gesehen fühlen. Mir wird angenehm warm im Gesicht, mein Hals fühlt sich innen ganz weit an, ich schicke unzählige Herz-Emojis zurück. Morgen ist Weihnachten. Nächsten Monat wird Kaya schon zwei Jahre alt und ich 32. Im Prinzip ist wirklich alles okay. Auch, wenn das von außen bestimmt anders aussieht.

Epilog
Februar 2021

Pain travels through families until someone is ready to feel it.
– Stephi Wagner

Ihre kleinen Nasenflügel flattern bei jedem Atemzug. Sie sieht immer so friedlich aus, wenn sie schläft. Wenn sie dann mal eingeschlafen ist. Der Mittagsschlaf war ja nie das Problem. Aber abends, da gab es immer Geschrei, von uns beiden. Mittlerweile schaffe ich es sogar einmal die Woche, Robert abzulösen und Kaya abends ins Bett zu bringen. Keine Ahnung, warum es jetzt funktioniert. Heute hat es zwar wieder eine Stunde gedauert, bis sie schlief, aber es klappt, das ist die Hauptsache. Jeden Mittwoch um 19 Uhr ist Robert jetzt bei seiner Therapie. Auch an ihm sind die letzten drei Jahre nicht spurlos vorübergegangen, schätze ich. Robert hat diesen Monat sogar einen neuen Job angefangen. Den Kontakt zu Clara hat er abgebrochen, weil es nicht mehr lief. Zumindest hat er das neulich erzählt, obwohl ich nicht danach gefragt hatte. Ich habe den Eindruck, auch er hat nach einem Neubeginn gesucht. Und seitdem er zur Therapie geht, verstehen wir uns irgendwie. Möglicherweise hört er auch nur etwas besser zu. Vorletzte Woche ist er von seiner Stunde nach Hause gekommen, hat die Tür zum Schlafzimmer aufgemacht und sich neben mich ins Bett gelegt. Wir haben die Zimmerdecke angestarrt, und ich habe ihn gefragt, wann er den Staubfaden vom Stuck entfernt hat und ob alles gut bei ihm sei. Er hat seinen Kopf zu mir gedreht und gesagt: »Nee. Bei dir?« Ich wusste nicht, was ich antworten oder fühlen soll, also bin ich schnell aus dem Bett aufgestanden und nach Hause gegangen.

Meinen 32. Geburtstag letzten Monat habe ich mit Elena per Zoom-Call gefeiert. Sie hat ihre dampfende Tasse Rooibusch-Tee in die Laptopkamera gehalten, und wir haben uns erzählt, was in unseren Leben so los ist. Ich habe von meinem neuen, zweiten Instagram-Account erzählt, Elena hat mich gefragt, wie es mir jetzt in meiner alten Wohnung geht. Ich habe geantwortet, dass es mir gut geht, und ihr noch mal gedankt, woraufhin sie nur lächelnd abwinkte: »Miryam, ich bin vielleicht zweitausend Kilometer entfernt in Barcelona, aber *du* bist den weiteren Weg gegangen.« Elena ist ein Engel. Sie hat mir erzählt, dass sie glücklich ist, bei ihrem Freund zu sein, dass sie viel malt. Sie hat mir vorgeschlagen, die Videoaufnahmen von mir als Kind irgendwann zu einer Videoinstallation zu verarbeiten, wenn ich das möchte. Ich hatte ihr, bevor sie wegzog, zwei Videos gezeigt, die noch auf meinem Computer waren. Und sie hat mir anvertraut, dass ihre Mutter wieder in ihre Nähe ziehen will und sie es nicht übers Herz bringt, das abzulehnen. Ich konnte nur nicken.

Und jetzt sitze ich hier: 32 Jahre alt, Mutter und allein lebend, am Bettchen von meiner kleinen Kaya. Sie ist ein wunderbarer, kleiner, schlauer Mensch. Sie liebt Musik, Tiere, ist neugierig, spricht ungewöhnlich gut für ihr Alter, und sie ist unfassbar frech. So frech, wie ich es nie sein konnte. Kaya ist eine neue Generation, der Anfangspunkt von einem neuen Kreislauf, einem neuen *cycle*. Möge dieser genügend Platz für *alle* Gefühle haben. Neulich hat Kaya gesagt: »Mama, ich mochte es in deinem Bauch nicht.« Als ich gefragt habe, warum, sagte sie schulterzuckend: »Weil Papa nicht dabei war.« Da wurde ich traurig und musste lachen. Ich habe geantwortet: »Kann ich verstehen.« Und das habe ich wirklich so gemeint. Es gibt Dinge, die kann ich nicht kontrollieren. Zum Beispiel Kayas Gefühle oder ihre Sicht der Dinge. Ich schaue auf mein Handy: Kurz nach sieben ist es jetzt, Robert sitzt bei der Therapie, die Kleine schläft seit ungefähr zehn Minuten. Ich überlege, mich auch kurz hinzulegen. Dann vibriert mein Handy. »@Elena_V_artist folgt jetzt @Qualverwandtschaften«, steht da. So ein Engel. Es vibriert noch mal. »Nachricht auf Instagram«, steht auf dem Screen. Absender? Mehdi. Mehdi? Von Mehdi! Ich öffne sie aufgeregt. Da steht:

> »Hey Miri, lange nichts mehr gehört! Happy Birthday nachträglich. Alles okay bei dir? Du siehst in letzter Zeit auf deinen Posts nicht so frisch aus, tbh. Wenn du willst, können wir uns ja mal auf einen Spaziergang treffen, mit Abstand. Ich bring auch gern einen Moscato mit. Let me know! Mehdi.«

»Toll«, denke ich, »das hat man davon, wenn man mal die Beauty-Filter weglässt, man sieht ›nicht so frisch‹ aus.« Ich lasse Mehdi auf gelesen und gehe in meine WhatsApp-Chats. »Mama Handy«: blockiert. »Papa Handy« sowieso. Deniz? Hat ein neues Profilbild. Ich klicke drauf: Er umarmt unseren Vater von der Seite, sie stehen in einem Schrebergarten, wie es aussieht. Beide feixen in Richtung

Kamera. Ich gehe zurück und lasse das Profilbild wieder klein werden. Im Textfeld unseres Chats liegt noch eine Nachricht von mir an Deniz. Die habe ich letztes Jahr im Februar verfasst, aber nie abgeschickt.

> »Ich wollte gerade ernsthaft einen Polizisten umarmen, so verzweifelt bin ich. So sehr fehlst du mir. Sag mir, was ich tun muss, damit du einfach wieder mein kleiner Bruder bist. Ich vermisse unsere Lachflashs. Ich vermisse dich. Deine Mimi, für immer.«

Ich gehe auf die Löschen-Taste und halte sie lange gedrückt, bis das Textfeld wieder frei ist. Dann lege ich mein Handy auf die Matratze neben mir und schaue Kaya an, wie sie so in ihrem Bettchen schläft. Ihre kleinen Nasenflügel werden größer und kleiner. Ihre Stirn ist entspannt. Es ist okay so, wie es ist. Ich kämpfe nicht mehr gegen andere oder gegen mich, höchstens für Kaya. Sie muss ich beschützen; vor der Wut meines Vaters, der kindlichen Kälte meiner Mutter, sogar vor mir, wenn es sein muss. Ich reibe meine Schläfen, denke kurz an die Arbeit morgen und muss lächeln. Dabei fallen mir langsam die Augen zu. Plötzlich höre ich das viel zu laute, schrille Klingeln der Türklingel. Ich schrecke hoch und sehe rüber zu Kaya, die auch ihre kleinen verschlafenen Augen öffnet. Ich nehme sie auf den Arm und laufe zur Tür. Wer stört uns denn jetzt, es weiß doch echt jeder, dass man abends nicht bei Menschen mit kleinen Kindern klingelt? Ich öffne die Tür, die mit einem Knarzen aufgeht, und sehe in das aufgedunsene Gesicht meiner Mutter. Dort steht sie, nach Monaten mal wieder, nachdem ich endlich abgeschlossen hatte.

In der rechten Hand hält sie eine eingetopfte, leicht verwelkte Narzisse. Ausgerechnet. Kaya gluckst vor Freude, dann weint sie. Sie kann kaum glauben, dass sie endlich ihre Oma wiedersehen darf. Ich streiche Kaya über den Rücken, schaue meine Mutter an und fühle, wie ein Riss in mir entsteht. Ich halte die Wohnungstür in der rechten Hand, Kaya auf dem linken Arm. In meinem Kopf rasen die Gedanken: Soll ich sie reinlassen? Jetzt hat sie sich doch sogar mal extra auf den Weg zu uns gemacht! Aber ich war jetzt endlich mal bei mir angekommen. Aber ein Kind braucht doch seine Großmutter, das sagen alle! Vielleicht sollte ich sie einfach umarmen, endlich wieder in den weichen Mama-Kissen versinken. Vielleicht sollte ich ihr einfach mal auf die Fresse hauen, so richtig, einmal mitten rein. Kaya gluckst und weint, meine Mutter hält mir die schlappe Narzisse über die Türschwelle hin, ich stehe wie angewurzelt vor ihr. Sie sieht mich verärgert an: »Na was? Oder wollt ihr mich etwa nicht dahaben?«

DANKSAGUNG

Danke an meine Lieben, an meinen Sohn. Ich habe dich lieb, bis zum Mond und wieder zurück.

© Karim Taha

Die Autorin

Yasmin Polat wurde 1989 geboren und ist in Berlin aufgewachsen. Schon während ihres Studiums begann sie, für verschiedene Medien zu schreiben, zum Beispiel für den *Tagesspiegel*, danach schrieb sie u.a. für die *taz* und zuletzt für das *Focus Magazin*. 2017 wurde sie zudem vom *Medium Magazin* in die »Top 30 unter 30«-Liste gewählt. 2019 wurde ihr Sohn geboren, danach war sie zwei Jahre lang Host des Spotify Original Podcasts »FOMO – Was habe ich heute verpasst?«. Heute arbeitet sie als Moderatorin, Autorin und Podcast-Host, zum Beispiel bei »Verdammt berühmt«. *Im Prinzip ist alles okay* ist ihr erster Roman.